Stefan Loipfinger

Lizenz zum Bauernfang

Die Selbstbereicherungsstrategien der Fonds-Manager und das Versagen der Finanzkontrolleure

Stefan Loipfinger
Lizenz zum Bauernfang

Klimaneutraler Druck in Zusammenarbeit mit:

klimaneutral gedruckt
www.natureOffice.com / DE-133-685014

1. Auflage November 2008

Umschlag und Satz: Helmut Wegenkittl www.idw.at
Druck: klimaneutral gedruckt bei Eitzenberger.
Media Druck Logistik. Augsburg (D)
Material: hergestellt aus FSC zertifiziertem Zellstoff
Printed in Germany
ISBN 978-3-00-026412-2

www.lizenzzumbauernfang.de

Inhalt

Woher und wohin, warum und wieso – ein persönliches Vorwort 11

Investment-Philosophie – ein fachliches Vorwort 15

Die Titanic und die pfeifenden Spatzen: Vom Entstehen einer weltweiten Finanzkrise 19

Kaffeesatz und Jagdfieber: Ein Kleinstadt-Banker auf dem Sprung zum Journalisten 23

So platzen Knoten: Zehn Gebote für Anleger 27

Turbulenzen und Konsequenzen: Ein verhängnisvoller Artikel 29

Zittern, zögern, durchstarten: Second Life im Schreiber-Business 33

Absahnen, einstecken und fürstlich lächeln: Fundus hat lange Zeit die Branche geprägt 36

Ohne Netz und Doppelboden: Life-Kritik im Löwenkäfig 41

Herkulesarbeit im Zahlengebirge-Labyrinth: Die Entstehung der bis heute einzigen Gesamtmarktstudie 46

Das große Schweigen: Der Einstieg in die offenen Immobilienfonds 50

Stromsperre für eine Lichtgestalt: Der Fall Rosche Finanz 52

Blickpunkt Hauptstadt: Der Jahrhundert-Skandal der Branche 55

Skandalgeschichten am Wegesrand – zum Beispiel die von Alexander Falk 59

Garantiezahlungen durch Schneeballsystem: Die erste große Pleite 63

Kontrahenten, Kopfnüsse, Kampfhähne: Streitkultur unter der Gürtellinie 66

133 Seiten Tacheles:
Die erste Analyse der offenen Immobilienfonds 69

1998: Ein Jahr mit vielen negativen Höhepunkten
bei den geschlossenen Fonds 73

Weit verbreitet, aber komplett unsinnig:
Ein Sprung in den Problempool Ansparfonds 80

Der Riese rollt mit den Bizepsen:
Phase 2 bei den offenen Immobilienfonds 87

Der Kämpfer mit der Feder:
Auszeichnung für „kompetente Entzauberung" 91

Der Fall Kapital-Consult: Ein Branchenriese geht in die Knie 94

Prospektgutachter:
Die fast immer unterschätzte graue Instanz 97

Immer große Töne, immer tolle Pläne: Aber kein Jahr ohne Pleite 101

Furcht vor Immobilien-Fluchtwelle:
Die vorerst letzte Studie zu offenen Immobilienfonds 105

Nicht alles ist negativ: Der beste Immobilienfonds aller Zeiten 111

Das Charisma-Dilemma: Die Meister der verführenden Rhetorik 114

Das Attentat des Roten Oskar: Der „Fallenstellerparagraph"
sollte die Branche auslöschen 121

Der Renditeangaben-Rambo:
Die größte Untat eines „Anlegerschützers" 125

Abzocke im Breitwandformat:
Anleger-Illusionskino ohne Happy End 131

Seltsame Sicherheit:
Die gefährliche Steuerseite der Medienfonds 136

Mit Absicherungspaketen in den Abgrund:
Die Pleitewelle rollt 141

Die Amigo-Allianz:
Ein Bundesverband will Qualität in die Branche bringen 146

Steter Tropfen höhlt den Stein: Endlich Transparenz bei den offenen Immobilienfonds durchgeboxt 149

Seltsame PolitSitCom: Anhörung im Finanzausschuss des Deutschen Bundestages 152

In Eigenregie und mit hammerharter Feder: „Der ImmobilienBrief“ 159

Trotz Helikopter und Fußballkaiser-Freundschaft: Die Entzauberung eines Fondsverkäufer-Fürsten 163

Zu viele Luftlöcher: Windkraft als Einstieg in New-Energy-Investitionen 170

Ein „Sehr gut“ muss es schon sein: Die wundersame Vermehrung der Fondsanalysten 173

Analysefieber, Gemauschel, Manipulation: Niedergang und Auferstehung einer Ratingagentur 176

Hollywoodreif sieht anders aus: Medienfonds die Zweite 182

Ein Zitat mit Folgen und Verfolgungen: Im Visier einer Anwälte-Armada 189

Fragwürdiger Renditeturbo: Einwertungsgewinne bei offenen Immobilienfonds 196

Auch am Ende geht immer noch was: Bundesaufsicht BaFin rettet Fonds-Zocker 200

Russisch Roulette und anderes: Von Carmina Burana bis zur Dorint-Hotelkette 204

Viel Filz, zeitweise Zwielicht und eine massive Medienwalze: Kritik kann tödlich sein 210

Kritisch, kritischer, fondstelegramm: Der neue Online-Branchendienst 215

Von Lustreisen, geistigem Diebstahl und Korruption: Die spektakulärste Initiatorenpleite 220

Spiel mir das Lied vom frühen Tod: Das makaberste Produkt 227

Durch den TÜV gerauscht: Die HypoVereinsbank
und ihr Problem iii-Investment 232

Ein Hinkelstein kommt ins Rollen:
Die erste große Krise der offenen Immobilienfonds 236

Gefundenes Fressen für Anlage-Akrobaten:
Das Anlegerschutzverbesserungsgesetz 241

Dienstwegsackgassen-Marathon:
Bundesbehörde schützt Abzocker vor Verbraucherschützer 247

Enttäuschende Galionsfiguren:
Ex-Politiker posieren als Fondsköder 251

Die Steuerkeule 15b trifft:
Knock-out für die Verlustzuweisungen 254

Bis des Richters Robe raucht:
Unseren täglichen Streit gib uns heute! 256

Live in n-tv und Tagesschau, dann Panik und Drohbriefe:
Die Seifenblase der offenen Immobilienfonds platzt 264

Das Imperium stichelt zurück:
Die Nachwehen der Fondskrise 270

Anlegerrechte auf dem Abstellgleis:
Schelte für die New-Energy-Fonds 279

Taube Ohren, Blauäugigkeit, Taschenspielertricks – und
noch ein Journalistenpreis 287

Von Flugzeugabschreibungen bis Weinfonds:
Ein Rundumschlag 291

Nepper und Bauernfänger gibt es überall:
Ein neues Schlachtfeld für den Kämpfer mit der Feder 296

Für
Tobias (16), Sandra (14), Lukas (9),
Ricarda (3) und Silvana (6 Monate).

Woher und wohin, warum und wieso – ein persönliches Vorwort

Man erlebt die abenteuerlichsten Dinge, wenn man fünfzehn Jahre lang in der Fondsbranche tätig ist. Schließlich geht es dort um Geld, um eine Menge Geld sogar. Das weckt Begehrlichkeiten. Heimliche Geschäfte auf Kosten der Anleger sind weit verbreitet. Mehr noch, zu einem gewissen Grad sind sie sogar fundamentaler Bestandteil des Geschäftsmodells von Banken, Versicherern, Finanzvertrieben und Fondsanbietern. Jedenfalls wimmelt es allenthalben von Anlegerfallen, schön maskiert mit wohlfeilen Worten und goldenen Versprechungen garniert. In diesem „monetären Minenfeld“ habe ich all die Jahre als Fachjournalist recherchiert, berichtet und in den verschiedensten Medien veröffentlicht. Meine persönlichen Erfahrungen und Aha-Erlebnisse, manchmal mit einem gewissen Horrorfaktor versehen, konnte ich in diese Fachbeiträge allerdings nur selten einbringen. Auch das Geschehen hinter den Kulissen, die Machenschaften, die Intrigen und viele andere Unappetitlichkeiten aus der Grauzone dieser Branche konnte ich nicht offiziell thematisieren. Doch gerade diese Erlebnisse hinterließen prägende Eindrücke. Und auf jeden Fall waren sie aufschlussreich und lehrreich für einen jungen Journalisten, der angetreten war, seinen Teil beizutragen zu besserer Markttransparenz und mehr Verbraucherfreundlichkeit.

Denn der Anleger ist nun mal ein Verbraucher. Er kauft, wann immer er Geld anlegt, die „Ware Dienstleistung“. Und dabei, verständlich, will er die höchstmögliche Qualität. Aber wie fast überall wo verkauft wird, ist in der Ware nicht immer drin, was auf der Verpackung draufsteht, schon gar nicht bei vermeintlichen „Goldesel-Anlagen“. Folglich tauchen, wie von einem Gabelstapler hereingewuchtet, ganze Fragenpaletten auf. Nicht nur der Umgang mit dem Produktanbieter und die richtige Produktauswahl gibt manchmal Riesenrätsel auf, auch im Umfeld dieser hoch komplizierten Euro-Dienstleistungsmaschinerie liegt einiges im

Dunkeln: Welche Rolle spielen eigentlich die Ratingagenturen? Oder die Analysehäuser mit den meist so klangvollen Namen? Welche Bedeutung haben andere Experten und Nobel-Trittbrettfahrer im Umkreis für das „Leben" oder das Überleben eines Fonds? Sind Berater wirklich Dienstleister am Kunden? Oder sollte man sie besser als gut getarnte Verkäufer bezeichnen, Kreide fressende Wölfe, die sich das Vertrauen der Anlegerherde erschleichen, um sie dem Kollegen Raffzahn ans Messer zu liefern? Fragen und Themen, die in Fachbeiträgen selten aufgegriffen werden. Für dieses Kaleidoskop von verkaufstechnischen Merkwürdigkeiten und juristischen Ungereimtheiten scheint mir ein Buch die richtige Publikationsplattform zu sein. Womit wir bei der Motivation für dieses Buch wären. Ich will die Zusammenhänge einmal so skizzieren: Nach all den Jahren in der Fondsbranche habe ich mich entschieden, den Schwerpunkt meiner Arbeit künftig auf ein neues Thema zu legen – die Non-Profit-Organisationen, also alle diejenigen, die Spendengelder sammeln und sie für den einen oder anderen guten Zweck verwenden. Dort besteht ebenfalls ein massiver Bedarf an kritischen Recherchen und hinterfragendem Journalismus. Auch hier geht es um viel

Auch viele Fondsberater sind leider allzu oft überhaupt nicht an kritischen und unabhängigen Meinungen interessiert.

Geld, und auch hier lauern die Begehrlichkeiten unlauterer Zeitgenossen. Somit soll das Buch zum einen die Aufarbeitung meiner Zeit in der Fondsbranche sein. Zum anderen möchte ich damit eine Phase einläuten, in der meine bisherige Tätigkeit, ohne dass ich sie komplett aufgebe, nicht mehr im Mittelpunkt steht. Allerdings gibt es einige Erlebnisse, die noch nicht an die Öffentlichkeit gelangt sind, obwohl sie regelrecht danach schreien. Das ist der Grund, warum ich mir sozusagen einen tiefen Griff in den lange verschlossenen „Giftschrank" meiner

Recherchetätigkeit erlaube. Im Hinblick auf die aktuelle Finanzkrise wird das Buch dem Leser helfen, die Ursachen zu verstehen – auch und besonders in Bezug auf das Versagen der staatlichen Aufsicht. Und last but not least erhoffe ich mir, dass dieses Buch Anstöße zur Besinnung und Weiterentwicklung liefern kann. Außerdem soll es interessierten Anlegern, ehrlichen Finanzberatern und durchaus auch profunden Fondsanbietern Lehren aus den Fehlern anderer der Vergangenheit ermöglichen.

Warum will ich in der Fondsbranche nur noch ganz am Rande arbeiten? Nun, dort habe ich schon so viel erlebt, dass mir Steigerungen schwer einfallen. Angefangen mit staatsanwaltschaftlichen Ermittlungen gegen mich über Arbeitseinschränkungsversuche der Bundesaufsicht BaFin bis hin zum Mitwirken bei Gesetzesvorhaben und dem Versuch der Branche, das zu verhindern. Die Herausforderung hat also stark abgenommen. Außerdem fragte ich mich immer häufiger, ob der Anleger überhaupt will, dass man ihm hilft ... Viele Erlebnisse in den letzten Jahren haben meinen Glauben daran stark erschüttert, vor allem unter dem Aspekt, dass niemand gezwungen ist, solche Undurchschaubarkeiten zu kaufen. Wer dennoch zugreift, muss ein Motiv haben. Meist ist es Gier, nicht selten aber auch blindes Vertrauen.

Auch viele Fondsberater sind leider allzu oft überhaupt nicht an kritischen und unabhängigen Meinungen interessiert. Dabei brauchten gerade sie, wenn sie einen sauberen Job machen wollen, die Hilfe von unabhängigen Experten. Und die wenigen seriösen Initiatoren – die belügen sich ebenfalls ständig selbst, indem sie einfach die Augen vor den Problemen der Branche verschließen. Die Vogel-Strauß-Taktik „Ich bin ja nicht betroffen, weil ich gute Arbeit mache" ist leider allgegenwärtig. Mit anderen Worten: Für einen kritischen Zeitgeist, der wirklich etwas verändern und verbessern will, bleiben in diesem Umfeld wenige Freunde übrig.

Abschließend ein paar Worte zum Entstehungsprozess dieses Buches: Meist werden Ross und Reiter genannt, die nicht selten heute noch aktiv sind. Damit können die aufschlussreichen Schilderungen auch eine gute Hilfe für zukünftige Anlageentscheidungen sein. Bei allen erwähnten Beiträgen in Zeitungen und Magazinen habe ich – wenn es nicht explizit anders beschrieben ist – wesentlich mitgearbeitet oder sie teilweise selbst verfasst. Der Einfachheit halber habe ich stets in der „Ich-Form" geschrieben. Ausdrücklich möchte ich aber hervorheben, dass es Menschen gab, die mich in meiner Arbeit unterstützten, tatkräftig und moralisch. Zum Beispiel meine Schwester Karin Loipfinger, die mir häufig den Rücken frei hielt, wenn ich gerade einen Beitrag fertig stellen musste. Oder Beatrix Boutonnet, die mich immer wieder bei Recherchen unterstützt hat – es ist schon erstaunlich, was sie alles in den Weiten des Internet aufstöbert oder auch, wie sie persönliche Kontakte pflegt. So weiß sie Details aus einem Telefonat noch ein Jahr später und kann somit quasi nahtlos in ein neues Gespräch einsteigen. Oder Hannes Nickl, den ich gerne den Zahlenmasochisten nenne – weil er mit riesigen Excel-Tabellen die Leistungsbilanzen (Soll-Ist-Zahlen alter Fonds) geradezu generalstabsmäßig auswertet. Last but not least gilt mein Dank auch Susanna Berndt, die so manchen schwer lesbaren Beitrag von mir erst allgemein verständlich machte – und dazu noch abends meine manchmal schlechte Laune vom Tag aufhellte. Euch allen – und noch einigen hier nicht explizit Erwähnten – gilt mein großer Dank! Ohne Eure Hilfe hätte ich all das nicht so schaffen können, wie es hier nachzulesen ist!

Investment-Philosophie – ein fachliches Vorwort

Wodurch unterscheidet sich ein erfolgreicher Finanzprofi von einem Laien in Gelddingen? Nun, der echte Profi handelt überlegt. Wie aber kann das sein, wo doch schon Sokrates wusste, dass er nichts wusste ... Das gilt gerade für die bekanntlich höchst „irrational“, also fern jeglicher Logik funktionierenden Finanzmärkte. Wie anders wären die Ergebnisse von Tests erklärbar, in denen Affen bei Aktienspekulationen bessere Ergebnisse erreichten als gestandene Investmentprofis? Wohlgemerkt unter realen Bedingungen! Letztendlich kann diese Erkenntnis der Anfang zu mehr Einsicht sein. Der Quantenphysiker Werner Heisenberg stellte es in seiner Unschärferelation so dar: Das sicherste Wissen als Ergebnis physikalischer Forschung ist die fundamentale Erkenntnis über den Grad der Unsicherheit unseres Wissens über Ort und Geschwindigkeit eines Teilchens.

Zugegeben, Finanzmärkte haben unglaublich wenig mit Ort und Geschwindigkeit eines Teilchens zu tun. Dennoch sollten wir uns nicht davor drücken, uns über „den Grad der Unsicherheit unseres Wissens“ Gedanken zu machen. Handeln darf nicht das Ergebnis von Wunschdenken sein! Vielmehr gilt auch und gerade für die Finanzmärkte die Forderung des Philosophen Immanuel Kant. Der rief dazu auf, sich des eigenen Verstandes zu bedienen und die Sicherheit eines Wissens im Rahmen der Vernunft zu bestimmen. „Weises Wissen“ nannte er das.

Einen wichtigen Aspekt dieser philosophischen Richtschnur hat Harry Markowitz in seiner modernen Portfoliotheorie auf die Finanzmärkte übertragen. Der Volksmund würde sagen: „Nicht alle Eier in einen Korb legen!“ Doch wie viele Eier in welchen Korb? Genau das hat Markowitz durch Berechnungen analysiert, strukturiert und optimiert. Für diese Arbeiten bekam er 1990 den Nobelpreis für Wirtschaftswissenschaften, zusammen mit Merton Miller und William Sharpe.

Aber keine Sorge, dieses Buch beschäftigt sich nicht mit den äußerst komplexen Zusammenhängen von Volatilität, Korrelation, Beta-Faktoren und dergleichen. Es soll aber sehr wohl – durch teilweise amüsante, manchmal realsatirisch gefärbte Berichte zu tatsächlichen Ereignissen – das Wissen über Fehler bei der Geldanlage schärfen. Betroffene mögen es mir nachsehen, wenn dabei mitunter etwas Sarkasmus im Spiel ist. Denken Sie immer daran, dass es keine Schande ist, Fehler zu machen. Eine Schande wäre es nur, nicht daraus zu lernen!

Zurück zur Eingangsfrage unserer kleinen Investment-Philosophie: Wodurch unterscheidet sich ein erfolgreicher Finanzprofi von einem Laien in Gelddingen? Antwort: Er handelt rational und frei von Zwängen. Sollte er zumindest. Nun ist aber das mit der Zwangsfreiheit ein sehr schwieriges Unterfangen. Wird denn beispielsweise der Mitarbeiter einer Versicherung die Police eines anderen Anbieters empfehlen, wenn sie bessere Bedingungen aufweist? Ein dreifaches Nein! Deshalb ist er für mich auch kein Finanzprofi. Er ist ein firmengebundener Produktverkäufer. Ähnliches

Ein mit „weisem Wissen“ gesegneter Finanzprofi bildet sich eine möglichst klare Vorstellung von den Chancen und Risiken einer Kapitalanlage.

gilt für freie Finanzberater, die sich leider viel zu häufig von der Provisionszwickmühle leiten lassen und nicht von der Produktqualität. Nur ein lupenreiner Honorarberater könnte wirklich frei von Einflüssen das beste Produkt vermitteln. Doch leider ist Deutschland dafür noch nicht reif. Die meisten Anleger zahlen lieber indirekt 10.000 Euro Provision, von der sie offiziell nichts wissen (wollen), statt dem Honorarberater 200 Euro pro Stunde für eine unabhängige Beratung zu gönnen.

Und wie steht es um die Zwänge auf der Ebene der Produktkonzeptionäre? Häufig ähnlich moneyfixiert. Indirekt Schuld daran ist die hohe Komplexität der heutigen Finanzmärkte. Jeder

Profi muss sich spezialisieren, will er das notwendige Know-how im jeweiligen Markt im Griff haben [illegible] mit aber wäre er in uninteressanten Marktphasen sozusag [illegible] eitslos. Und genau das ist die Krux: Anleger sollten sich immer wieder vor Augen halten, dass ein Spezialist nie offen zugeben wird, wann es am besten wäre, nichts zu tun. Nehmen wir den Immobilienmarkt vor dem Ausbruch der Finanzmarktkrise: Es wurden Objekte in London, New York und anderen Standorten mit einer Mietrendite von unter drei Prozent verkauft. Einige Jahre vorher lag deren Verzinsung bei mehr als dem Doppelten! Trotzdem wurden Fonds aufgelegt und andere Produkte konzipiert, natürlich mit dem Prädikat „bestes Angebot aller Zeiten". Und warum? Weil der Konzeptionär ohne Umsatz Verluste schreibt. Und wie wird er sich in dieser Flaute-Situation entscheiden? Für den Kundennutzen, indem er momentan kein Produkt für einen überkauften Markt emittiert? Oder für die eigene Bilanz, indem er vorgibt, gerade jetzt ein „Schnäppchen" an Land gezogen zu haben?

Wie erkennt ein mit „weisem Wissen" gesegneter Finanzprofi, ob etwas „günstig" ist oder „teuer"? Er bildet sich eine möglichst klare Vorstellung von den Chancen und den Risiken einer Kapitalanlage. Denn jede Investition bietet immer (!) beides. Auch das Sparbuch der Sparkasse hat Risiken. Neben der Bonität des Kreditinstituts beispielsweise die Inflation, die eine Verzinsung nach Steuern schnell auffrisst. Umso mehr Sorgfalt ist angebracht, wenn es gilt, Chancen und Risiken für komplexe Finanzmarktprodukte aufzuspüren. Dort ist beides häufig schwer zu beurteilen. Doch letztendlich muss immer gefragt werden, ob den Chancen adäquate Risiken gegenüberstehen. Anders ausgedrückt, ob die Risiken mit angemessenen Renditechancen belohnt werden. Hierbei hilft stets ein Blick in die Vergangenheit. Beispiel Immobilien: In normalen Marktsituationen werfen sie eine Jahresmietrendite im Verhältnis zum Kaufpreis ab, die über der von sicheren Staatsanleihen liegt, weil die Risiken von Immobilien höher sind. Auch die umständlichere und langsamere Verkaufbarkeit – dem

Fachmann als mangelnde Fungibilität bekannt – ist ein Risiko, das bezahlt werden muss. Zwei Prozentpunkte über der Marktverzinsung sollten es deshalb schon sein. Wenn nun aber in London Immobilien mit drei Prozent Mietrendite gehandelt werden und die langfristigen Pfundanleihen bester Bonität fünf Prozent abwerfen, dann stimmt längst etwas nicht mehr! Das Ergebnis ist die derzeitige Finanzmarktkrise, die im Grunde eine schmerzhafte Korrektur von dramatischen Marktübertreibungen ist. Alles vorhersehbar. Natürlich nicht im Sinne von „wann passiert was warum?". Aber dass irgendwann eine Korrektur kommen musste, dazu brauchte man beileibe kein Hellseher zu sein. Auch nicht für die Vorhersage, dass diese Brachialkorrektur angesichts des besonders extremen Ausschlags nach oben aus Erfahrung eine besonders starke Reaktion nach unten nach sich zieht.

Fazit: Egal, ob Anleger, Berater oder Produktlieferant – halten Sie es mit dem großen Philosophen Kant. Bedienen Sie sich des Verstandes. Hinterfragen Sie immer die Motivation und die Interessenlage anderer. Woran verdient der andere? Nicht, um es ihm zu neiden, sondern weil man so die eigene Position besser einschätzen kann. Außerdem gilt für Anleger: Lassen Sie sich die Renditechancen und die Risiken von Verzinsungseinbußen und Kapitalverlusten erläutern! Faustregel: Über Kapitalmarkt liegende Renditeversprechen ohne höhere Risiken gibt es nicht! Wer so etwas behauptet, ist nichts weniger als unseriös, will meist nur die Gier des Anlegers schüren. Oder dessen Angst, etwas zu versäumen, zu spät zu kommen, wenn die reich machenden Sahnestücke verteilt werden. Aber Gefühle sind schlechte Ratgeber. Mit dem Kant'schen Vernunftpostulat passen sie nicht zusammen. Vernunft sollte auch für den Finanzfachmann die Richtschnur sein, wenngleich eher eine moralische. Nur so können weise Berater bewusst und auf Dauer ein zufrieden stellendes Ergebnis mit ihrem Geld oder dem Geld ihrer Kunden erzielen. Möge dieser kleine Abstecher in die Investment-Philosophie dabei ein wenig hilfreich sein!

Die Titanic und die pfeifenden Spatzen: Vom Entstehen einer weltweiten Finanzkrise

Spätestens im „Schwarzen Herbst“ 2008 mussten auch die letzten Optimisten einsehen, dass der Immobilien-Gau in den USA kein inneramerikanisches Problem ist, sondern längst zu einem weltweiten Flächenbrand ausgeufert war. Die globale Gier nach Riesen-Renditen hatte gleichermaßen Verstand und Anstand gefressen, so wurden Kredite – die Schulden anderer – über den ganzen Globus hin und her verkauft, hemmungslos Luftschlösser aus exotischen Finanzprodukten gebaut und unentwegt aufgepumpt; und Fonds-Manager, die am meisten riskierten, sonnten sich in ihrem Ruf als millionenschwere Monopoly-Monarchen. Als die Luftschlösser zu wackeligen Kartenhäusern mutierten und in sich zusammenfielen, drängten die wertlosen Trümmer ganze Volkswirtschaften an den finanziellen Abgrund, Investoren vom kleinen Sparer bis zum Großanleger verloren nicht selten Hab und Gut. Hinzu kam eine Vertrauenskrise, die einen Domino-Effekt auslöste und die Börsen von einem Chaos ins nächste stürzte.

Aus heiterem Himmel fiel die Misere nicht, für Experten war das alles voraussehbar. Aber die Warnungen der Kritiker fanden kein Gehör, schließlich war doch immer alles gut gegangen seit dem Schwarzen Freitag vor 80 Jahren an der New Yorker Wall Street. Trotzdem wollen einige immer noch nicht einsehen, dass es verantwortungsloser Unsinn ist, wenn Banken Kredite vergeben, um sie gleich wieder mit Gewinn weiter zu verkaufen. Damit fehlt die notwendige Bonitätsprüfung, weshalb gigantische Kreditausfälle vorprogrammiert sind. Doch bis dahin ist erst einmal Party angesagt, weil die leichtsinnig zur Verfügung gestellten Gelder erst einmal sorglos ausgegeben werden. Alle leben quasi eine gewisse Zeit über ihren Verhältnissen, was sich zwangläufig rächen wird. Und so geht es bis zum letzen Atemzug zu wie einst auf der Titanic: Selbst als der Eisberg schon riesige Lecks gerissen hatte, feierte die prächtig verdienende Abzockergilde noch zu harmonischen Orchesterklängen. Dabei war der milliardenschwere Luxusliner längst auf dem Weg in die Tiefe, den Mythos von der unsinkbaren Marktwirtschaft mit sich reißend.

Schalten wir einen Gang zurück. Schließlich soll dieses Buch keine allumfassende Kritik des Weltwirtschaftssystems werden. Aber es wird eine Branche kritisch durchleuchtet, die mit ihrem immerhin fast 90 Milliarden Euro umfassenden Volumen in den offenen Immobilienfonds nicht gerade zu den Leichtmatrosen der Finanzbranche gehört. Das gleiche gilt für die Beteiligungsmodelle, die seit vielen Jahren zwischen zehn und zwölf Milliarden Euro frisches Anlegerkapital akquirieren. Auch diese beiden Klientel saßen fröhlich pfeifend mit auf der Titanic, als die kritischen Spatzen auf den Dächern längst Töne der disharmonischen Art von sich gaben, in einer Lautstärke, die vergleichbar ist mit dem Nebelhorn eines Überseegiganten. Zu den Kritikern zählt auch der Autor, der die Fondsbranche seit anderthalb Jahrzehnten beobachtet, begleitet und getadelt hat – in unzähligen Zeitungsartikeln, in Fachmagazinen, in Seminaren und nicht zuletzt in zahlreichen Fernsehsendungen. Wohl nicht ganz ohne Wirkung, wie eine Reihe von Indizien andeutet: Wenn man den Staatsanwalt auf den Fersen hatte, wenn man verleumdet, denunziert, bedroht und mit

Die Details, was passiert, wenn man als Journalist mit spitzer Feder in ein Wespennest sticht, hätte ich mir selbst in den wildesten Träumen nicht vorstellen können.

Informationsverweigerung abgestraft wird, mit Verkaufsboykott seiner Publikationen sowieso, und all das, weil man als „böswilliger Journalist“ Fakten an die Öffentlichkeit gebracht hat, die sonst im Investment-Zwielicht versickert wären, dann darf man getrost davon ausgehen, mit seiner spitzen Feder in ein wahres Wespennest geraten zu sein. Die Details hätte ich mir selbst in den wildesten Träumen nicht vorstellen können, und wenn, hätte ich sie wahrscheinlich als Alpträume abgetan. Schließlich endet der Kampf gegen einen übermächtigen Geld-Goliath in der Realität nur ausgesprochen selten mit einem Sieg des so genannten Kleineren. Schließlich ist das Waffenarsenal von Unternehmen, die Milliarden bewegen, nahezu unerschöpflich.

Vielleicht wäre meine Idee vom freien Journalistendasein schon im Keime erstickt, hätte ich gewusst, dass irgendwann hoch dotierte Heerscharen von Anwälten auf mich gehetzt werden würden. Abschreckend wären auch die Ermittlungen der Börsenaufsicht gewesen, obwohl das noch regelrecht harmlos war gegen die Aktivitäten, welche die BaFin, die Bundesanstalt für Finanzdienstleistungsaufsicht, gegen mich ins Rollen brachte. Weil ich angeblich durch eine Verkaufsempfehlung eine Existenzkrise im Markt der offenen Immobilienfonds mit ausgelöst hätte, wollte sie mich schlichtweg mundtot machen. Außerdem führten Strafanzeigen bei der Staatsanwaltschaft dazu, dass ich zwar als unschuldig gelte, aktenkundig geworden bin ich trotzdem. Alptraumartig auch die anonymen Drohbriefe, in denen ich unter Androhung schlimmster Konsequenzen aufgefordert wurde, endlich meinen Mund zu halten (ich formuliere es hier noch recht vornehm). Und wenn die damit verbundenen Ängste nicht für ein Umdenken gereicht hätten, dann hätte das Gewissen meinen Lebensweg in eine andere Richtung gelenkt. Immerhin hat sich ein Fondsmanager nach einer Enthüllungsgeschichte durch einen Kopfschuss das Leben genommen, weil das von ihm aufgebaute Kartenhaus zusammengebrochen war.

Andererseits gab es viele Erfolge. So wurden betrügerische und dilettantische Fondsinitiatoren zur Strecke gebracht und eine Initiatorenumfrage entwickelte sich schnell zur führenden Studie über den Gesamtmarkt geschlossener Fonds. Darauf basierten später sogar Steuerschätzungen in Milliardenhöhe, die das Bundesfinanzministerium anlässlich einer Gesetzesänderung vornahm. Bezüglich einer anderen Gesetzesänderung wurde ich sogar als Sachverständiger im Finanzausschuss des Bundestages gehört. Zudem gab es zwei angesehene Journalistenpreise, die mir für verbraucherfreundliche Berichterstattung und für meine Bemühungen um mehr Transparenz verliehen wurden. Insgesamt also viele Hochs und viele Tiefs. Die Hintergründe sind in vielerlei Hinsicht aufschlussreich und lehrreich, hoffentlich tragen sie ein wenig zum Verständnis bei, wie es zu einer globalen Finanzkrise unvorstellbaren Ausmaßes kommen konnte.

Nicht vorstellbar war für mich schon damals als 25-jähriger Banker und Betriebswirt ein Gedanke: Wie können Bankvorstände an Milliardengewinne ohne Risiken glauben? Jedem Auszubildenden bei einer Bank oder Sparkasse wird eingehämmert, dass es ohne entsprechende Risiken keine Renditechancen gibt, die über dem Zinsniveau sicherer Kapitalmarktprodukte liegen. Diese Binsenweisheit vergessend, verdrängend oder einfach ignorierend, haben nicht nur gutgläubige und von Geldgier geblendete Anleger immer wieder viel Geld oder gleich das ganze Vermögen an skrupellose Hasardeure verloren. Auch institutionelle Investoren und Kapitalmarktprofis jeglicher Couleur haben sich an der Illusion einer sicheren Einbahnstraße von Kursen und Preisen berauscht und damit letztendlich dazu beigetragen, dass das Weltfinanzsystem an den Abgrund geriet. Ohne massive staatliche Rettungsmaßnahmen wäre es schon längst völlig zusammengebrochen.

All das konnte ich natürlich nicht ahnen, als ich als junger Banker in der Vermögensberatung einer kleinen Sparkasse arbeitete. Mit 25 ist die Welt eben irgendwie noch in Ordnung, jedenfalls für die meisten. Und so hatte dann auch alles ganz harmlos begonnen ...

Kaffeesatz und Jagdfieber: Ein Kleinstadt-Banker auf dem Sprung zum Journalisten

... „Wie sind Sie eigentlich in die Fondsbranche hineingeraten?" Diese Frage hat man mir sicher schon unzählige Male gestellt. Habe ich ein wenig Zeit, erzähle ich meist das, was ich heute als meine „Kaffeesitz-Schlüsselszene" bezeichne. Seinerzeit saß ich nämlich mit meinem Kollegen Uli Richter von der Vermögensberatung der Sparkasse Rosenheim bei einem Kaffee zusammen. Dabei kam die Rede auf einen Artikel in irgendeinem Wirtschaftsmagazin. Der Inhalt erschien uns ausgesprochen dürftig – und am Ende waren wir uns einig, dass wir das Thema entschieden präziser hätten rüberbringen können. So entstand die Idee zu einem Abstecher in die Gefilde des Journalismus. Das war 1991. Allerdings hatten wir, damals gerade mal Mitte zwanzig, eines unterschätzt: die Schwierigkeit, komplexe Themen so zu schreiben, dass sie für eine breite Lesergruppe verständlich sind. Unser Erstlingswerk, ein Artikel über das Covered-Call-Writing, wurde denn auch prompt überall abgelehnt.

Diese Form des Verkaufs von Kaufoptionen, nämlich über die Prämie einen Zusatzertrag für das Depot zu generieren – noch heute kann ich nicht in einem Satz erklären, was das eigentlich ist –, interessierte schlichtweg niemanden. Inzwischen aber hatte uns das journalistische Jagdfieber gepackt. Und so nahmen wir mit Hilfe eines Rechtsanwaltes, den wir von der Sparkasse her kannten, unser nächstes journalistisches Projekt in Angriff: eine 42-seitige Abhandlung über Portfolio-Management und die Grundzüge der nobelpreisgekrönten Markowitz-Theorie. Es traf sich gut, dass es eine Loseblattsammlung war, denn auf diese Weise wurden wir endlich auch unsere Abhandlung über das Covered-Call-Writing los – ganz legal hinzugemogelt als Kapitel über die „Veroptionierung eines Depots zur Dynamisierung".

Was das alles mit meiner späteren Karriere im Fondsbereich zu tun hat? Nun, im Nachhinein betrachtet war es der erste Schritt weg vom Sparkassen-Vermögensberater hin zum Fachjournalisten. Der zweite folgte prompt. Wenn man so will, habe ich ihn dem damals gerade neu eingestellten Andreas V. Peters zu verdanken. Dieser Direktor – aus dem Schwäbischen ins schöne Rosenheim gekommen – war als neue Führungsebene zwischen dem bis dahin direkt zuständigen Vorstand und der Beratersoldaten-Elite installiert worden. Er hat es nicht immer leicht gehabt mit uns, der Andreas V. Peters. Als er beispielsweise die Idee des Verkaufs von geschlossenen Immobilienfonds in die Sparkasse Rosenheim brachte, damals geradezu revolutionär, kannte sich dort niemand mit dem Thema aus. Weil aber der Verkauf dieser neuen, recht komplexen Produkte nur durch spezielle Berater erfolgen sollte – Peters hatte schon damals die Beratungsrisiken für die Sparkasse erkannt – sollten sich künftig zwei Mitarbeiter intensiv damit beschäftigen. Die

Welcher Kunde hinterfragt schon die Qualifikation eines Bankmitarbeiters, der als „Spezialist aus der Zentrale" vorgestellt wird?

alteingesessenen Wertpapierspezialisten interessierten sich allerdings nicht die Spur für dieses „ominöse Zeug", eine Weiterbildung über das Thema lehnten sie rundweg ab. Uli Richter und ich witterten jedoch sofort eine Chance. Auf der Stelle erklärten wir uns bereit, als Spezialisten die Beratungen zu geschlossenen Immobilienfonds zu übernehmen.

Anfangs hatten wir natürlich nicht mal die Spur einer Ahnung. Es gab keine systematische Weiterbildung, und meine betriebswirtschaftliche Ausbildung reichte nicht aus, um genügend davon zu verstehen, das Volkswirtschaftsstudium von Uli Richter taugte dazu ebenso wenig. Besonders tragisch war diese Wissenslücke nicht gerade. Welcher Kunde wagt schon, die Qualifikation eines Bankmitarbeiters zu hinterfragen, der vollmundig als „Spezialist aus der Zentrale" vorgestellt wird? Übrigens:

Heute noch bin ich froh, dass damals Direktor Peters die Fondsauswahl vorgenommen hat. Ich bezweifle nämlich, dass wir es wirklich besser gemacht hätten.

Unsere Ahnungslosigkeit wich allerdings schnell einem soliden Know-how, und schon bald gab es an der Verkaufsfront gute Erfolge. Trotzdem blieben wir weiter am Ball, tauchten immer intensiver in das Thema ein, wollten auch die letzten Details wissen, den großen Zusammenhang erkennen. Selbst die Emissionsprospekte arbeiteten wir bis zur letzten Zeile durch – was erfahrungsgemäß die Wenigsten machen. Aber auch Standortgutachten, Steuergutachten und andere Informationsquellen wurden von uns sorgsam seziert. Uns interessierte einfach alles, was der Produktlieferant Colonia uns zur Verfügung stellte. Sehr schnell kam dann die heutige REAL I.S. als Fondsanbieter aus dem Hause der Bayerischen Landesbank hinzu.

In der folgenden Zeit musste uns REAL I.S.-Repräsentant Andreas Heibrock, damals zuständig für die Sparkasse Rosenheim, viele kniffelige Fragen beantworten. Hierfür lieh er uns auch ein Buch über geschlossene Immobilienfonds. Das war längst nicht mehr im Handel erhältlich, aber es gab einfach kein aktuelles zu diesem Thema. Also versuchten wir, aus dem Fachbuch-Oldie so viel Detailwissen wie möglich zu saugen. Nicht ganz ohne Perspektivgedanken. Wir wollten einfach analysieren, was alles in so ein Buch hinein gehört. Denn das Fehlen eines aktuellen Werkes zu „unserem" Thema erkannten wir sofort als Marktlücke. Und die wollten wir für uns nutzen. So entstand in vielen Arbeitsstunden, vorwiegend abends und an Wochenenden, ein Buch, das heute in der fünften Auflage auf dem Markt ist und als Standardwerk der Branche gilt: „Geschlossene Immobilienfonds – Grundlagen, Analysen, Bewertung", verlegt vom Deutschen Sparkassenverlag.

Vorher war allerdings noch der Lernprozess zu bewältigen, dass es von einer Kaffeesitzidee bis hin zum Bucherfolg ein weiter und mitunter recht holpriger Weg ist. So mussten wir erfahren, welch vielfältige fachlichen Voraussetzungen die Recherchen für ein Fachbuch erfordern. Vor allem aber, wie schwer sich Autoren-Newcomer tun, wenn sie, schnöde ausgedrückt, nirgends abkupfern können – fortgeschrittene Schreiber sprechen von „Ideen generieren“.

Die Motivation, unserem Buch-Baby möglichst schnell auf die Beine zu helfen, hing übrigens eng mit dem Fondssparten-Chef der BHF-Bank zusammen. Der hatte damals angekündigt, ein Buch zu veröffentlichen – ausgerechnet über geschlossene Immobilienfonds! Ein guter Grund für uns, richtig Vollgas zu geben. Gerhard Opitz hat am Ende das Wettrennen verloren, wir Youngster waren einfach deutlich schneller über die Ziellinie gesprintet. Verziehen hat er uns das vermutlich nie. Ein anderer Grund fällt mir jedenfalls nicht ein, warum er später meine Presseanfragen an die BHF-Bank grundsätzlich nicht beantwortete.

So platzen Knoten: Zehn Gebote für Anleger

Ein Jahr später, im September 1992: Es muss wohl etwas dran sein an der alten Weisheit, dass Frechheit siegt. Anders ist es wohl nicht zu erklären, dass der erste Beitrag zu geschlossenen Immobilienfonds von Uli Richter und mir veröffentlicht wurde – in keinem geringeren Magazin als der WirtschaftsWoche. Im Rahmen einer Fünfseiten-Geschichte mit der Headline „Neues Bauherrenmodell“ lieferten wir einen zweispaltigen Textkasten. Den Gesamtartikel, der sogar auf der Titelseite beworben wurde, schrieb allerdings WiWo-Redakteur Christoph Pauly. Aber immerhin, unter der Checkliste „Zehn Gebote für Anleger“ standen unsere Namen.

Warum sich der Redakteur eines solch etablierten Magazins überhaupt zur Kooperation mit zwei journalistisch Unerfahrenen durchrang, lag vermutlich an unserer Idee, eine bis dahin nie veröffentlichte Checkliste zu erarbeiten. Aber auch die zugelieferten Fakten passten wohl gut in sein Textkonzept. Jedenfalls habe ich viel gelernt durch diese Mitarbeit. Zudem wurde mir ein Prinzip klar: Wer auf Dauer wahrgenommen werden will, muss ständig neue Ansätze präsentieren. Sind die dann noch gut gefüttert mit Hintergrundwissen, können selbst Nobodies und Anfänger bei namhaften Publikationen punkten. Hat man dann erst einen Fuß in der Tür, ist das oft der Beginn einer langfristigen Zusammenarbeit.

Mit der WirtschaftsWoche zusammen habe ich später noch viele Artikel verfasst. Auch mit Christoph Pauly, der einige Jahre später zum Spiegel wechselte, arbeitete ich noch oft zusammen. So auch bei seiner ersten Titelgeschichte für den Spiegel vom 11. April 1994: „Abgezockt! Steuern sparen mit Ost-Immobilien“. Ich erinnere mich noch gut daran, wie er zusammen mit Uli Richter und mir im Besprechungszimmer der Sparkasse Rosenheim saß. Obwohl wir normalerweise unsere „Privataktivitäten“ nicht während der Arbeitszeit ausübten, ging es in diesem Fall nicht anders. Aber es wusste ja niemand, dass Christoph Pauly nicht als Kunde gekommen war, sondern als Spiegelredakteur...

Übrigens war ich positiv überrascht, als ich neulich, nach immerhin 16 Jahren, erneut die Checkliste aus der Wirtschafts-Woche las: Selbst nach heutigen Maßstäben waren die Regeln so gewählt, dass eine ganze Reihe der späteren Flop-Fonds hätte aussortiert werden können. Vielen Anlegern wäre also durch die Beachtung unserer zehn Gebote mächtig viel Geld und Ärger verschiedenster Kategorien erspart geblieben. Aber während vor dem Kauf einer Waschmaschine stapelweise Testberichte ausgewertet werden, treffen viele eine Kapitalanlageentscheidung offensichtlich meist voller blindem Vertrauen in den Verkäufer. Und das, obwohl diese Investition in der Regel das Vielfache eines simplen Haushaltsgerätes beträgt. Ein Phänomen, von dem hier noch häufiger die Rede sein wird...

Turbulenzen und Konsequenzen: Ein verhängnisvoller Artikel

Viele Monate vergingen. Das Buch – zwischenzeitlich hatten wir den Sparkassenverlag als Verleger gewinnen können – hatte Formen angenommen, zahlreiche Geschichten in verschiedenen Print-Magazinen waren erschienen. Und wir erkannten immer klarer, was zu tun war, um den Sprung in die großen Redaktionen zu schaffen und wie wir unsere journalistischen Defizite durch analytische Ansätze wettmachen konnten. So erschien im November 1993 im Magazin !Forbes, damals noch in Deutschland verlegt, ein neuartiges Fonds-Ranking, in dem wir uns nicht die geschlossenen Fonds vornahmen, sondern die Investmentfonds. Dabei konnten wir richtig aus dem Vollen schöpfen, schließlich hatten wir in unserer Position als Vermögensberater der Sparkasse Rosenheim fast täglich damit zu tun. „Sichere Ernte" lautete die doppeldeutige Überschrift unseres Beitrages. Darin nahmen wir die gigantischen Beträge ins Visier, die sich Banken und Investmentgesellschaften einverleibten: „Kaum ein Anleger jedoch weiß, wer den Kunden am tiefsten in die Tasche greift." Es kostete uns eine Menge Abendstunden, all die umfangreichen Rechenschaftsberichte auszuwerten und die Kosten herauszurechnen.

Es bleibt die Frage offen, ob denn die Managementgesellschaft mit dem eigenen Mutterinstitut wohl wirklich und wahrhaftig die Minimalgebühren für Millionen- und Milliardenvolumen ausgehandelt hat.

Dabei gingen wir ähnlich vor wie bei der heute branchenweit üblichen TER Total Expense Ratio. Meines Erachtens übrigens eine der größten Lügen der Investmentindustrie! Warum? Jedem Kunden wird erzählt, dass die Gebühren, die in einem Aktien-, Renten-, Geldmarkt- oder Immobilienfonds anfallen, in der Total Expense Ratio ausgedrückt werden. Dabei wird das

Verhältnis von Gebühren zum Fondsvolumen gemessen. Mit anderen Worten: Der Kunde soll glauben, dass zum Beispiel eine TER von „1,5 Prozent" bei einem Aktienfonds die Jahresgebühr für Fondsverwaltung und dergleichen benennt. Doch die Bezeichnung „Total" ist absolut irreführend und schlichtweg falsch. Vielleicht ist manchem bekannt, dass der anfangs zu zahlende Ausgabeaufschlag von meist mehreren Prozent nicht eingerechnet wird. Auch dass dieser Aufschlag nicht alles ist, wäre prinzipiell noch verständlich – hieße die TER korrekterweise „TAER Total Annual Expense Ratio". Aber selbst dann fehlten die jährlichen Transaktionskosten. Natürlich zahlt auch ein Investmentfonds für Käufe und Verkäufe Gebühren bei seiner Bank – die meist das Mutterinstitut der Fondsmanagementgesellschaft ist. Aber diese Kosten, und das ist der Münchhausen-Knackpunkt, werden an keiner Stelle ausgewiesen. Ebenso bleibt die Frage offen, ob denn die Managementgesellschaft mit dem eigenen Mutterinstitut wohl wirklich und wahrhaftig die Minimalgebühren für Millionen- und Milliardenvolumen ausgehandelt hat. Ein linker Schelm, wer Schlechtes dabei zu denken wagt...

Und noch eine Fragenbaustelle bleibt offen: Zu welchem Kurs wird eine Transaktion eigentlich abgerechnet? Läuft der Handel über die Börse? Oder wird aus dem Eigenbestand der Bank gehandelt, beziehungsweise in ihn hinein? Das würde nämlich eine zweifellos etwas eigenwillige Kursbildung ermöglichen. Alles im Prinzip leicht überprüfbar – vorausgesetzt, im Rechenschaftsbericht sind alle Transaktionen mit Datum und Uhrzeit sowie Kurs und Transaktionskosten angegeben!

Rückblende in das Jahr 1993 – als es die verlogene TER noch nicht gab: Dass Mitarbeiter einer Sparkasse derart kritische Beiträge zu Kapitalanlageprodukten veröffentlichen, war zwar absolut ungewöhnlich, wurde aber geduldet, weil wir das stets als „Privatleute" machten, nicht als Sparkassenangestellte. Das ging so lange gut, bis im Dezember 1993 ein Artikel von uns im Magazin Finanzen erschien. Dabei war der Redaktion ein Versehen unterlaufen. Mit erheblichen Konsequenzen für uns: Unter den „Jugendfotos" von Uli Richter und mir stand jeweils unser Arbeitgeber, die Sparkasse Rosenheim. Auch im Text des Beitrages, der wieder einmal die hohen Bankgebühren kritisierte, stand mehrfach, dass wir dort Anlageberater sind.

Lange haben wir überlegt, ob wir das Versehen von uns aus ansprechen oder ob wir besser darauf hoffen, dass in der Sparkasse außer uns und ein paar Kollegen aus der Wertpapierabteilung niemand das Magazin liest. Wir entschieden uns für die feigere Variante. Das war zwar die Verliererversion, gewonnen haben wir trotzdem, jedenfalls perspektivisch gesehen.

Zunächst jedoch war mächtig Feuer unterm Dach. Einige Tage nach der Veröffentlichung gab es eine Besprechung mit führenden Repräsentanten des Bankhauses Aufhäuser, das damals zum Sparkassenverbund gehörte, mit dem Vorstand der Sparkasse. Eines der Themen war unser Artikel. Ein Geschäftsführer des Bankhauses hatte das Magazin gelesen und war dabei zwangsläufig über den Namen der Sparkasse gestolpert. „Zwei pfiffige Jungs haben Sie da in Ihrer Wertpapierabteilung", bemerkte er süffisant zu unseren damaligen Vorgesetzten. Aber ob das Neugeschäft durch so eine Werbung wohl den Nachteil aus den verlorenen Gebühren ausgleichen würde... Tja, das war dann der Anfang vom Ende für uns. Der Vorstandsvorsitzende Ludwig Holnburger, für seine emotionale Art bekannt, ist anschließend geradezu explodiert. Erst einmal wurde uns verboten, weiterhin nebenher journalistisch tätig zu sein – was wir strikt ablehnten. Nicht gerade die beste Basis für unsere Karriere...

Dabei bin ich heute noch stolz auf das Thema des Artikels, zweifellos eines von denen, das wegen seiner Komplexität nur schwer vermittelbar war. Doch der Redakteur hatte begriffen, was wir meinten. Er formulierte logisch und verständlich, wie sich die Rendite von Fremdwährungsanleihen durch Devisentermingeschäfte aufpumpen lässt. Dazu muss man lediglich eine Anleihe in Deutscher Mark (heute natürlich Euro) kaufen und gleichzeitig die

Währung über ein Termingeschäft sichern. Der Swap-Aufschlag (oder Abschlag) gleicht die Zinsdifferenz aus. Auf diese Weise werden erhebliche Depot-, Kauf- und Verkaufsgebühren gespart, die damals bei Fremdwährungen jeweils weit über denen von DM-Anleihen lagen. Die in Finanzen abgedruckten Musterberechnungen für verschiedene Anleihen und Laufzeiten wurden mit der uns zunächst so verhängnisvoll erscheinenden Quellenangabe „Sparkasse Rosenheim“ versehen. Im Nachhinein betrachtet hätte uns aber gar nichts Besseres passieren können. Im Gegenteil – wenn ich wüsste, wem ich diese damals so turbulenzenträchtige Zutat zu verdanken habe, heute würde ich ihr oder ihm eine Ausgabe dieses Buches als Dankeschön schicken. Handsigniert und zusammen mit einer Flasche erstklassigem Wein. Verdanke ich ihr oder ihm doch den finalen Impuls, meinen sicheren Job in der Sparkasse gegen das unwägbare Dasein eines Wirtschaftsjournalisten einzutauschen. Auch Uli Richter – er verließ die Sparkasse Rosenheim ebenfalls – würde mit Sicherheit ein paar Worte des Dankes schreiben wollen. Es gibt eben Menschen, denen liegen die Stürme der Selbstständigkeit mehr als ein Job im gesicherten Angestellten-Hafen.

Dabei hätten wir am Ende gar nicht mehr unbedingt kündigen müssen. Wie der Zufall es wollte, oder war es die Ironie des Schicksals, saßen Uli Richter und ich zum Schluss häufiger beim Vorstandsvorsitzenden als all die Jahre zuvor. Ludwig Holnburger hatte nämlich 1994 eine Einladung nach Kalifornien zum Industriegipfel des World Economic Forums bekommen, weil die Sparkasse Rosenheim zu einem der 100 Hidden Champions in Europa gekürt worden war. Eine außergewöhnliche Auszeichnung, die man als Vorstandsvorsitzender natürlich in der Presse lesen will, möglichst breit und möglichst positiv. Wie das am besten zu bewerkstelligen sei, das wollte er dann ausgerechnet von seinen „pfiffigen Jungs“ wissen, denen er noch vor kurzem die „Gelbe Karte“ gezeigt hatte. Da darf man sich, vor allem, wenn man längst mit einem Vereinswechsel liebäugelt, schon mal dezent ins Fäustchen lachen ...

Zittern, zögern, durchstarten: Second Life im Schreiber-Business

Bye-bye und tschüss, Sparkasse Rosenheim! Mit dem Resturlaub aus meiner Angestelltenzeit im Rücken legte ich Mitte September 1994 richtig los. „Freiberuflich". Wie gut sich das anfühlte! Etwas mulmig war mir anfangs allerdings doch. Schließlich war ich verheiratet und hatte zwei Kinder. Ob man von dem Geld aus der journalistischen Tätigkeit wirklich leben konnte? Ein Gedanke beruhigte mich: Im Zweifelsfall hätte ich immer noch als freier Vermögensberater arbeiten können. Geschlossene Fonds hatte ich in der Sparkasse zur Genüge verkauft, wenngleich mit spürbar abnehmendem Erfolg, je mehr ich in die Tiefen des Themas eintauchte. Ein Phänomen, das ich oft auch bei anderen beobachten konnte. Offenbar ist es so: Wer wenig weiß, bringt beim Kunden die pure Begeisterung rüber. Irgendwelche Vorbehalte kennt er ja nicht. Wer aber gleichermaßen Verkäufer und Fachmann ist, überfordert den Kunden häufig durch zu viel Wissen und verunsichert ihn am Ende damit. So können sinkende Verkaufszahlen kurioserweise die Folge von zu viel Fachwissen oder „Qualifikationsüberhang" sein. Top-Verkäufer und gleichzeitig auch Fachmann, dieser Spagat gelingt nur wenigen. Für mich nicht gerade beruhigend, weil mir diese Doppelbegabung offensichtlich nicht gegeben ist. Geholfen hat mir aber eine andere Erkenntnis aus meiner Angestelltenzeit. Es mag etwas vermessen klingen: Eine ganze Reihe meiner damaligen Kunden brachte es zu reichlich Geld, obwohl sie nicht unbedingt intelligenter sind als ich (behaupte ich zumindest). So fleißig wie die meisten von ihnen bin ich auch. Aber was ist darüber hinaus nötig, um erfolgreich zu sein? Warum sind einige dieser Kunden, die als Unternehmer tätig waren, viele sind es noch immer, eigentlich erfolgreich geworden? Mittlerweile beantworte ich diese Goldeselfrage so: Diese Leute nehmen ihre Position als Unternehmer wörtlich – sie unternehmen etwas. Unternehmer grübeln nicht ständig über Risiken und Probleme nach! Mit dieser Erkenntnis – und mit dem mentalen Notfall-Netz, dass ich schließlich immer wieder bei einer Bank arbeiten könnte – wagte ich den Sprung in eine ungewisse Zukunft. Sicherlich nicht zuletzt unter dem Aspekt, dass ich immer noch einen Trumpf im Ärmel hatte. Zu diesem Zeitpunkt erschien nämlich endlich das vom Sparkassenverlag herausgebrachte Buch. Mitten hinein in die Marktlücke und passgenau zum Weihnachtsgeschenkgeschäft. Und weil sich zu den zahlreichen Jahresendgeschichten ein Buchtipp immer gut macht, hagelte es Rezensionen aus allen möglichen Richtungen.

„Alles über Immofonds" hieß es bei Börse Online. Der Platow-Brief brachte es als „brandaktuellen Buchtipp". Die WirtschaftsWoche, vermutlich wegen dem Untertitel „Grundlagen, Analysen und Bewertung" und weil der Inhalt in Richtung Checkliste tendierte, lobte es als „Ratgeber zur Prüfung". Allein 1994 kamen noch !Forbes, DM (heute Euro), Finanzen und diverse kleinere Publikationen hinzu. Welch erfreuliche Honorar-Ernte aus einem Erstlingswerk! Dennoch war das nicht das Wichtigste. Der spürbar steigende Bekanntheitsgrad in der Branche und bei den publizierenden Kollegen bedeuteten mir erheblich mehr. Offene Türen einzulaufen war schon immer weitaus angenehmer, als deren Klinken putzen zu müssen. Und tatsächlich, der frische kleine Ruhm erwies sich als Job-Turbo, verhalf mir zu weiteren

In dem Artikel für die ZEIT „Run auf Luftschlösser" schätzte ein Experte schon 1994, dass 75 Prozent der Fonds in den neuen Bundesländern Probleme bekommen würden.

Kontakten und Aufträgen. Nicht aus einem pompösen Büro, vielmehr aus dem Dachgeschoss, das ich zusammen mit Vater und Bruder als „Schreibstube" ausgebaut hatte.

Aus der anfänglichen Auftragslawine ragte ein Artikel ganz besonders heraus: Er war für die ZEIT und sollte im Oktober

1994 erscheinen. Headline: „Run auf Luftschlösser". Ausgerechnet diese renommierte Ausnahme-Zeitung, die für ihre stilistischen Qualitäten bekannt ist, wollte einen Beitrag von mir! Dabei bin ich noch bis heute keine Edelfeder geworden. Doch meine Befürchtungen versandeten recht schnell. Wie schon so oft, überzeugte auch diesmal wieder der Inhalt, und die zuständige Redakteurin Marie-Luise Hauch-Fleck zauberte aus meinen Fakten einen lesbaren Beitrag. Neben Hinweisen auf die Stellschrauben der Prognoserechnung, auf notwendige Leistungsnachweise der Initiatoren (heute als Leistungsbilanz bezeichnet) und einem Blick auf die Probleme des Zweitmarktes wurde Dietmar Schloz zitiert, seinerzeit Geschäftsführer der H.F.S. Hypo-Fondsbeteiligungen. Er schätzte schon damals, dass 75 Prozent der Fonds in den neuen Bundesländern Probleme bekommen würden.

Einen Monat später erschien ein Beitrag in der WirtschaftsWoche über einen der so genannten mega-erfolgreichen Unternehmer. Eine geldstarrende Spezies, die ich schon damals nie und nimmer als Vorbilder bezeichnet hätte. „Reiche Liebhaber" hieß der Bericht, er zielte auf die Anleger des Hotelfonds Adlon. Ein Pomp-Projekt der damals in Köln ansässigen Fundus-Gruppe, die sich dem „Premium-Immobilienmarkt" verschrieben hat. Deren glamouröser Unternehmenschef ist Anno August Jagdfeld, der auch das Hotel in Heiligendamm realisierte, bekanntlich die Nobel-Unterkunft für den letzten G8-Gipfel in Deutschland. Doch ich konnte mich dem schönen Schein seiner Renditeaussagen nicht anschließen. Beim Adlon, so meine Einschätzung, seien die Zimmer für 1,1 Millionen Mark unzweifelhaft sehr teuer: „Für scharf rechnende Anleger dürfte das Adlon trotz aller Standortvorteile kaum eine Zeichnung wert sein", schrieb ich im Fazit. Eigentlich noch viel zu harmlos für das, was später noch alles bekannt werden sollte.

Absahnen, einstecken und fürstlich lächeln: Fundus hat lange Zeit die Branche geprägt

Über Jahre hinweg gab es kaum eine Veröffentlichung, in der Anno August Jagdfeld nicht mit von der Partie war. Als Anfang der 90er Jahre die 50-prozentige Sonderabschreibung für Investitionen in den neuen Bundesländern eingeführt wurde, wälzten sich wahre Geldströme gen Osten. König war, wer baureifes Land besaß oder zumindest welches beschaffen konnte. Und Jagdfeld war mächtig gut in dieser Disziplin. Seine Masche, neben den üppigen Gebühren bei Fondsauflage nochmals richtig Geld einzuschaufeln, war denkbar einfach: Gebaut wurde vom Jagdfeld-Unternehmen Bredero, das dann mit Gewinn an die Fonds verkaufte und damit an die Anleger. Natürlich stand in den Verkaufsprospekten, wenn Bredero Verkäufer oder Generalübernehmer war und dass zwischen Bredero und Fundus eine Verflechtung bestand. So heißt es im Emissionsprospekt für das Hotel Adlon aus dem Jahr 1996: „Die Generalübernehmerleistungen werden erbracht von der Bredero Projekt GmbH (...) Das Kapital der Bredero Projekt GmbH wird mehrheitlich gehalten von der Bredero Deutschland GmbH (...) Bei der Bredero Deutschland GmbH handelt es sich um eine Gesellschaft, die kapitalmäßig direkt beziehungsweise indirekt zu 25 Prozent von dem Gesellschafter der Fundus Fonds-Verwaltungen GmbH und zu 75 Prozent von nahen Angehörigen dieses Gesellschafters gehalten wird." Welche Zwischengewinne die Bredero einsackte, stand darin natürlich nicht.

Ein Blick auf die Motivationsstruktur des selbst ernannten Schöngeistes Jagdfeld, der gern mal mit Gehabe und Gewand englischer Landedelleute daherkommt: Er strebt stets den maximalen darstellbaren Kaufpreis an. Maßgeblich dafür sind die erzielbaren Mieten, da eine Immobilie nach ihrem Ertragswert bewertet wird. Das heißt, der Kaufpreis muss innerhalb von x Jahren (je nach Standort, Bauqualität und Nutzungsart) durch die Mieteinnahmen amortisiert sein. Wer das verstanden hat, kann mühelos

„Attraktive Renditeobjekte" wurden zu hohlen Prestige-Investitionen. Seit Jahren erhalten die einst so stolzen Premiumprojekt-Anleger keine Ausschüttungen.

die Beweggründe von Anbietern wie Fundus nachvollziehen, wenn es um Mieteinnahmen geht: Je höher, desto besser. Verwerflich wäre das im Grundsatz nicht – vorausgesetzt, der Mieter ist ein fremder Dritter, der nicht freiwillig zu viel bezahlt. Doch das zu umgehen ist für gewiefte Rendite-Rastellis eine leichte Übung. Beispiel Fundus-Fonds 29 der Gutenberg Galerie in Leipzig: zum Zeitpunkt der Prospektherausgabe gab es dort noch keine Mieter für die Büroflächen. Also wurde mit 29 Mark bei umsatzsteuerpflichtigen Mietern (bei umsatzsteuerbefreiten 33,35 Mark) ein willkürlicher Wert ersonnen. Selbstverständlich extrem optimistisch gehalten, schließlich sollte der hohe Pauschalfestpreis gerechtfertigt werden. Und der war, keine Frage, selbstverständlich mit der Bredero Bau GmbH vereinbart.

Hohle Prestige-Investition statt Renditeobjekt? Am Ende jedenfalls waren die süffig suggerierten Einnahmen nicht erzielbar, seit Jahren erhalten die einst so stolzen Premiumprojekt-Anleger keine Ausschüttungen. Ganz zu schweigen von den Verlusten beim ursprünglich eingezahlten Geld. Laut Capital 21/2006 drohte der Immobilie sogar die Zwangsversteigerung: „In das Objekt flossen 113 Millionen Euro, inzwischen wurde es aber auf elf Millionen abgewertet." Auch wenn die Versteigerung bis heute vermieden werden konnte – die Fondseinlagen sind weitestgehend verloren. Vermutlich sogar vollständig und für immer.

Schöne Gewinne aus Generalübernahmeverträgen, das reichte Anno August Jagdfeld aber längst nicht aus. So bescherte er sich mittels hin und wieder durchgeführter Kapitalerhöhungen das eine oder andere lukrative Leckerli außer der

Reihe. Erklärungsnotstand gab es wohl nicht gerade, wenn es galt, bei bestehenden Fonds den Anlegern den Sinn von Um- oder Erweiterungsbauten schmackhaft zu machen. Paradebeispiel Hotel Adlon: Der 1994 erstmals aufgelegte Fonds Nummer 31 erlebte seine letzte Kapitalerhöhung in 2005. An einem einfachen Zahlenspiel ist leicht erkennbar, dass bei dieser Gelegenheit der Preis, schon bei Erstauflage hoch genug, für die Erweiterungen getoppt wurde: Mitte der 1990er betrug die vom Fonds gehaltene Bruttogeschossfläche 42.899 Quadratmeter. Das damalige Fondsvolumen belief sich auf 435 Millionen Mark, umgerechnet 222,4 Millionen Euro. Rein rechnerisch kostete der Quadratmeter Bruttogeschossfläche den Anleger 5.185 Euro. Durch mehrere Erweiterungen verfügte der Fonds gut zehn Jahre später über 65.950 Quadratmeter Bruttogeschossfläche. Ein Zuwachs von 23.051 Quadratmetern. Das Gesamtinvestitionsvolumen über die Zeit stieg aber nicht nur um 54 Prozent, es kletterte gleich um 86 Prozent auf 413,5 Millionen Euro. Anders ausgedrückt: Für die Erweiterungen mussten die Anleger durchschnittlich 8.290 Euro pro Quadratmeter Bruttogeschossfläche zahlen.

Es liegt auf der Hand, wer vermutlich blendend von den Preissteigerungen profitiert hat. Natürlich Jongleur Jagdfeld: „Verkäufer des schlüsselfertig und vollständig errichteten Adlon Palais war die Bredero Projekt Berlin GmbH..." und weiter: „Generalübernehmer für sämtliche Aus- und Umbauleistungen inklusive Einrichtung im Zusammenhang mit der Adlon Residenz sowie der Bauleistungen zum Umbau von 48 Zimmern in 24 Suiten im Hauptgebäude des Hotel Adlon ist die Bredero Schlüsselfertiges Bauen GmbH & Co. KG..."

Doch das war noch längst nicht das letzte Instrument aus dem Jagdfeld'schen Methodenreservoir, mit dem er Geld von den Anlegern für sich urbar machte. Besonders dreist der Vorfall in 2002, als Bredero „Mietunterdeckungen", es ging um den Fond 28, von den Investoren zurückforderte. Begründung: Angeblich habe Bredero jahrelang zu viel ausgezahlt. Natürlich aus

Versehen. Von 28,9 Millionen Mark wurden anfangs 25,2 Millionen zurück gefordert. Nach vielem Hin und Her gab sich Jagdfeld am Ende „großzügig“, verzichtete auf einen Teil davon. Es kam zum Vergleich: Die Anleger mussten nicht alles zurückzahlen, was deren Komplementär Gilbert van Overberghe jahrelang in ihrem Sinne eingenommen hatte. Gerade zu logisch, dass die Emotionen einiger Anleger überkochten. Völlig zu Recht, war doch ihr eigener Komplementär zugleich Geschäftsführer der Bredero GmbH, die das Geld angeblich jahrelang „versehentlich“ überwiesen hat.

Natürlich ließe sich die Liste der merkwürdigen Methoden des Herrn Jagdfeld noch eine Weile fortführen. Die über Jahre gesammelten Unterlagen zum Themenkomplex Fundus würden mindestens zehn Aktenordner füllen. Da wären beispielsweise die Platzierungsgarantien bei einigen Fonds, die meines Erachtens nicht vertragsgemäß erfüllt wurden. Aber natürlich war am Ende ein ausgefuchster Rechtsverdreher zur Stelle, der per Gutachten begründete, warum die Garantien so nicht gemeint waren, wie es im Prospekt beschrieben wurde. Beispiel Fonds 33, Quellenhof: „Spätestens am 31. Dezember 2004 ist der Vertragspartner verpflichtet, nicht platzierte Teilbeträge des genannten zur Platzierung vorgesehenen Gesellschaftskapitals durch Selbsteintritt zu übernehmen.“ Wie Sie schon richtig vermuten, kam es dazu aber nicht.

In diese Liste gehört auch der Skandal um den inzwischen aufgelösten Fundus-Fonds „Pyramide“ in Berlin, ein 96 Meter hoher Büro-Komplex, mit dem die Anleger gleich mehrfach über den Tisch gezogen wurden und am Ende sehr viel Geld verloren. An wen, darüber bestehen kaum ernsthafte Zweifel. Direkt am Anfang der virtuellen Geldkofferausgabe stand natürlich immer Jagdfeld, und immer in vorderster Position.

Anno August Jagdfeld, der Mann, der reihenweise Tummelplätze für die Elite realisierte, beim Großteil seiner immerhin mehr als 50.000 bisherigen Anleger dürfte er die Todsünde Zorn entzündet haben. Natürlich wird das der ehrbare Herr Jagdfeld, vom Magazin Capital einst in dicken Lettern als „Der Scheinheilige“ bezeichnet, nicht verstehen. Der Hobbyphilosoph überrascht nämlich seine Gesprächspartner gerne mit der Frage, ob sie die sieben Todsünden kennen. Sollte er mir diese Frage ein weiteres Mal stellen, würde ich ihn bretthart mit meiner Ansicht konfrontieren, dass auch Turbo-Habsucht in diese Kategorie gehört. Dieses Vergehens, möglicherweise gibt es ja dafür irgendwo Rabatt, hat er sich meines Wissens im Fließbandverfahren schuldig gemacht. Wäre ich der einfachen Sünde Wetten verfallen, ich setzte einen Batzen Geld darauf, dass es in Zukunft noch weitere Anlage-Attentate, fein säuberlich durch ellenlange Rechtsgutachten vorbereitet, auf Jagdfeld-Klienten geben wird, die diese Ansicht untermauern. Und schließlich: Ist es vielleicht nicht hochmütig, dass die Namensrechte Adlon einer Jagdfeld-Gesellschaft gehören, nicht aber den Anlegern: „Das Recht zur Nutzung des Namens Adlon wird gehalten von der Fundus Hotelentwicklungs- und Verwaltungsgesellschaft...“

Ohne Netz und Doppelboden: Life-Kritik im Löwenkäfig

Aufregung pur kann so aussehen: Erstmals in seinem Leben sitzt man in einem Fernsehstudio und muss gleich kritische Fragen eines Moderators beantworten. Das war am 30. November 1994 beim Nachrichtensender n-tv. Das dauerte aber nur vier Minuten. Harmlos im Vergleich zu einem Erlebnis kurz danach: Erstmals in seinem Leben sitzt man vor fast 100 Menschen auf einem Podium. In dieser exponierten Position soll man gestandene Fondsmanager kritisieren, alle neben sich aufgereiht, allesamt bewaffnet mit einem Mikrofon. So sah die Szenerie der Veranstaltung in Frankfurt aus, die sich 1. Analyse-Tagung nannte. Ich erinnere mich noch genau: Auf der einen Seite die Geschäftsführer großer Fondsanbieter. Auf der anderen Seite – ich saß rechts außen, und manchmal sehe ich mich noch heute dort sitzen – die Phalanx der Analysten. Dazwischen fungierte als eine Art „moderierender Dompteur“ Heinz Gerlach, damals der Anlegerschützer schlechthin. Weil ich hoffte, er würde mir im Zweifel aus der Patsche helfen, gab er mir immerhin einen Hauch von Sicherheit in diesem illustren Löwenkäfig.

Aber wie so oft noch später in meinem Leben war die Angst unbegründet. Schließlich hatte ich mich wirklich gründlich vorbereitet, und nicht nur die jeweils fast 100 Seiten dicken Fondsprospekte der zwei von mir zu analysierenden Angebote von vorne bis hinten und wieder zurück beackert. Intensiver ging's nimmer. Darüber hinaus sammelte ich mehrere Tage Informationen zu den Immobilien und über die Initiatorenunternehmen, wertete alles aus, diskutierte die Ergebnisse mit Experten. Bei dem damals noch eher bescheidenen Honorar in der Summe nicht gerade ein guter Stundenlohn. Aber das buchte ich ohne Unmut unter der Kategorie Zukunftsinvestition ab. Und die lohnte sich, schließlich habe ich viel gelernt – und im Nachhinein auch mit meinen Einschätzungen Recht behalten. Hierzu später noch Näheres.

Zunächst ein Blick auf die beiden Angebote, die ich auf dem Podium zu analysieren hatte: Zum einen der Concordia-Fonds 8 mit Geschäfts- und Bürohäusern in Berlin und Dresden sowie 2.000 Wohnungen. Als zweites hatte ich mich auseinanderzusetzen mit dem KapHag Renditefonds 50, einem Bürohaus in der Spitzenlage Friedrichstraße in Berlin, Standpunkt des legendären Grenzüberganges Checkpoint-Charlie. Zugegeben, die Investitionsvolumen der Angebote waren schlichtweg beeindruckend. Concordia 8 kam auf stolze 432 Millionen Mark, das Bürohaus des amerikanischen Stararchitekten Philip Johnson verschlang immerhin noch 278 Millionen Mark. Ganz schöne Brocken für einen jungen Analysten-Novizen, der sich mit seiner Anfängerblauäugigkeit auch prompt Sorgen darüber machte, was wohl mit diesen Millionen-Investitionen passieren könnte, wenn er sein kritisches Urteil in den öffentlichen Ring wirft. In beiden Fällen hatten nämlich meine Recherchen zu vernichtenden Ergebnissen geführt: Die Mietansätze waren zu hoch, die Konstrukte nicht im Anlegerinteresse, die Objekte zu teuer, zudem erschienen mir die Garantien fragwürdig. Im Falle Checkpoint-Charlie erlaubte ich mir sogar ein Urteil zu dessen unvorteilhaftem Rastermaß – das sind die durch Fensterbreiten vorgegebenen Möglichkeiten der Raumbreite – und der zu

Als den Fondsmanagern die Argumente ausgingen, wurde ich beschimpft und als Demagoge und Showmaster bezeichnet.

hohen Raumtiefe. Ich, der kleine Junganalyst aus dem oberbayerischen Kleindorf Pfaffing wollte also einem amerikanischem Stararchitekten (der allerdings nicht anwesend war) und einem der größten Immobilienfondsinitiatoren, damals schon mit einem realisierten Projektvolumen von 1,7 Milliarden Mark im Argumentationsgepäck, meine Einschätzung um die Ohren hauen, dass die Vermietungsplanungen aufgrund der architektonischen

Nachteile unrealistisch seien. Bei Concordia reklamierte ich die 50-prozentige Beteiligung des Initiators am Fonds als Anlegernachteil, obwohl der Anbieter gerade das als Vertrauensbeweis werblich offensiv ausschlachtete. Der Gegenschlag kam erwartet zeitnah: Hyänengleich fielen Concordia-Vorstandsvorsitzender Günter Minninger und Jürgen Tiemann, der geschäftsführende KapHag-Gesellschafter, über mich her. Offensichtlich müssen ihnen aber meine Argumente zu hieb- und stichfest gewesen sein. Also gingen am Ende beide dazu über, verbal unter die Gürtellinie zu zielen, beschimpften mich beispielsweise als Demagogen und als Showmaster.

Heilfroh, dem öffentlichen Hauen und Stechen fürs Erste entronnen zu sein, genoss ich den Heimweg ins weitaus gemächlichere Oberbayern wie kaum jemals zuvor. Untergegangen war ich zwar nicht in der Frankfurter Verbalschlacht, sonst hätten die etablierten Kapitäne des Kapitals nicht zu solch fiesen Torpedos gegriffen. Trotzdem kamen Selbstzweifel auf, als ich meinen Erstauftritt als Fondskritiker hinter mir hatte. Hatte ich mich nicht doch verrannt? Und wenn ich mit meiner Einschätzung daneben lag? Ganz zu schweigen von den Visionen eventueller juristischer Konsequenzen. Doch nichts dergleichen geschah. Briefe von Anwälten blieben mir erspart, es gab keine Drohanrufe, auch zeigte niemand mit Fingern auf mich. Allerdings führte mein kritischer Auftritt auch nicht dazu, dass einer der beiden Fonds nicht an die Frau oder den Mann gebracht wurde. Offenbar überzeugten die Verkaufsargumente, allen voran die Steuervorteile, zum Schluss doch mehr als meine Bedenken. Oder hatten die bulligen Worte der Großstadt-Goliaths unter dem Strich doch mehr Eindruck hinterlassen, als der geschliffene Stil des David aus Rosenheim es vermochte? Jedenfalls erkannte ich zum erstmals das Phänomen, dass viele Anleger solche Kritiken ohnehin nicht hören wollen. Und die Finanzberater, die solche Produkte verkaufen, weil sie hohe Provisionen dafür bekommen, wollten es erst recht nicht hören. Irgendwie logisch, denn, ändern sie ihre Meinung, ändern sich auch ihre Provisionschecks – auf denen ist dann auf einmal ganz viel leerer Raum.

Monate später hatte ich die prägenden Erlebnisse dieser Veranstaltung längst verdaut, auch meine Selbstzweifel waren glücklicherweise verflogen. Und so machte ich mich daran, die Ergebnisse meiner Recherchen bei allen möglichen Gelegenheiten journalistisch zu vermarkten. So wurde der Fonds Concordia 8 vom Monatsmagazin DM – heute als Anlegermagazin Euro bekannt – in der Ausgabe vom Juli 1995 unter die Lupe genommen, Schlagzeile: „Kräftig bluten“. Zweifellos eine tiefkritische Geschichte über geschlossene Immobilienfonds, verfasst von Wolfgang Ludwig, heute stellvertretender Chefredakteur beim Wettbewerber Capital. Mein Beitrag, damals noch zusammen mit Uli Richter produziert: Ein Risikotest von 55 Angeboten, bei dem zum Beispiel Concordia 8 bei Wertzuwachschancen und Partner glatt durchfiel. Außer einem bösen Brief mit Unterstellungen, die ich nicht nachvollziehen konnte und einer Vertriebsinformation, die Zweifel geschickt ausräumen sollte, ist allerdings nicht viel passiert. Wie später noch so oft in meinem Leben...

Und heute, 14 Jahre später? Es ist so gekommen, wie ich es erwartet und prognostiziert hatte. Die Immobilien erwiesen sich als zu teuer, die erwarteten Mieteinnahmen konnten nicht erwirtschaftet werden. Die beiden damals zu den Großen der Branche zählenden Fondsanbieter verkaufen schon längst keine Fonds mehr. Unschwer zu erraten, dass die Anleger der von mir zerrissenen Produkte auch nicht annähernd die Renditen bekamen, die ihnen einst mit blumigen Worten in Aussicht gestellt worden waren. Schwer zu sagen, wie hoch die Verluste sind, aktuelle so genannte Leistungsbilanzen der beiden Anbieter gibt es nämlich nicht.
Solch eine Darstellung von erreichten Ergebnissen – etwa vergleichbar mit dem Lebenslauf eines Arbeitsplatzbewerbers – listet auf, was ein Initiator seinen Anlegern versprochen hat.

Vor allem aber sollte erkennbar sein, was er davon tatsächlich erreicht hat. Wie schade, dass die beiden Emissionshäuser kein aktives Fondsgeschäft mehr betreiben und sich deshalb die Veröffentlichung von Ergebnissen erübrigt ...

Herkulesarbeit im Zahlengebirge-Labyrinth: Die Entstehung der bis heute einzigen Gesamtmarktstudie

Fragt man mich heute nach der wichtigsten Entscheidung in meinem Leben als Fondsjournalist, nenne ich ohne zu zögern die Entwicklung einer eigenen Marktstudie. Natürlich wusste ich das Anfang 1995 noch nicht. Ehrlich gesagt, steckte auch keine besondere Strategie hinter der Entscheidung, eine Befragung über die Platzierungsumsätze der größten Initiatoren durchzuführen. Es war einfach eine Reaktion auf die Tatsache, dass ich immer wieder von Redakteuren gefragt wurde, ob ich nicht zu dem einen oder anderen Bericht eine schöne Grafik liefern könnte – zum Beispiel über das Marktvolumen.

Aus der Not heraus nannte ich anfangs die Zahlen von Hartmut Bulwien, die er über sein damals als Münchner Institut bezeichnetes Unternehmen bekannt gab. Doch ich erkannte relativ schnell, dass die Qualität der von ihm für 1993 bekannt gegebenen 9,5 Milliarden Mark etwas zweifelhaft war. Also befragte ich einige Initiatoren, wie denn Bulwien die Daten bei ihnen erhoben hätte. Ergebnis: Keiner von ihnen war jemals von dem Marktforschungsinstitut befragt worden. Also trat ich bei einer passenden Gelegenheit einfach an Hartmut Bulwien persönlich heran. Ob denn wohl die 9,5 Milliarden platziertes Eigenkapital oder das Fondsvolumen darstellen (die Differenz ist ungefähr das Doppelte, weil im Fondsvolumen auch die Bankkredite mitzählen), wollte ich wissen. Anfangs meinte er, das wäre das Fondsvolumen, wurde aber im Verlauf des Gesprächs immer unsicherer, weil das ja ein Mitarbeiter von ihm erledigte. Endgültig überzeugt von der Notwendigkeit einer qualifizierten Markterhebung hat mich dann die Antwort auf die Frage, mit welchen Methoden denn die Umfrage bei den Initiatoren durchgeführt werde. Etwas ausschweifend erklärte er, sie würden die Prospekte der am Markt bekannten Fonds sammeln und deren Volumen aufsummieren. Bei Fonds, die noch nicht geschlossen waren, werde eine Teilplatzierung angenommen. Eine wirklich repräsentative Umfrage gab es aber nicht.

Der ersten Ernüchterung folgte ein inneres Glockenläuten. War ich nach dem Buch über die geschlossenen Fonds ein weiteres Mal auf eine Angebotslücke gestoßen? Sofort schien mir die Erkenntnis sonnenklar vom Auftragshimmel, dass der Markt etwas Aussagekräftigeres braucht. Mehr als ein paar Zahlenkolonnen, die eher nach Gutdünken, denn nach einem plausiblen System entstanden waren. Deshalb fragte ich 1995 bei großen Anbietern erstmals für die Jahre 1993 und 1994 an, welches Volumen sie jeweils verkauft hatten. Kaum zu beschreiben, wie gigantisch die Widerstände waren. Das Gros der Befragten machte aus ihren Umsatzzahlen ein regelrechtes Staatsgeheimnis. Nur mit viel Überredungskunst, teilweise auch mit diskretem Druck, gelang es, zumindest eine vorzeigbare Tabelle zusammenzubasteln. Der Platow-Brief druckte sie als erster, und bei der Süddeutschen Zeitung bekam ich mit einem zahlengespickten Beitrag zur Marktentwicklung erstmals einen Fuß in die Redaktionstür.

Das Interesse für die Zahlen sowie der Ehrgeiz, den Firewall der Datenverweigerer zu knacken, war also der Grundstein für die Weiterentwicklung meines Datenerhebungsprojektes. Im Jahr darauf verschickte ich schon einen fein ausgeklügelten Fragebogen mit detaillierten Informationswünschen an alle, deren Adressen nebst Ansprechpartnern ich im Vorjahr konsequent zusammengetragen hatte. Datenverweigerern wurde unmissverständlich mitgeteilt, dass es wohl kaum günstig für sie wäre, wenn ihr Verhalten an die Öffentlichkeit geriete. Wie plötzlich und in welchem Ausmaß sich doch die Platzierungsliste verlängerte! Doch am Ende blieb eine Enttäuschung: Zwar interessierten sich einige für das Ergebnis meiner Herkulesarbeit, aber eben nur verhältnismäßig wenige. Der große Pulk der Zeitungen und Magazine stürzte sich weiterhin auf die Zahlen von Bulwien. Das war eben ein renommiertes Marktforschungsinstitut. Durchaus verständlich aus der Sicht von Redakteuren, die eben doch nur gelegentlich in diesen Themenkomplex eintauchen, und dann lieber einem großen Münchener Institut vertrauen als dem kleinen Journalisten aus Pfaffing. Der rechtschaffene David, ein weiteres Mal musste er die Macht des Goliath-Bonus erkennen...

Was konnte ich also tun, damit dies nicht bis zum jüngsten Tag so bleibt? Der Lösungsansatz war simpel und effektiv zugleich: Ich lebte einfach die Transparenz, die ich schon damals regelmäßig einforderte. In diesem Fall: Ich zeigte nicht nur Ergebnisse – ich habe einfach alle Einzeldaten der Jahresumfrage veröffentlicht. So konnte jeder alles selbst nachrechnen. In der Folge wucherte allerdings die Excel-Tabelle des

Jeder wollte sich möglichst weit nach oben in der Platzierungsliste rangeln. Diese Begehrlichkeiten verleiteten viele zum „Mogeln".

Vorjahres zu einer fast 100-seitigen Studie mit verschiedensten Auswertungen und Grafiken heran. Viel zu arbeitsintensiv, um sie weiterhin kostenlos zu verteilen, deshalb verkaufte ich sie dann für 95 Mark pro Stück. Nun hatte ich den verkaufsphilosophischen Lehrsatz, dass nichts wert ist, was nichts kostet, geradezu klassisch in die Realität umgesetzt. Der Verkauf der Studie brachte mir schon in diesem ersten Jahr mehr Geld ein, als das Schreiben der Artikel über die Platzierungserfolge.

Spätestens dann war der Weg frei für weitere Einnahmen. In den kommenden Jahren wurde die Umfrage ständig verbessert und ausgebaut. Schon im Folgejahr war sie auf den doppelten Umfang angewachsen – den Preis passte ich entsprechend an. Kein Thema, über das sich irgendjemand aufregte, die Abnehmer waren ohnehin alle Großunternehmer, die üblicherweise ganz andere Beträge disponierten. Und für Anleger ist die Marktstudie sowieso nur sehr eingeschränkt von Interesse.

Mit zunehmender Bedeutung meiner Marktdurchforstung wuchs der Ehrgeiz der Initiatoren, die Platzierungstabellen als

Hitlisten für das eigene Image zu nutzen. Jeder wollte sich möglichst weit nach oben rangeln. Diese Begehrlichkeiten verleiteten viele zum „Mogeln". Nur mit klaren Regeln, die ich in einem bis heute fortgeführten und weiter entwickelten Regelwerk dokumentiere, konnte ich der unlauteren Platzierungshatz einen Riegel vorschieben. Das steigerte die Glaubwürdigkeit noch weiter. Schon nach wenigen Jahren war die Marktstudie zu einem anerkannten Markenzeichen geworden.

An ein Erlebnis, ich gebe zu, dass es mein Ego damals gebührlich streichelte, kann ich mich bis heute noch gut erinnern: Eines Tages wurde ich von einem Mitarbeiter des Statistischen Bundesamtes angerufen, der sich nach meiner Marktstudie erkundigte. Ich schickte ihm ein Exemplar – natürlich kostenlos, weil solche Behörden schon damals permanent geldklamm waren. In der Rückmeldung zeigte sich der Mitarbeiter völlig erstaunt über die Menge der aufgeführten Fonds und die Zahl der genannten Initiatoren. Wie ich denn das geschafft hätte? Im Laufe des Gespräches erfuhr ich, dass das Statistische Bundesamt sich selber einmal an einer freiwilligen Umfrage versucht habe. Wegen der mäßigen Resonanz sei das Projekt dann aber wieder aufgegeben worden. Soweit mein erster Eindruck von einer großen Behörde; in den folgenden Jahren sollten noch zahlreiche ähnliche hinzukommen.

Das große Schweigen: Der Einstieg in die offenen Immobilienfonds

Eigentlich wollte ich mich ja auf die geschlossenen Immobilienfonds konzentrieren. Zur Erklärung: Im Gegensatz zu den offenen sind die geschlossenen Fonds Beteiligungen an einem Unternehmen, in der Hauptsache Immobilien und Schiffsbeteiligungen. Die Risiken sind dort größer, der Markt noch intransparenter. Anbieter von offenen Immobilienfonds müssen einen Bankstatus vorweisen, was ein Initiator eines geschlossenen Immobilienfonds nicht muss. Alles in allem Details, die nichts daran änderten, dass es in beiden Lagern solche und solche gibt. Außerdem machte schon zu dieser Zeit der BVI Bundesverband Investment und Asset Management e.V. eine hervorragende Pressearbeit für die Branche der offenen Fonds. Die meisten Redakteure, schon damals war wenig Zeit für echte Recherchen, übernahmen deshalb regelmäßig die beeindruckenden Zahlen und Statements vom BVI. Kritische Berichte gab es so gut wie nicht. Deshalb sagte ich auch im April 1995 zum ersten Mal ja auf die Frage, ob ich denn auch etwas zu den offenen Immobilienfonds schreiben könnte.

Die Kölner Redaktion des Fachblattes Immobilien Manager wollte etwas zum Streit zwischen der Branche und dem Bundesaufsichtsamt für Kreditwesen, heute BaFin (Bundesamt für Finanzdienstleistungsaufsicht)

Fragen wurden einfach nicht beantwortet, teilweise gab es nicht einmal eine Reaktion. Offenbar verschwand alles konsequent im Papierkorb.

veröffentlichen. Es ging um die Definition der Höchstgrenze für liquide Mittel. Hatte ich inzwischen eine Spürnase für Marktlücken entwickelt? Jedenfalls nahm ich Witterung auf: Erneut ein Spezialthema, und natürlich interessierte es mich!

Und einmal Blut geleckt, konnte ich nicht mehr loslassen.

Also besorgte ich mir die Rechenschaftsberichte einiger Angebote und filzte sie akribisch durch. Ergebnis: Der Inhalt war erschreckend nichts sagend, die Aussagekraft tendierte gegen Null. Eigentlich hätte für die Marketingbroschüren die Bezeichnung „diesjähriger Werbeprospekt" besser gepasst statt Rechenschaftsbericht. Nachhaken? Völlig vergeblich. Meine Fragen wurden einfach nicht beantwortet, teilweise bekam ich nicht einmal eine Reaktion. Offenbar verschwanden meine Anfragen konsequent im Papierkorb.

Um aber überhaupt an Material für irgendwelche Aussagen zu kommen, knöpfte ich mir ältere Berichte vor – in der Hoffnung, aus den Veränderungen etwas herauslesen zu können. Das gelang dann auch. Und da ich aus meinen Erfahrungen von den geschlossenen Fonds her schon wusste, wie man als kleiner Journalist gegen große Gegenspieler bestehen kann, entstand eine weitere Studie, diesmal zu offenen Immobilienfonds. Allerdings hier nicht mit dem Ansatz der Quantitätsmessung, vielmehr legte ich mein Augenmerk in Richtung qualitative Aussagen. Aber dazu später mehr...

Stromsperre für eine Lichtgestalt: Der Fall Rosche Finanz

Eigentlich haben sie sich als Spezialisten für US-Immobilienfonds positioniert. Als dann allerdings mit der Sonderabschreibung in den neuen Bundesländern eine riesige Nachfrage nach Verlustzuweisungen entstand, wollte sich der Freiburger Initiator Rosche Finanz auch ein Stück vom Ost-Kuchen abschneiden. Das jedoch ist ihm gründlich misslungen.

Schon Ende 1995 meldeten sich erste Anleger und berichteten über die geradezu desolaten Zustände bei den Rosche-Fonds mit Immobilien in den neuen Bundesländern. Ein Jahr später gaben gleich ganze Pulks von Investoren ihrer Unzufriedenheit Ausdruck. Gegen den zu dieser Zeit für diese Produktschiene Verantwortlichen Heinz Koch wurden heftige Beschuldigungen laut. Nicht durchgeführte Gesellschafterversammlungen – offenbar wollte man sich vor den Diskussionen mit Anlegern drücken – sind immer ein untrügerisches Alarmzeichen. In diesem Fall dafür, dass der Anbieter nicht nur wegen der zwischenzeitlich schwierigen Vermietungssituation in den neuen Bundesländern eine Reihe von Problemen am Bein hatte.

Dieser Alarmstatus hätte freilich nicht nur auf die Deutschlandfondsschiene beschränkt werden dürfen (die zu diesem Zeitpunkt schon längst nicht mehr angeboten wurde). Wenn irgendwo der Verdacht auf Unsauberkeiten auftaucht, müssen die Vorsichtsmaßnahmen natürlich für alle Bereiche gelten, auch für US-Immobilienfonds. Dort wurden nämlich gerade große Pläne geschmiedet. Für mich ein guter Grund, diesen Vorgang einmal näher unter die Lupe zu nehmen. Ziel der Pläneschmiede war ein Börsengang im Milliardenbereich, wobei die US-Fonds zu einem Masterfonds zusammengefasst und dann an die Börse gewuchtet werden sollten. Im „Anlegermagazin" Cash fand sich zum Beispiel eine PR-Geschichte mit dem Titel „Ab zur Börse!". Der seinerzeit angebotene Fonds XXVI wurde von der

„Ratingagentur“ GUB, die zum Cash-Konzern gehörte, mit der Bestnote „+++“ geadelt. Sowohl die Namensgeberin Gabriele Rosche als auch deren damaliger Prokurist Michael Vogelbacher, das muss man ihnen lassen, haben sich also im doppelten Sinne gut verkauft.

Wer sich nicht blenden ließ, beispielsweise von Einladungen in die USA – auch ich bekam mehrere, die ich aber im Falle Rosche ausschlug – musste eigentlich schon damals zu anderen Ergebnissen kommen. Warnende Zeigefinger gab es genug. So veröffentlichte der Platow Brief

Obwohl die Kritik an den Deutschlandfonds längst lawinenartige Ausmaße erreicht hatte, verhökerten viele Finanzberater unverdrossen Fonds an alle, die nicht schnell genug in die Rettungsboote kamen.

Recherchen von mir, die eindeutige Zweifel an der Seriosität des schwergewichtigen Coups formulierten. Auch in Börse-Online und in der WirtschaftsWoche war nichts Gutes über die Freiburger zu lesen.

Das alles geschah schon 1996. Im Jahr darauf gelang es dem Cash-Duo sogar, den Verkaufserfolg auf 123 Millionen Mark zu steigern, in 2000 kamen immerhin noch 35 Millionen Mark zusammen. Inzwischen hatten die kritischen Berichte über Probleme mit Deutschlandfonds längst lawinenartige Ausmaße erreicht. Dennoch verhökerten viele Finanzberater – zumindest nennen sich die meisten so, sind aber eigentlich meist nichts anderes als provisionsfixierte Verkäufer – weiter unverdrossen Rosche-Fonds an alle, die nicht schnell genug in die Rettungsboote kamen. Ein absonderliches Phänomen, das ich oft beobachtete. Da steht dann meist ein irgendwie charismatisch anmutender Leitwolf an der Spitze, und die Finanzberater folgen ihm wie die Lemminge. Weil sie sich selbst belügen und nicht eingestehen wollen, in der Vergangenheit falsch gelegen zu haben? Oder ist es einfach das Vertrauen in die Leitfigur? Nur an der Provision, bei Rosche floss sie üppiger als bei vielen anderen Anbietern, kann es kaum gelegen haben. Vielleicht sollten sich an diesem Phänomen einmal die Psychologen versuchen – möglicherweise entdecken sie ein komplett neues Berufsfeld: die Finanzpsychologie.

Spätestens Ende 2001 merkten dann aber auch die letzten Lemminge, dass ihre leitende Lichtgestalt, der rhetorisch brillante Michael Vogelbacher, keineswegs die von vielen attestierte Kompetenz und Vertrauenswürdigkeit rechtfertigen konnte. Das Ende vom hohen Lied vom schnellen Reichtum endete mit schrillen Misstönen: Die Initiatorengesellschaft Rosche Finanz AG musste Insolvenz anmelden. Da kam auch die Aktion der Münchner BVT, selbst nicht gerade für zeichnenswerte Fonds berühmt, viel zu spät, um als „edler Retter in der Not" die Fonds retten zu können. Kurz darauf wurden Vogelbacher und Namensgeberin Gabriele Rosche wegen Verdachts auf Untreue verhaftet. Das Landgericht Mannheim verurteilte beide zu mehrjährigen Haftstrafen wegen Betruges (Vogelbacher) beziehungsweise Beihilfe zum Betrug (Rosche). Für die Anleger, die fast ihr komplettes Kapital verloren, zumindest eine gewisse Befriedigung. Allerdings dürften über kurz oder lang neue Illusionsverkäufer nachrücken und sich, wiederum im Gewand der Lichtgestalt, neue Opfer suchen. Wahrscheinlich werden sie schneller fündig, als die Polizei es eigentlich erlauben dürfte...

Blickpunkt Hauptstadt: Der Jahrhundert-Skandal der Branche

Ohne Zweifel: Die Fondstochter der Landesbank Berlin hat einen kometenhaften Aufstieg hingelegt. Erstmals 1996 gelang ihr bei der Platzierung geschlossener Immobilienfonds mit 1,06 Milliarden Mark die unangefochtene Marktführerschaft. Über Jahre hinweg dominierte der Initiator, später in IBV Immobilienbeteiligungsgesellschaft der Bankgesellschaft Berlin umbenannt, die gesamte Branche. Erst in 2001 sackte der Umsatz von 540 Millionen Euro des Jahres 2000 im steilen Sinkflug auf 58,5 Millionen Euro ab.

Zunächst aber ein Kurzblick auf das Erfolgsgeheimnis des ehemaligen Aufstiegsprimus. Das lässt sich so skizzieren: Wegen seiner anfangs eher mäßigen Platzierung wurde der Fonds LBB 3 zum Ankurbeln im Nachhinein mit zwei Sicherheitsnetzen aufgerüstet. Das erste: Ein 25-jähriger Generalmietvertrag für die Mieteinnahmen durch ein Unternehmen der Landesbank Berlin. Weil die sich quasi in Staatshand befand, garantierte also indirekt ein staatliches Unternehmen die Einnahmen für die nächsten 25 Jahre. Mit Netz zwei wurde eine Rückgabeoption für die Anleger geschaffen. So konnten diese ihre Fondsanteile nach Ablauf der 25 Jahre zu 100 Prozent des Nominalwertes zurückgeben – alternativ nach 30 Jahren zu 115 Prozent. Jetzt waren gleichermaßen Einnahmen und Kapital staatlich garantiert. Ein absoluter Anlageknaller! Da konnte kein Fondsanbieter mithalten! Welcher Anleger konnte dem widerstehen? Wahrscheinlich kaum einer.

Auch ich habe die Fonds der Landesbank Berlin, später der Bankgesellschaft Berlin, in unzähligen Berichten positiv dargestellt. Wieso auch sollte man die Standorte, die Bauqualität oder sonstige Eckdaten der Immobilien kritisieren, wenn quasi der Staat die Einnahmen daraus für 25 Jahre garantiert? Fragt heute ein Käufer von Staatsanleihen danach, was der Finanzminister damit macht? Hat früher ein Zeichner eines

Berlindarlehens gefragt, wofür sein Geld verwendet wurde? Natürlich nicht. So lange es an der Bonität des Schuldners keinen Zweifel gibt, kann das einem Investor völlig egal sein. Genau so war es bei den LBB/IVB-Fonds, die durch eine Patronatserklärung der Bankgesellschaft Berlin zumindest bis zum 1. Januar 1999 fester in Deutschlands Erde gemauert schienen, als einst Friedrich Schillers Glocke.

Hier mag der eine oder andere einwenden, dass die Verantwortung für das Desaster nicht legitimierte Politiker trugen, sondern raffgierige Bankmanager. Das allerdings war auch bei zahllosen Banken so, die in der aktuellen Finanzkrise ohne Staatsgarantien nicht überlebt hätten. Die wären durch ihre waghalsigen Spekulationen in den Ruin getaumelt, hätte ihnen nicht der Staat fette Rettungsanker zugeworfen. Bei den staatlichen Banken wie IKB, SachsenLB, BayernLB, WestLB und so weiter wurden auch Vorwürfe einer nicht ausreichenden Kontrolle durch die Politik laut. Warum hat danach niemand bei der Bankgesellschaft Berlin gerufen? Dort wurden als Schuldige einfach die Investoren ausgemacht. Die bösen Kapitalisten also, die wegen der Steuervorteile das Land Berlin in den Ruin trieben. Doch wer hat die Abschreibungsmöglichkeiten, ganz und gar bewusst, geschaffen, um Investitionen anzukurbeln? Wird jemand allein dadurch zum Bösewicht, dass er legale, sogar vom Gesetzgeber gewollte Möglichkeiten nutzt? Und vor allem: Warum sagt niemand, dass die Bankgesellschaft Berlin, und damit auch das Land Berlin, Bilanzen und Haushalt bis zum Jahr 2000 durch die gigantischen Gewinne aus dem Fondsgeschäft schönten?

Hier auf die Hintergründe des Desasters einzugehen, ist müßig, darüber wurden schon ganze Bücher geschrieben. Tenor: Wer hat sich wann wie bereichert und so weiter ... Nur eines soll – exemplarisch für die wahre Ursache, die fehlende Kontrolle – zum Schluss noch erwähnt werden: Offenbar kam erst in 2000 jemand auf die Idee, die Summe der ausgesprochenen Garantien aufzuaddieren – und war dann überrascht, welche Milliardenbeträge zusammen kamen. Nach diesem Schock zog man flugs die Notbremse, neue Garantien wurden nicht mehr ausgegeben. Damit war die Einzigartigkeit der Produkte weg, der Einbruch der Umsatzzahlen programmiert.

Wer als betroffener Anleger Balsam für seine Wunden benötigt, sollte sich allerdings eines vor Augen halten: Natürlich ist es ein Unding (hier kann gerne jeder für sich beißendere Worte benutzen), wenn der Staat sich aus der Verantwortung stiehlt. Aber wenigstens stellten die Abfindungsangebote sicher, dass die Investoren bei entsprechender Steuerprogression kein Geld verloren. Ansonsten waren die tollen

Wenn immer wieder Anleger geprellt werden, drängt sich die Forderung auf, auch die Qualität der Finanzberater einer kritischen Analyse zu unterziehen.

Garantieprodukte nicht für den Durchschnittsanleger geeignet. Zwar boten die Fonds anfängliche steuerliche Verlustzuweisungen, die der Anleger mit anderen Einkünften verrechnen konnte. Das sparte Steuern – je nach Einkommenshöhe und Steuerprogression. Da die Steuererstattung Bestandteil der Renditekalkulation war, rechneten sich diese Fonds am Ende aber nur wirklich gut für Spitzensteuerzahler. Unter diesen Aspekten drängt es sich auf, die Qualität des Finanzberaters einmal einer kritischen Analyse zu unterziehen. Fazit: Wieder einmal wurden die Anleger geprellt, diesmal um die staatlich garantierten Gewinne. Aber nun mal ganz ehrlich: Hätte es die LBB/IBV-Fonds nicht gegeben, viele hätten ein anderes Produkt mit Steuervorteilen gezeichnet. In den allermeisten Fällen wäre damit richtig Geld in den Schornstein investiert worden.

Und noch etwas könnte einen gewissen Trost spenden: Die Weisheit, dass schlechte Menschen wenigstens dadurch Gutes tun, dass sie gut als schlechtes Beispiel taugen. Übertragen auf die LBB/IBV: Kein Fonds dieser Welt wird durch Garantien vom schlechten zum guten Produkt. Diese Erkenntnis habe ich – und hoffentlich auch andere – aus den Erlebnissen mitgenommen. Sie hat mir später öfter noch gute Dienste erwiesen, wenn es darum ging, die Qualität bestimmter Produkte treffsicher einzuschätzen. Denn leider habe ich es noch häufig erlebt, dass immer dann, wenn Garantien greifen sollten, die Garanten sich irgendwie aus der Verantwortung getrickst und gestohlen haben. Dabei war es unerheblich, ob die Adresse ein vermeintlich guter Name war, mögen sie Landesbank Berlin heißen oder HypoVereinsbank oder ob doppelschlitzohrige Privatunternehmer vom Kaliber eines Anno August Jagdfeld dahinter steckten.

Skandalgeschichten am Wegesrand – zum Beispiel die von Alexander Falk

Zurück in die Jahre 1996 und 1997. Da begann bei Rosche der Anfang vom Ende – bei LBB/IVB wurde der Anfang vom großen Aufschwung vor dem Ende eingeläutet. Allein in diesen beiden Jahren stieß ich bei der Durchsicht alter Akten auf eine Reihe von besonders dreisten und erwähnenswerten Fällen. Das Schloss Dornburg in Sachsen-Anhalt war einer dieser Hardcore-Nummern. Das Hamburger Unternehmen Allmang & Partner packte dieses Objekt in einen Fonds und verkaufte es als Wohnresidenz für Senioren und Internatsschüler. Aus Anlegersicht gaben die Angaben im Verkaufsprospekt allerdings mächtig Anlass zur Sorge. Zusammen mit DM-Redakteur Wolfgang Ludwig, heute stellvertretender Chefredakteur von Capital, kritisierte ich nicht nur den Standort in einem 332-Seelen-Dorf. Unser Fazit war nichts anderes als ein veritabler Verriss: „Unverkäufliche Immobilien sollen an den Mann gebracht werden – notfalls mit atemberaubender Rechenakrobatik und gut versteckten Risiko-Hinweisen." Leider nicht bekannt, was später daraus geworden ist und ob sich die Anleger unsere Warnung zu Herzen genommen haben. Zwar bietet A+P auch heute noch Kapitalanlagen an. Aussagekräftige Leistungsbilanzen mit den erreichten Ergebnissen sucht der kritische Anleger jedoch vergeblich.

Ein anderer Fall, ebenfalls von DM aufgegriffen, betraf den Strukturvertrieb Quinz. In der Augustausgabe 1996 des Magazins wurden die „utopischen Bedingungen" des Quinz-Angebotes mit Objekten in Haar und Deisenhofen hochtourig kritisiert. „Nur noch beten" lautete der Headline-Torpedo. Einer der Hauptziele: Der Quadratmeterpreis von 9.000 Mark für das Wohn- und Geschäftshaus in Deisenhofen. Der lag nämlich deutlich so jenseits jeglicher Marktansätze, dass sich selbst die Spatzen auf den Dächern halb schlapp lachten. Um diesen Preiswitz für die Augen gutgläubiger Kunden auf einigermaßen realistisch aufzuhübschen, legte die Quinz-Gruppe als Mieter 50 Mark für den Quadratmeter im Monat vor. Ein Köder, der das Projekt nur ins Desaster locken konnte. Und genau hier steckt der Wurm im Gebälk: Der Ertragswert einer Immobilie bestimmt sich durch den Mietertrag. Explodiert der Quadratmeterkaufpreis durch eine hohe Miete, ist in der Regel nach Auslaufen des Vertrages – wenn der Pleitegeier zugeschlagen hat, schon früher – ein neuer Mieter nur zu niedrigeren Marktkonditionen zu finden. Jeder darf nun mitraten, wem die Objekte in den Münchner Vororten vorher gehörten. Richtig, den Brüdern Klaus und Jürgen Quinz.

Wahrhaft Fürstliches war im Januar 1997 zu berichten. Es ging um einen Fonds von Elmar Freiherr von Haxthausen Graf von Westphalen zu Fürstenberg. So hochedel der Name klingen mag, als Edelmann hat sich der blaublütige Westfale gegenüber seinen Anlegern weniger gegeben. Dabei wäre die von ihm ins Visier genommene Zielgruppe eigentlich schutzbedürftig gewesen. Doch damit auch Menschen, die eigentlich kein Geld zum Anlegen haben, das Privileg genießen konnten, fürstliche Kunden zu werden, wurde eigens ein Fonds ersonnen: So konnte jedem, der mindestens in einem Nettoeinkommen von 1.600 Mark schwelgte, eine Vollfinanzierung ohne Eigenkapital angeboten werden. Ziemlich dreist, denn solche Kunden sind wahrlich nicht die richtige Zielgruppe für risikobehaftete geschlossene Immobilienfonds. Aber das mag historische Ursachen haben. Verdienten doch schon im 18. Jahrhundert die Urahnen Friedrich Wilhelm von Westphalen und dessen Bruder Clemens August als Fürstbischöfe von Paderborn ihr Geld. Wie die Überlieferung zeigt, waren die Methoden manch kirchlicher Würdenträger gegenüber denen, die sie von Amts wegen eigentlich hätten behüten sollen, bekanntlich auch nicht immer zimperlich. Ob da jemand eine erfolgreiche Tradition fortschreiben wollte?

Aus heutiger Sicht am interessantesten war aber der DM-Bericht vom Februar 1997. Es ging es um die „Beamten-Falle“. Mittendrin zwei große Namen: Alexander Falk und Heinz

Ossenkamp. Ersterer wurde im Frühjahr 2008 zu vier Jahren Haft verurteilt. Wegen getürkter Zahlen beim Verkauf seiner Internetfirma Ision. Dadurch schoss der Kaufpreis, den die britische Telekomfirma Energis im Jahr 2000 hinlegte, in markige Höhe hinauf. Rund 800 Millionen Euro sollen die Briten für Ision gelöhnt haben. Der Millionär und Erbe der Label-Legende Falk Stadtpläne katapultierte sich dadurch in den Status eines Multimillionärs.

„Angefangen hat alles 1997“ blendete die WirtschaftsWoche anlässlich der Verurteilung von Alexander Falk zurück. „Mit den Erlösen aus dem Verkauf des Stadtplanverlages, den sein Vater gegründet hatte, stieg der Jungunternehmer in das Internet-Geschäft ein...“ Was jedoch kaum jemand weiß: Kurz vorher hat sich Falk als Initiator eines geschlossenen Immobilienfonds versucht. Seine Firma Bonneville International AG legte den Vermögens- und VorsorgeFonds VVA auf. „Neue Zuschüsse zur Altersvorsorge für Beamte und Angestellte“ sollten damit gesichert werden, so lockten die Prospekte. Obwohl dieser auch noch als „zweiter Förderungsweg“ angepriesen wurde, ein sehr dubioses Angebot.

An dieser Stelle taucht der zweite Name auf: Ossenkamp, seit 1985 Bundesvorsitzender der Komba Gewerkschaft, zudem seit 1987 stellvertretender Bundesvorsitzender der dbb Beamtenbund und

Eine geschönte Prognoserechnung, die Kaufpreise der Wohnungen waren überhöht und Falk kaufte quasi bei sich selbst ein.

Tarifunion. Beim VVA von Falk rührte er kräftig die Werbetrommel: Einmalig, so tönte er, sei dieser Immobilienfonds. Außerdem sollte der Fonds „mehr Geld in die Taschen der Mitglieder bringen“.

Die Parade der Superlative hatte ihren Grund. Wie ich

damals belegen konnte, hatte Ossenkamp in seiner Eigenschaft als Vorsitzender der Komba Gewerkschaft einen Empfehlungsvertrag für den Kommunal- und Landesdienst abgeschlossen. Damit konfrontiert, räumte er gegenüber DM ein, der Vertrag gelte vorerst nur für ein Jahr. Er sollte nur verlängert werden, wenn die Fonds-Qualität weiterhin stimmt: „Das schaue ich mir persönlich an", versicherte er. Noch heute bezweifle ich, ob er das wirklich beurteilen konnte, denn schon bei Auflage war das Angebot ein gutes Geschäft – vor allem für Falk. Die Prognoserechnung war geschönt, die Kaufpreise der Wohnungen überhöht. Nicht gerade neu, der Trick aber immer wieder gern in Anspruch genommen: Falk kaufte sich quasi bei sich selbst ein. Und er hätte prächtig daran verdient.

Dazu kam es aber nicht. In der Juniausgabe brachten wir in DM die Meldung, dass der Fonds vom Markt genommen worden war: „Getäuschte Steuersparer erhalten ihre Beteiligung plus Zinsen zurück." Da zahlreiche Anleger ihr ohnehin zweifelhaftes Engagement auch noch mit einem Kredit belastet hatten, musste die BHW Bausparkasse in den sauren Apfel beißen und diese stornieren. Kulanz gegenüber den Anlegern oder die Furcht vor einem ramponierten Image? Jedenfalls hätte die niedere Gesinnung des Alexander Falk beim Finanzierungstrick seines „Schrottangebots" durch die BHW-Bausparkasse für die Zukunft zu denken geben müssen. Das Schlussfazit, hierfür musste man wahrlich kein Hellseher sein, hat sich mittlerweile bewahrheitet: „...Alexander Falk (...) möchte sich durch die Großzügigkeit künftige Geschäfte offen halten."

Garantiezahlungen durch Schneeballsystem: Die erste große Pleite

„Only bad news are good news." Diesen Spruch, dem ich mich keinesfalls anschließen möchte, habe ich oft als Vorwurf gehört, wenn ich eine kritische Geschichte veröffentlichte. Etwas abgewandelt finde ich ihn weitaus zutreffender: „Big bad news are news!" Die Pleite eines der größten Fondsanbieter zu damaliger Zeit war natürlich eine superschlechte Nachricht, die in vielen Blättern Bad-news-Furore machte. Mithin eine beeindruckende Dimension: Knapp zwei Milliarden Mark hatte die WGS Wohnungsbaugesellschaft Stuttgart mit 41 Fonds bewegt, rund 38.000 Anleger mussten zittern.

Der Platow Brief vom 15. August 1997 brachte es so auf den Punkt: „Großinitiator WGS droht die Pleite – Bei der WGS brennt es an allen Ecken und Enden" Die von mir zusammengetragenen Fakten ließen eben nur diesen einen Schluss zu. Man kann sich vorstellen, was in den

Ausnahmslos alle Fonds verzeichneten bei den Mieteinnahmen geradezu wasserrohrbruchähnliche Minus-Dimensionen. Leider kein Einzelfall.

kommenden Tagen über mich hereinbrach. Anleger und Finanzdienstleister, allesamt hochgradig aufgeregt, drängelten sich nach Details, ebenso eine Menge Journalistenkollegen. Wenige Tage später wurde dann auch tatsächlich der Konkursantrag gestellt. In der WirtschaftsWoche habe ich zusammen mit der damaligen Redakteurin Margaretha Hamm das ganze Ausmaß der Tragödie dargelegt. Ausnahmslos alle Fonds hatten bei den Mieteinnahmen geradezu wasserrohrbruchähnliche Minus-Dimensionen zu verzeichnen.

Ein Einzelfall sollte die WGS aber nicht bleiben, das hatten wir richtig prognostiziert: „Der Konkurs der Stuttgarter WGS ist erst der Anfang. Auch bei vielen weiteren Fonds müssen sich Anleger auf herbe Verluste einstellen." Konkret genannt wurden die GFC Grundfinanzconsult Berlin, die HAT Hanseatische Anlagetreuhand und Rosche Finanz. Damit lag unsere Trefferquote bei 100 Prozent – aus Redaktionssicht eine Punktlandung im Wespennest, für die Anleger hingegen nur traurig aber wahr.

„Hinterher ist man immer klüger", wird der eine oder andere denken. Das würde dann auch, wie später noch so oft, auf die Ratingagentur GUB zutreffen. Die bewertete den WGS Immobilienfonds Nummer 41 noch im Februar 1997 mit einem „++", also einem „gut". Noch mehr daneben lag GUB mit ihrem „++" von September 1995, mit der die später wertlosen WGS Genussrechte freundlichst überbewertet wurden. Schon damals fragte ich mich, wie solche Urteile zustande kommen konnten. War es Unwissen? Oder eine Schlamperei, bei der die zentralen Knackpunkte übersehen wurden? Oder gab es für die hochgradig rosige „Begutachtung" der Angebote ein verstecktes Motiv?

Diese Fragen habe ich mir schon damals gestellt – weil die Qualität der Produkte offensichtlich war. Als Beispiel soll mal wieder eine Geschichte für meinen damaligen Lieblingsauftragsgeber DM herhalten: Schon im Juli 1995 habe ich mit Wolfgang Ludwig einen großen Risikotest für geschlossene Immobilienfonds durchgeführt. 55 Fonds wurden unter die Lupe genommen. „Kräftig bluten", lautete am Ende die Überschrift. „Nur bei wenigen guten Fonds kommen Steuersparer auf ihre Kosten", stand im Vorspann. Und auch ein WGS-Fonds zählte zu den durchgefallenen Angeboten. Dabei handelte es sich um die Nummer 37, bei der wir vor allem die Kosten und die mangelhafte Rentabilität beanstandeten. Auch in der Maiausgabe 1996 fand sich eine Warnung vor schön gerechneten Renditeprognosen. Und was war der Hintergrund? Meist gab der Initiator fünfjährige Mietgarantien. Damit wurden

Einnahmen vorgegaukelt, die beim Monopoly gelten mögen, am realen Markt waren sie aber einfach nicht zu erzielen. Den wahren Hintergrund brachten wir nach entsprechenden Recherchen mit einer Meldung im Oktoberheft 1997 an die Öffentlichkeit: „Finanziert wurden die Garantiezahlungen durch neue Anlegergelder, eine Art Schneeball-System." Mittlerweile wunderte mich selbst das nicht mehr sonderlich. „Nichts ist unmöglich" in dieser Branche. Eigentlich sollte sie Toyota diesen Jingle abkaufen.

Kontrahenten, Kopfnüsse, Kampfhähne: Streitkultur unter der Gürtellinie

Mit meinem damaligen Kontrahenten Dietmar Schloz, damals Geschäftsführer der H.F.S. Hypo-Fondsbeteiligungen (heute in einer der Tochtergesellschaften von WealthCap verantwortlich) verstehe ich mich zwischenzeitlich blendend. Wir sind eben beide Überzeugungstäter, jeder in seinem Metier. Und eines muss man ihm lassen: Viele seiner Fonds waren deutlich besser als der Rest, der sich am Markt tummelte. Bei einem Angebot jedoch hat er nach meiner Auffassung schon bei Fondsauflage erkennbar deutlich daneben gelegen: beim H.F.S. Fonds 12.

Begonnen hat alles mit einer Kritik im Platow Brief vom 27. August 1997. Zwar lag der endgültige Prospekt noch nicht vor, doch auf Basis der zu diesem Zeitpunkt bekannten Eckdaten kritisierte ich vor allem das Hauptobjekt in Magdeburg. 600 Millionen Mark kostete das City Carré. Der Mietansatz von 23 bis 24 Mark für die Büros, der diesen Preis rechtfertigen sollte, lag eindeutig über dem, was der Markt hergab. Außerdem bestand schon damals ein massives Überangebot an Büroflächen. Deshalb wollte man sich absichern – durch einen Generalmietvertrag mit dem Bauunternehmensriesen Philipp Holzmann. Ich glaubte aber nicht daran.

Offenbar haben sich dennoch einige den Bericht zu Herzen genommen, die darin genannten Argumente sprachen unübersehbar für Vorsicht an der Bahnsteigkante. Wohl der Grund dafür, dass die H.F.S. gleich eine schriftliche Beruhigungspille an ihre Vertriebspartner verschickte: „Besonders ärgerlich ist jedoch der Bericht im Platow Brief, der den Kaufpreis des Magdeburger Objektes und den Mietansatz für die Büroflächen als zu hoch bewertet." Zu den Gegenargumenten gehörte auch eine Kaufpreisanpassungsklausel, die ich angeblich nicht in meine Überlegungen einbezogen hätte. Natürlich konnte ich das nicht auf mir sitzen lassen. Postwendend widerlegte ich das Argument in einem weiteren Beitrag im Platow Brief. Denn schließlich sah diese Faktorregelung im Falle einer Kaufpreisrückerstattung an den Fonds einen 10-prozentigen Puffer vor. Anlegerschutz? Fehlanzeige! Was vielleicht noch bedenklicher war: Nicht endvermietete Flächen sollten bei der Berechnung einer eventuellen Rückerstattung mit dem Generalmietansatz einbezogen werden.

Wenige Tage später, auf einem Analyse-Workshop in Frankfurt, wurden die Emotionen weiter angeheizt. Mein Part dort war die Aufgabe, den H.F.S. Fonds 12 zu analysieren. Zur Freude der Anwesenden, darunter auch einige Journalisten, war Dietmar Schloz ebenfalls anwesend, um sich zu verteidigen. Die zwangsläufige Konsequenz: Ich beschäftigte mich

Ein Geschäftsführer schoss sich selbst ins Abseits. Anders kann man es kaum nennen, wenn jemand meint, ein Magazin wie den Stern erfolgreich „auffordern" zu können, künftig mit anderen Beratern zu kooperieren.

immer intensiver mit dem Angebot. Rief in dieser Zeit, zufällig oder nicht, der Redakteur einer Zeitung oder eines Magazins an, setzte ich ihn natürlich von meinen Recherchen in Kenntnis. Auf diese Weise entstand eine neue Berichtswelle. So geißelte auch der Stern die „überteuerten Immobilien".

Und was machte der liebe Dietmar (damals für mich noch Herr Schloz)? Wie in anderen Fällen vorher schon, schrieb er Nörgelbriefe an den Chefredakteur, damals Werner Funk. Der gab sie weiter an den zuständigen Redakteur Martin Zeißler. Im Endeffekt landete der Brief wieder zur Stellungnahme bei mir. Na ja, Stellungnahme ist etwas übertrieben. Es war eher eine wenig ernst gemeinte formelle Pflichtübung. Denn der liebe Dietmar hat sich meist selbst ins Abseits geschossen. Anders kann man es wohl kaum nennen, wenn jemand meint, ein Magazin wie den Stern erfolgreich „auffordern" zu können künftig mit anderen „externen Beratern" (gemeint war ich) zu kooperieren. Gerne fuchtelte er auch mit dem Argument herum, meine Einschätzungen zu seinem Fondsobjekt würden „jeglicher Sachkenntnis entbehren".

Starker Tobak damals, heute würde ich mich darüber freuen. Sind doch solche Argumentationsverfahren der Marke „anmaßend" immer ein sicheres Zeichen, dass man jemanden voll im Schmerzzentrum erwischt hat. Doch das wurde mir erst später klar. Damals reagierte ich noch anders. Ich schrieb an den zuständigen Vorstand der Bayerischen Vereinsbank, Stephan Schüller, machte ihn auf den Streit aufmerksam. Der steuerte zwischenzeitlich mit Vollgas auf die Eskalation zu. Der Brief wurde an den zuständigen Kollegen weitergeleitet. Von dort ging die Weisung an den Pressesprecher, ein schlichtendes Gespräch zwischen Schloz und mir zu organisieren. Dabei wurde der Streit dann auch beigelegt. Mir blieb am Ende die Erkenntnis, dass es besser ist, sich auch durch militante Rechtfertigungsaktionen von Initiatoren nicht zu übertrieben emotionalen Reaktionen hinreißen zu lassen. Es ist einfach unprofessionell, so lange am Zankapfel zu zerren, bis man Recht bekommt. Zudem bindet es Zeit und Energien, die anderweitig – um im Branchenjargon zu bleiben – effektiver angelegt sind.

Was heute aus dem Objekt geworden ist? Nun, Recht haben hin, Tatsachen her: Der Mietansatz konnte nicht erzielt werden, weder Generalmietvertrag noch Kaufpreisanpassungsklausel schützten die Anleger vor Verlusten. Aktuell hat der Fonds, der noch andere Immobilien enthält, gerade mal noch rund 30 Prozent seines Nominalwertes.

133 Seiten Tacheles: Die erste Analyse der offenen Immobilienfonds

Rund ein Jahr kämpfte ich an der Aufarbeitung des verzwickten Zahlensalates bei den offenen Immobilienfonds. Wie schon erwähnt, war aus den jeweils aktuellen Rechenschaftsberichten wenig herauszulesen. Deshalb besorgte ich mir die Berichte zurück bis ins Jahr 1990 und stellte sie in aufwändigen Excel-Tabellen nebeneinander. Daraus war dann schon deutlich mehr zu erkennen – wenn auch noch längst nicht das, was einem Anleger gesagt werden müsste.

Natürlich unternahm ich auch den Versuch, weitere Daten von den offenen Immobilienfonds zu erhalten. Zunächst auf dem freundlichen Weg. Die meisten meiner Anfragen landeten aber offenbar sofort im Papierkorb. Keine einzige Gesellschaft war bereit, auch nur eine meiner Fragen zu beantworten. Bis auf zwei Gesellschaften war meine Anfrage nicht einmal eine Antwort wert. Dazu zählte die Despa Immobilien-Anlage (heute Deka), deren Brief sogar von zwei Geschäftsführern unterzeichnet war. Ein Auszug daraus mag den Hochmut illustrieren, den die Branche bis heute pflegte: „Wir bedauern außerordentlich, weitere Einzelobjektinformationen nicht zur Verfügung stellen zu können. Betrachten Sie dies bitte nicht als eine „Informationsverweigerung". Wir würden uns vielmehr freuen, wenn Sie Ihr persönliches Informationsbedürfnis nicht höher bewerten würden als

- unser geschäftspolitisches Interesse
- Gefahr der Zweckentfremdung von Ihnen gewünschter Detailinformationen
- Wahrung der Mieterinteressen
- Unser Interesse an einem vertretbaren Aufwand für externe Informationen"

um nur wenige Punkte zu benennen.

Unter dem Eindruck dieser Blockade-Politik und mit den Erkenntnissen aus der Gegenüberstellung der Zahlen mehrerer

Jahre im Rücken konnte mein Urteil nicht anders ausfallen als kritisch. Noch eher auf Samthandschuhbasis formulierte ich die Überschrift zum Vorwort: „Intransparenz und eine Blockadehaltung der Fondsgesellschaften machen offene Immobilienfonds uninteressant." Dabei stieß ich zum ersten Mal auf ein später noch häufiger auftauchendes Phänomen, das den Verdacht von Fehlbewertungen zementierte. Denn in den „nicht realisierten Wertveränderungen bei Liegenschaften" wurden bei allen Fonds über Jahre hinweg fast nur Gewinne ausgewiesen. Dazu muss man wissen, dass in diesen Buchungsposten die Summe aller Auf- und Abwertungen

Eine Reihe von Printmedien legte neues Holz ins Feuer. Das waren die Fonds-Fürsten nicht gewohnt. Bis dahin hatte es fast immer nur positive Presse gegeben.

der Immobilien durch die Gutachter zu finden ist. Warum aber ausgerechnet in einer Zeit, da der Immobilienmarkt schwächelte, durch die Bank Gewinne entstanden sein sollten, das war schon reichlich merkwürdig.

Diese Erkenntnis – damit sie auch ernst genommen wird, verpackt in einer 133-seitigen Studie – sorgte für ein phänomenales Presseecho. Noch in den letzten Tagen des Jahres berichteten der Platow Brief, die Immobilien Zeitung, Die Welt und der Direkte Anlegerschutz. Anfang 1998 legten die FAZ, der DFI gerlach-report, der Tagesspiegel, !mmobilien, FOCUS, AssCompact, kapital markt-intern, Skyline und noch einmal Die Welt sowie die Immobilien Zeitung neues Holz ins Feuer. Das waren die Herren Fondsmanager nicht gewohnt. Bis dahin hatte es fast immer nur positive Presse gegeben. Plötzlich musste sich die Fondsfürsten-Garde für ihr Tun rechtfertigen. Und das alles wegen eines Journalisten, den bis dato keiner so recht auf dem Display hatte.

Das sollte sich bald ändern. Am schnellsten reagierte die

DIFA (heute Union Immobilien). Einen Tag vor Weihnachten 1997 hatte ich Post von DIFA-Chef Jürgen Ehrlich. Inhalt: Wie wichtig es wäre, dass wir über die Ergebnisse der Studie miteinander sprächen. Er schlug ein Treffen in Hamburg vor. Er nannte, wahrscheinlich aus alter Gewohnheit, auch gleich zwei Termine mit Uhrzeit, wann er für mein „Antreten“ Zeit hätte.

Etwas weniger forsch trat Willi Alda von der Despa auf. Ihn traf ich am Münchner Flughafen. Dabei erzählte er auch von einer anberaumten Sitzung von Spitzenrepräsentanten der offenen Immobilienfonds beim Bundesverband BVI. Dabei war die Frage diskutiert worden, ob und wenn ja, welche zusätzlichen Informationen künftig von offenen Immobilienfonds zur Verfügung gestellt werden könnten. Das legte ich mir auf Wiedervorlage und griff es Mitte März noch einmal auf. Denn erwartungsgemäß war ich trotz Zusage nicht über den Ausgang informiert worden.

Die Antwort auf meinen Brief war wiederum sehr aufschlussreich. Nicht, weil fachlich so interessante Inhalte geliefert worden wären. Nein, zum einen habe ich natürlich einiges (wie so oft noch später) bei unserem Gespräch am Flughafen völlig in den falschen Hals bekommen. Außerdem wurde mir durch die verbale Blume geflüstert, ich gehörte in die Kategorie böswilliger Journalist. Dennoch ließ man wohl formuliert verlauten, man wolle dem Böse-Berichte-Buben noch eine Chance zur Läuterung geben. Natürlich könne man mir mehr Informationen liefern, keine Frage. Allerdings lege die Despa großen Wert darauf, dass nicht „einseitig“ berichtet wird: „Bekannte Fakten, wie zum Beispiel Wertberichtigungen deutscher Immobilien und Wertzuwächse ausländischer Immobilien aus einem Vortrag von Alda beim BVI am 4. Dezember 1997 dürften nicht unterschlagen werden.“

Warum ein Willi Alda, der damals schon reichlich Erfahrung im Umgang mit der Presse hatte, offenbar davon ausging, mich als eine Art „nebenberuflichen Hofberichterstatter“ umpolen zu können, ist mir rätselhaft. Offenbar muss er solche

Freundschaftsdienste gewohnt gewesen sein. Das deutet zumindest der Schluss des Briefes an. In meinen Augen ein Manipulationsversuch, der an Dreistigkeit kaum mehr zu überbieten war: „Interessant wäre in diesem Zusammenhang eine Recherche, wie groß die Wertverluste von Immobilien in geschlossenen Immobilienfonds in den neuen Bundesländern waren. Da uns keine transparenten Informationen hierzu vorliegen, wäre ich Ihnen sehr verbunden, wenn Sie uns hierzu relevante Informationen beschaffen könnten. Gerne sind wir bereit, für eine Studie hierzu einen Auftrag an Sie zu erteilen. Dies könnte der Beginn einer zukünftigen Zusammenarbeit zwischen Ihnen und unserem Hause sein." War das nun ein Bestechungsversuch? Oder, etwas moderater ausgedrückt, „nur" der Versuch einer gut dotierten Einflussnahme? Die Entscheidung mag jeder selbst treffen. Ich habe es auch getan.

Meine Entgegnung, die unter anderem wiederholte Fragen nach mehr Informationen enthielt, wurde nicht mehr beantwortet. Dabei hatte ich mir doch zweifelsohne erhebliche Mühe gegeben, das unmoralische Angebot möglichst sachlich zurückzuweisen: „...muss ich Ihnen dazu eine Absage erteilen. Für mich ist meine Neutralität und Objektivität das oberste Gut, das ich keinesfalls durch Auftragsarbeiten von Marktteilnehmern in Frage stellen will. Ich würde mich aber dennoch freuen, wenn anstatt der von Ihnen angestrebten Zusammenarbeit zwischen Ihrem und meinem Haus ein fairer und ehrlicher Informations- und Gesprächsaustausch entstehen könnte." Eisiges Schweigen, mehr hatte man für den schreibenden Querulanten nicht mehr übrig.

1998: Ein Jahr mit vielen negativen Höhepunkten bei den geschlossenen Fonds

Das Jahr 1998 begann sehr turbulent. Kurz vor Weihnachten war die erste Studie über die offenen Immobilienfonds publiziert worden, im Januar folgte die neu erstellte Marktanalyse der geschlossenen Fonds. Hinzu kam Anfang Februar ein unerwartetes Interesse an dem geschlossenen Immobilienfonds eines bis dahin völlig unbekannten Anbieters. Und das erregte hochgradiges Aufsehen. Wahrlich nicht ohne Grund: Es wurde nämlich in ein Freudenhochhaus investiert. Pascha, so war das elfstöckige Etablissement in Köln getauft worden. Eine „erregende erzkonservativ-krisenfeste Kapitalanlage," wie der Initiator damals lockte. Die Limburger Pascha Multi-Media Entertainment GmbH trumpfte auch noch heftiger auf: „Bei uns kommen sogar Ihre Finanzen gewaltig", hieß es. Jörn Hüsgen von der WirtschaftsWoche verfasste dazu am 12. Februar 1998 einen Beitrag mit der zweideutigen Überschrift „Glückliche Anleger". Natürlich ging es darin weniger um das älteste Gewerbe der Welt. Vielmehr nahm das Magazin die aufgedeckten Ungereimtheiten im Prospekt aufs Korn. Unter anderem wurden „unkalkulierbare Gefahren" und „Schlampereien" beschrieben. Leider ist heute nicht bekannt, was am Ende aus dem Fonds geworden ist. Wie so oft, hat auch hier der Anbieter später nichts mehr über seine Erfolge veröffentlicht. Freudig erregt dürften auf Dauer aber wohl die allerwenigsten Anleger auf den Namen Pascha reagiert haben.

Richtig stressig wurde es dann einige Wochen lang im April. Ein weiterer Großanbieter meldete Konkurs an, diesmal die HAT Hanseatische Anlage Treuhand. 10.000 Anleger hatten ihr Geld in HAT-Angebote gesteckt, rund 1,2 Milliarden Mark waren seit 1983 zusammengekommen. Ein wesentlicher Anteil der Fonds, konzipiert von Geschäftsführer Hasso Prashun, war in den neuen Bundesländern investiert worden.

Aber nicht nur dort konnten die erwarteten, teils vom Initiator garantierten Mieteinnahmen nicht erzielt werden. Die Zeitbombe Mietgarantie war wieder einmal allen um die Ohren geflogen.

Wie so oft, tauchte von verschiedenen Seiten die Frage auf, ob denn das nicht vorhersehbar gewesen sei. Erneut müssen sich die Beteiligten die Antwort „ja“ gefallen lassen. Dazu zählen auch Vertriebskoordinator Theo Maass und der Steuerberater Hanswerner Jehl, der als Treuhänder fungierte. Aber wieso handelten diese Personen nicht unbedingt nur gutgläubig? Die Erklärung ist simpel: Weil weder Wertzuwachschancen, noch Kosten, Rentabilität, Sicherheit und Partner überzeugten. Bei dem in der DM vom Juli 1995 veröffentlichten Risiko-Check fiel zum Beispiel der HAT Immobilienfonds 54 gleich in allen fünf Bewertungskriterien durch mein Sieb. Es war der am ungünstigsten bewertete (!) Fonds von allen 55 gecheckten Produkten. Weiteres Risiko-Indiz: Im März 1997 wurden von mir im Platow Brief diverse recherchierte Fakten veröffentlicht, die nur einen Schluss zuließen: Alles in die Rettungsboote, weit und breit kein Land in Sicht. Die Vertriebler der Fonds störte das offenbar nur bedingt. Noch im September 1997 empfahl mir beispielsweise Michael Schleiss in einem Brief den HAT 60 mit einem Hotel im Ostseebad Kühlungsborn. Wie stets bei den HAT-Angeboten auch diesmal mit einer Finanzierung der Einlage – hier zu 77,5 Prozent - durch eine deutsche Großbank. Um

Wer davon keine Ahnung hat, sollte besser die Finger von der Konzeption neuer Fonds lassen. Leider nur schönes Wunschdenken. Dabei wird doch sonst fast alles in diesem Lande restriktiv geregelt.

welche es sich handelte, kann ich nicht sagen, oft trat aber die Hamburgische Landesbank als finanzierende Bank auf.

Wohl hier nicht gemeint, aber dennoch bekannt dafür, die eigenen Geschäftsinteressen über die der HAT-Anleger zu stellen, war die Société Générale. Ohne sie hätten viele Investoren nicht das Geld aufgebracht, einen HAT-Fonds zu zeichnen. Zwischenruf meinerseits: Anlegern eine Geldanlage zu empfehlen, obwohl sie die Mittel zum Anlegen eigentlich nicht haben, das liegt irgendwie im Bereich zwischen hoch anrüchig und asozial.

Mittlerweile Standard, damals noch eher die Ausnahme, ist die Gründung von Interessengemeinschaften. Meist gegen einen Obolus, kann ein geschädigter Anleger Mitglied in einem Verein werden, der seine Interessen vertreten soll. Traurig genug, wenn der Anleger eine Interessengemeinschaft braucht, wo er für die Vertretung seiner Interessen doch schon den Treuhänder (hier meist Hanswerner Jehl) oder den Finanzberater gut bezahlt hat. Noch trauriger, wenn diese Interessengemeinschaft mit falschen Argumenten für Mitglieder wirbt. Und erst recht, wenn sie im Grunde nur eine Tarnkappen-Institution für Anwälte auf Mandantenfang ist. Bei HAT wurde zum Beispiel suggeriert, dass Anleger den von der Hamburgischen Landesbank angebotenen Vergleich nur annehmen können, wenn sie Mitglied in der IG werden. Blanker Unsinn, geglaubt wurde er trotzdem. Da tröstet es kaum, dass die Landesbanker später ihre „Mitschuld" einsahen und einen Vergleich für die Rückzahlung der Anteilsfinanzierungen anboten.

Und die Staatsgewalt? Leider waren in vielen Fällen die Erfahrungen mit der Staatsanwaltschaft beziehungsweise der Kriminalpolizei nicht weniger als enttäuschend. Meist glänzten sie durch Untätigkeit. Zwar will ich mir kein Urteil über die Hintergründe erlauben, doch wenn bei einem Fall mit über einer Milliarde Mark Anlegerkapital nicht die notwendigen Kapazitäten geschaffen werden – wann denn dann, bitteschön? Für die HAT-Macher vielleicht ein Segen, eben weil nicht gerade viel passiert ist.

Dabei waren die Ansätze durchaus viel versprechend. Schon wenige Monate nach dem Konkursantrag nahm der zuständige Mitarbeiter des Landeskriminalamtes Hamburg Kontakt mit mir auf. Was dann aus meinen Hinweisen wurde, ist mir allerdings nicht bekannt. Auch sein Nachfolger wusste hierüber nicht viel zu berichten. Der rief mich nämlich fünf Jahre später (!) an, nachdem er den Fall kurz vorher übernommen hatte. Ich war dann am 3. September 2003 in dessen Hamburger Büro. Aber inzwischen, vermutlich ging es vielen anderen Befragten auch so, hatte ich viele Details nicht mehr ganz parat. Ob das Wenige, das mir noch erinnerbar war, irgendwie geholfen hat, ist mir nicht bekannt, auch nicht, was aus den Ermittlungen wurde. Ich kann mir nicht helfen, die Kripo-Kollegen im Fernsehen machen das irgendwie zwingender ...

Vielleicht wusste Rechtsanwalt Claus Hermuth, der damals viele Anleger vertrat, mehr darüber. Ihn habe ich damals persönlich kennen gelernt, seine Arbeit hat mich durchaus überzeugt. Denn zumindest der 100-Millionen-Mark-Vergleich mit der Landesbank Hamburg war hauptsächlich sein Verdienst. Doch höchstwahrscheinlich hat er die Angelegenheit ebenso aus den Augen verloren wie es vielen anderen auch ergangen ist. Später stieg er als Vorstand bei einem der großen Initiatoren geschlossener Fonds ein. Wie oft ihm das Know-how, das er als Interessenvertreter der Anleger erworben hatte, nun als Vertreter der Gegenseite hilft, darüber mag jeder selber spekulieren. Zumindest hat er mit offenem Visier die Seite gewechselt. Sicher auch mit weitaus besserer Einkommensperspektive. Von manchen „Trojanern“ kann man das nicht behaupten.

Bittere Pillen galt es auch für die Anleger bei einem Fonds der BBV Bayerischen Beamten Versicherung zu schlucken. Eine zu „100 Prozent langfristig vermietete Immobilie“ wurde den Zeichnern des Fonds Nummer 11 geradezu euphorisch vorgeschwärmt. Dass dabei nur ein Generalmietvertrag gemeint war, der nicht einmal vollständig erfüllt wurde, stellte sich erst am bitteren Ende heraus. Ein herber Schaden für die Anleger, trotz massiv warnender Presseberichterstattung aber nicht abwendbar. „Arrogant abgezockt“ – so brachte das Magazin DM den

Knock-out treffsicher auf den Punkt.

An diesem Desaster beteiligt war eine andere Versicherung, die ARAG. Nicht nur bei dem BBV-Fonds ließ sie die Anleger einfach im Regen stehen. Auch die Kunden der Fondstochter Columbus mussten herdplattenheiß erfahren, was es bedeutet, wenn man Schiffbruch erleidet. Dabei wähnte man sich doch auf glorreicher Seite, schließlich ließ der Firmenname auf ähnlichen Erfolg hoffen, wie er dem Amerika-Entdecker Christoph Columbus beschieden war, der 1492 das heutige „Land der unbegrenzten Möglichkeiten“ erreichte. Doch weit gefehlt. Mir ist kein Fonds bekannt, der die Traumrenditen erreichte, die eines erfolgreichen Erdteil-Entdeckers würdig sind. Columbus schon gar nicht. Nicht einmal die versprochenen Renditen kamen im Durchschnitt zustande. Schlimmer allerdings war der Umgang mit den Schiffbrüchigen. „Einspringen im Schadensfall“, wie es der Kunde von Versicherungen eigentlich erwarten darf? Weit gefehlt, von Rettungsringen nicht die Spur.

Eines der treffendsten Beispiele für das – wenn man es schmeichelhaft formulieren will – wenig professionelle Vorgehen der ARAG-Tochter ist der Fonds 10 mit einer Klinik in Weißenburg. Wer Weißenburg nicht gleich auf der Landkarte einordnen kann, muss sich nicht gerade schämen, handelt es sich doch um eine Art Dornröschen-Ortschaft in Thüringens tiefster Provinz. Aber die Columbus-Leute waren von diesem Standort so überzeugt, dass sie rund tausend Anlegern einen Fonds verkauften. Gesamtvolumen 109 Millionen Mark.

Allerdings war nicht nur die Standortwahl zweifelhaft. Noch verhängnisvoller sah es bei der Entscheidung zum Betreiber aus: Eine Mini-GmbH, die dann auch prompt kurz nach Eröffnung der Klinik zahlungsunfähig war. Und nun geriet die Provinz-Posse vollends außer Kontrolle. Halten Sie sich fest: Obwohl die Klinik im Herbst 1996 in Probebetrieb ging und Anfang 1997 offiziell eröffnete, wurden die ab 1. Juli 1997 fälligen Mietzahlungen mangels Masse gar nicht erst aufgenommen. Sogar die Mietkaution in Höhe von 1,58 Millionen Mark wurde nicht bezahlt. Offensichtlich also absolute Dilettanten, denen man da den Betrieb einer Klinik anvertraut hatte. Dieses Image werden die damalige Geschäftsführerin Heike Gerhard, und vor allem der Gesellschafter F. Mayer, gut verkraftet haben. Schließlich gehörte Mayer auch das Verkäuferunternehmen des Grundstücks mit dazugehörigem Alt- und Neubau. 8.000 Mark pro Quadratmeter Nutzfläche oder 330.000 Mark pro Bett, allemal ein glänzendes Geschäft für Herrn Mayer! Bliebe zu fragen, warum das von den damaligen Verantwortlichen von Columbus Capital, den Herren Gerhard Bouhs, Manfred Koch und Peter Sierian, nicht näher unter die Lupe genommen wurde? Auch die beiden damaligen Geschäftsführer der Fondsgesellschaft und gleichzeitigen leitenden Angestellten der ARAG Lebensversicherungs AG, Walter Heydecker und Josef Verber, hätten das Konzept kritisch durchleuchten müssen.

Auf der anderen Seite: Warum denn auch? Schließlich erfolgte die „Nennung der ARAG Lebensversicherungs AG nicht aus werblichen Gründen, sondern lediglich, um den Anforderungen der so genannten IdW-Richtlinien bei der Erstellung von Prospekten gerecht zu werden.“ So teilte es jedenfalls im November 2000 – kurz bevor in der Süddeutschen Zeitung der Artikel „Arag-Fonds ringt ums Überleben“ erschien – die Fondsverwalterin mit. Diese, laut dem Schreiben eingehaltene Vorschrift, wurde allerdings bei dem an diesem thüringischen Dilettanten-Stadl prächtig verdienenden F. Mayer „in weiser Voraussicht“ nicht eingehalten. Andernfalls hätte sein vollständiger Name veröffentlicht werden müssen. Außerdem wurde der Versicherungshintergrund in Anzeigen sehr wohl werblich verwendet: „Initiator aus der Versicherungsbrache“ oder an anderer Stelle „Institutioneller Initiator, seit 1988 erfolgreich im Markt“.

Vermutlich alles nur „unglückliche Umstände“ – wie bei den Problemen, die später beim Fonds selbst auftauchten. Nur so lässt sich die schriftliche Reaktion der beiden Geschäftsführer von Columbus Capital auf den Beitrag in der Süddeutschen Zeitung erklären. Das hörte sich dann so an: „Die Columbus Capital GmbH hat zu keinem Zeitpunkt bestritten, dass der Fonds X nach seiner Platzierung durch die für Klinikbetreiber problematische Entwicklung im Reha-Sektor nicht prospektgemäß verlaufen ist." Sie haben richtig gelesen: Nur der schwierige Markt im Reha-Sektor war an der Misere schuld. Doch selbst diese fragwürdige Ausrede ist ein Eigentor. Wofür wird ein Fondsmanager denn bezahlt? Doch wohl nicht zuletzt für die professionelle Auswahl des Standortes, der Partner und des Marktsegments. Wer davon keine Ahnung hat, sollte besser die Finger davon lassen, Fonds zu konzipieren. Leider ist das aber nur schönes Wunschdenken. Schade, dabei wird doch sonst fast alles in diesem Lande restriktiv geregelt. Ein Handwerker darf nur mit entsprechender Ausbildung selbstständig tätig werden. Schließlich könnte ein Schrank, wenn er zusammenbricht, jemandem auf den Fuß fallen. Fondsinitiator hingegen darf jeder werden, inklusive der Erlaubnis die komplette Altersvorsorge einer Familie zu verwalten. Egal, welche Ausbildung er hat oder ob er vielleicht nach dem Verbüßen einer Haftstrafe wegen Betruges gerade aus dem Knast kommt. Daran hat sich bis heute nichts geändert – trotz Anlegerschutzverbesserungsgesetz und anderer Vorschriften. Die geben Betrügern eher noch eine Scheinseriosität, als sie vom Markt fern zu halten.

Weit verbreitet, aber komplett unsinnig: Ein Sprung in den Problempool Ansparfonds

Mit den Nachteilen von Ansparfonds beschäftigte ich mich anlässlich eines Analyse-Workshops am 22. April 1998 erstmals intensiver. Vollständig überzeugt hat mich aber bis heute kein einziges Konzept. Den Grund liefert die Beantwortung der Frage: Wer kommt idealer Weise als Zeichner eines Fonds in Frage? Zu Zeiten der Verlustzuweisungen musste der Anleger eine hohe Steuerprogression haben, also entsprechend viel verdienen. Heute ist diese Voraussetzung eher unbedeutend. Jetzt steht zum Beispiel der langfristige Anlagehorizont, der natürlich schon immer gegeben sein musste, im Blickpunkt. Damit ist nicht gemeint, dass ein Anleger im ersten Moment glaubt, er möchte langfristig anlegen. Kennen Sie die Stornoraten bei lang laufenden Lebensversicherungen? Je nach Qualität des Vertriebes steigen teilweise jährlich über fünf Prozent der Kunden aus, obwohl dies in der Regel wirtschaftlich unsinnig ist. Ähnlich ist das bei einem geschlossenen Fonds. Weil am Anfang erhebliche Kosten entstehen, die erst über die Jahre aufgeholt werden müssen. Zehn Jahre Anlagehorizont sind deshalb das absolute Minimum. Deshalb muss bei einem Fondszeichner ausreichend Kapital in liquiden Anlagen vorhanden sein, um unvorhersehbare Ereignisse abfedern zu können. Auch der Streuungsgedanke spielt eine wichtige Rolle. Geschlossene Fonds sind immer eine unternehmerische Beteiligung mit entsprechenden Risiken. Wer etwas anderes behauptet oder das auch nur suggeriert, ist schlichtweg unseriös! Keinesfalls sollte mehr als fünf Prozent des Gesamtvermögens eines Anlegers in einen geschlossenen Fonds fließen, in absoluten Ausnahmefällen vielleicht mal zehn Prozent. Hört sich vernünftig an. Bedeutet aber, dass ein Zeichner zum Beispiel bei einer Mindestzeichnungssumme von 20.000 Euro ein Vermögen von 400.000 Euro besitzen muss. Merke: Wer 50.000

Euro zeichnen will, sollte sich besser schon im Millionärstatus befinden.

„Nicht alle Eier in einen Korb legen“, sagt der Volksmund. Der Nobelpreisträger für Wirtschaftswissenschaften, Harry Max Markowitz, hat das in seiner Portfoliotheorie etwas komplexer formuliert. Nach seiner Theorie der Portfolio-Auswahl ermöglicht eine geschickte Streuung, die Chancen bei gleich bleibenden Risiken zu erhöhen oder die Risiken bei gleich bleibenden Chancen zu reduzieren. Hört sich schon in der Zusammenfassung kompliziert an, ist aber noch eine sehr vereinfachte Beschreibung dessen, wie Chancen und Risiken zusammenhängen und welche Einflüsse hinter der von mir einfach als „geschickte Streuung“ bezeichneten Portfoliooptimierung stecken.

Wieder zurück zur Zielgruppe für geschlossene Fonds. Wir waren bis zum Anlagehorizont und der dringend anzuratenden Streuung gekommen. Dazu bedarf es natürlich noch der grundsätzlichen Risikobereitschaft des Anlegers. Wer nicht bereit ist, den Totalverlust seiner Einlage im Worst-Case-Fall hinzunehmen, sollte unbedingt auf sicherere Anlagen ausweichen. Natürlich haben auch die ihre Risiken, aber eben in abgespeckter Form. Will sagen: Was nützt die tollste Renditechance, wenn man nicht mehr ruhig schlafen kann?

Beim Ansparfonds läuft das komplett anders: Hierbei wird ein Konzept gestrickt, bei dem die Anleger nicht auf einen Schlag ihre Einlage erbringen, sondern in Raten über teilweise zehn bis 20 Jahre. Sie haben eben nicht die Mittel, um sofort alles einzuzahlen. Doch um Geld anlegen zu können, muss man es erst einmal haben. Damit kommen nur noch wenige als Zeichner für einen Ansparfonds in Frage. Denkbar wäre: Ein eher jüngerer Anleger verdient noch nicht lange sehr gut (das muss aber ein Jahreseinkommen von deutlich über 50.000 Euro sein). Von seinem Monatsnettoeinkommen kann er dauerhaft mehrere tausend Euro sparen. Zumindest theoretisch. Wer kann heute schon dauerhaft von einem derart

Mitarbeiter von Strukturvertrieben, oft im Schnellverfahren auf ein einziges Produkt geschult und von Geldgier kontaminiert, zocken mitunter, dass sich die Balken himmelwärts biegen.

hohen Nettoeinkommen ausgehen? Zweite Voraussetzung: Er spart schon mit verschiedenen sicheren Anlageformen und hat zudem noch ausreichend liquide Mittel. Außerdem sollen die liquiden Gelder nicht angetastet werden. Folglich bleibt nur die Sparrate, um in geschlossene Fonds mit höheren Renditechancen zu investieren. Herr Markowitz würde das Fallbeispiel unseres jüngeren Anlegers wahrscheinlich über viele Seiten hinweg detaillieren. Ich versuche einmal die Kurzform: Die Streuung innerhalb des Gesamtvermögens wird dadurch gewährleistet, dass die Zielsparsumme bei den geschlossenen Fonds in das zu erwartende Zielgesamtvermögen passt. Mit diesem Optimalmodell wäre ein guter geschlossener Ansparfonds vertretbar.

Nun sieht aber die Realität wieder einmal ganz anders aus. Meist werden Ansparfonds für Strukturvertriebe konzipiert. Diese verhökern die Anteile an Kleinstanleger, für die ein geschlossener Fonds unzumutbare Risiken darstellt. Dabei zocken die „Struckies", nicht selten im Schnellverfahren auf ein einziges Produkt geschult und im Höchstmaß von Geldgier kontaminiert, dass sich die Balken himmelwärts biegen. Mit atemberaubenden Planrechnungen werden die in Kapitalanlagefragen unerfahrenen Zeichner, nicht selten aus dem Freundes- und Bekanntenkreis rekrutiert, über Tische und Bänke gezogen. Für den „Strucki" ein gutes Geschäft, bekommt er doch alle geplanten Zahlungen, egal ob sie jemals geleistet werden, schon heute saftig verprovisioniert – nicht selten mit 20 Prozent der Zielsparsumme! Makabere Geschichten wie die Ausstellung von Zeichnungsscheinen mit von Grabsteinen abgelesenen Namen sind im Umfeld dieser „Kopfgeldjäger" durchaus glaubwürdig. Es ist ja auch zu verlockend: Die ersten Raten zahlt der „Strucki" aus der eigenen Tasche, bis er seine Provision erhält. Er zahlt also Peanuts ein und bekommt Euro-Nuggets ausgezahlt. Danach ist er – auf Kosten der Gesamtzeichnergruppe – nicht selten unbekannt verzogen.

Horrorgeschichten wie diese gibt es allerdings nicht nur in der Gilde der Finanzberater. Auf dem erwähnten Analyse-Workshop wurde zum Beispiel eine Trias 3. KG geprüft. Der Verkaufsprospekt dieses Immobilienfonds mit einem Volumen von 22,5 Millionen Mark strotzte nur so vor Fehlern. Falsche steuerliche Angaben zählten noch zu den Marginalien. Auch die unterschiedlichen Angaben zu den Mieteinnahmen schockten nicht wirklich, jedenfalls angesichts des geradezu brachialen Rechenstift-Stolperers, der bei der Herkunft der Mittel auftrat. Immerhin fehlten schon auf dem Papier 7,4 Millionen Mark, um die Gesamtinvestitionen durchführen zu können. Der Initiator war also nicht einmal in der Lage, die Summe der geplanten Ratensparverträge korrekt zu ermitteln. Adam Riese, lebte er noch, wahrscheinlich würde er sich glatt ins Schwert stürzen.

Und nun stellen Sie sich einmal vor, Sie müssten diesen Angebotswitz als Vertreter des Anbieters auf einem öffentlichen Forum verteidigen. Gegen einen Analysten, der ihnen reihenweise Fehler und Schlampigkeiten aufzeigt und eine massive Finanzierungslücke anprangert. Bei Helge Rippel hat das nicht zu einem Unwohlsein geführt. Der Steuerberater aus Berlin verwies einfach auf das Steuergutachten. Außerdem war angeblich das Prospektgutachten von einem Wirtschaftsprüfer kurz vor Fertigstellung, das die Probleme nicht so dramatisch einschätzte. Und was sagt die Steuerberatungsgesellschaft, die als Mittelverwendungskontrolleur die korrekte Verwendung der Fondsgelder prüft, zu diesem Finanzierungsdesaster? Auch diese Frage brachte Rippel nicht aus der Fassung. Nicht einmal dann wurde er nervös, als er nach mehreren Nachfragen bestätigte, dass er selber Geschäftsführer beim Mittelverwendungskontrolleur war. Als doppeltes Lottchen mitzumischen, darin konnte er keinen Interessenskonflikt erkennen. Moment mal, dürfen Sie einwenden – Geschäftsführer der Fondsgesellschaft und gleichzeitig Geschäftsführer beim Mittelverwendungskontrolleur. Ist nicht der Kontrolleur dazu da, den Geschäftsführer zu prüfen? Ist er! Kein Problem für Herrn Rippel, er prüfte sich einfach selbst.

Jetzt könnten Sie die Frage stellen, wer so einen Unfug wohl verkauft? Ich möchte sogar noch eine draufsetzen: Welches „Analysehaus" gibt denn einem fragwürdigkeitsgespickten Fonds wie diesem auch noch eine gute Bewertung? Stephan Appel heißt der Mensch, bis heute veröffentlicht er unverdrossen markige Analysen zu geschlossenen Fonds. Schon damals sein Markenzeichen: Werblich prachtvoll herausgeputzte „Check-Analysen", die dem Trias-Angebot eine gute Qualität bescheinigte. Eigentlich zum Lachen, wenn es nicht so traurig wäre. Schlampigkeit, Unfähigkeit oder Gefälligkeit gegenüber einem Auftraggeber? Eigentlich egal, weil nichts davon für das Hamburger Analysehaus spricht. Erst als die Mängel durch den Analyse-Workshop öffentlich wurden, erhielt das Angebot in einem „Nachcheck" die verdiente Katastrophen-Beurteilung.

Da half dann auch nicht das Anheuern prominenter Galionsfiguren. So bekleckerte sich der bekannte Schauspieler Sascha Hehn, jahrelang mit dem „Traumschiff" unterwegs, nicht gerade mit Ruhm, als er für eine Werbebroschüre des Initiators den Kopf hinhielt. Absolut beschämend, wenn Prominente, viele haben aufgrund ihrer Medienpräsenz sicherlich einen Vertrauensbonus, nicht stärker hinterfragen, wo und mit wem sie sich zu kommerziellen Zwecken ablichten lassen. Die Initiatoren hingegen werden es weniger moralisch verwerflich gefunden haben, den prominenten Namen für ihre Zwecke zu melken. Wie dem auch sei. Schon wenige Monate nach Auflage des Fonds musste für diese Gesellschaft und für deren Vorgängerangebote Konkursantrag gestellt werden. Ob die Anleger, aufgrund ihrer rechtlichen Verpflichtung zur dauerhaften Einzahlung ihrer Raten vom Konkursverwalter gezwungen wurden, weiter in das bodenlose Fass einzahlen, ist nicht bekannt.

Gäbe es für den Anlagebereich Schilder wie im Straßenverkehr, in solchen Fällen wäre eines in Warndreieckform angebracht - mit dem Hinweis „Vorsicht zweifelhafte Ansparfonds!". Wie sich eine leere Brieftasche symbolisch darstellen lässt, das ist allerdings Sache der Grafiker.

Nicht ganz so utopia-like wie Trias 3 – dennoch weit weg von dem, was einen guten Immobilienfonds ausmacht – kam der Doba Grund Ansparfonds daher. Von der Münchner Unternehmensgruppe Doblinger aufgelegt, und ebenfalls auf dem Frankfurter Workshop analysiert. Allerdings war damals niemand von Doblinger bereit, sich der Diskussion auf dem Workshop zu stellen. Es wäre sicher interessant geworden, wie gegen die klaren Kritikpunkte argumentiert worden wäre. Zum Beispiel sollte der Fonds, jedenfalls der Werbehymne im Prospekt zufolge, angeblich nachhaltig erzielbare Mieterträge beziehungsweise langfristige Mietverträge ausweisen. An anderer Stelle war aber zu lesen, dass das nur teilweise zutraf. Wie das? Nur wer genau rechnete, bemerkte das erhebliche Anschlussvermietungsrisiko. Genaueres Hinsehen, mehr gesundes Misstrauen und etwas weniger Gier nach der Turbo-Mark hätte viele Anleger vor Schaden bewahren können. Hierfür ein weiteres Paradebeispiel: Ein damals noch gut ein Jahr laufender Mietvertrag mit der DAK Deutschen Angestellten Krankenkasse wies eine Miete von 27,70 Mark pro Quadratmeter aus. Doch in der Saalburgerstraße in Berlin lag dieses Annahmekonstrukt über der lokalen Marktmarge, bei einer Weitervermietung musste deshalb mit Reduzierungen gerechnet werden. Aber in der auch ansonsten flockig-optimistisch kalkulierten Ertragsprognose wurde keine Reduzierung berücksichtigt. Weiteres Luftloch: Die Ausschüttung konnte nicht vollständig verdient werden, weshalb eine Auszahlung aus den Rateneinzahlungen vorgesehen war. Damit war das Ende der Fahnenstange längst noch nicht erreicht, aber ich will hier nicht zu viel mit fachlichen Kritikpunkten langweilen. Die finale Erklärung ist wie so oft von recht simpler Strickart: Alle fünf Immobilien wurden von Unternehmen der Doblinger-Gruppe an den Fonds verkauft. Das Interesse an turmhohen Kaufpreisen, die mit einer sehr optimistischen Kalkulation der Ertragskraft gerechtfertigt werden sollten, ist damit wohl klar. Leider war das nicht nur bei diesem Doblinger-Fonds der Fall. Auch vorherige und spätere Angebote von Doblinger und anderen Anbietern leiden unter dem, was man schonend ausgedrückt als internen Interessenskonflikt bezeichnen könnte. Bedauerlich nur, dass es für Investoren keine Warnlampen gibt, die in solchen Fällen das Daumen-nach-unten-Zeichen in alle Himmelrichtungen blinken.

Der Riese rollt mit den Bizepsen: Phase 2 bei den offenen Immobilienfonds

Die Erkenntnisse und Seltsamkeiten rund um meine erste Analyse der offenen Immobilienfonds bewirkten vor allem eines: Meine Sensoren für dieses Produkt liefen auf Hochtouren, die neuesten Rechenschaftsberichte zählten zur abendlichen Pflichtlektüre. Die Excel-Tabellen wurden immer umfangreicher, auf 178 Seiten war die im Herbst 1998 veröffentlichte Neuauflage angeschwollen. Das Ergebnis trug erwartungsgemäß nicht gerade zur Beruhigung bei, und als die Publikumsmedien verstärkt darüber berichteten, geriet ich immer stärker unter unfriendly fire.

Dazu zählte, dass kaum noch jemand die für 295 Mark verkaufte Studie bestellte, nicht einmal die darin erwähnten Fondsgesellschaften. In welchem Maße dieser „finanzielle Boykott“ durch konkrete Einflussnahme gesteuert wurde, vielleicht sogar zentral vom BVI, kann ich nicht beweisen. Ein weiterer Schachzug gegen mich deutet allerdings stark darauf hin. Er zeigte erneut den Hochmut, mit dem die Fondsmanager sogar geltende Gesetze missachteten, hier das Urheberrecht. Das wurde vom BVI und den Fondsmanagern mit Füßen getreten, etwas Bildhafteres fällt mir nicht ein. Joachim Walter, seinerzeit Geschäftsführer der HansaInvest Hanseatische Investment-Gesellschaft, ein Ableger der Signal Iduna, schrieb mir frei und frech: „Ich erhielt Ihre Analyse anlässlich der letzten Immobilienausschusssitzung beim BVI, ...“ Offenbar wurden also unerlaubte Kopien der Studie angefertigt. Nachdem ich heute weiß, mit welchen Methoden der BVI und die Fondsmanager in der Folgezeit arbeiteten, hätte ich damals schon wie beispielsweise die Musikindustrie oder die Filmindustrie reagieren sollen. Denn „Datenklau“ ist kein Kavaliersdelikt, sondern vor dem Gesetz eine Straftat, die unter bestimmten Umständen sogar Freiheitsstrafen nach sich zieht.

Es kommt aber noch dickdreister. Walter schrieb weiter: „... zu der ich nach einer ersten Durchsicht die Frage habe, aufgrund welcher Kriterien Sie zu der Verkaufsempfehlung auf Seite 10 der Studie kommen. Die in der Studie verarbeiteten Fakten lassen meines Erachtens den von Ihnen gezogenen Schluss nicht zu. Aus diesem Grunde hätte ich die herzliche Bitte, mir das Entscheidungsraster aufzugeben.“ Alle Achtung: Der selber völlig intransparent arbeitende Fondsmanager besaß also die Unverfrorenheit, auf Basis einer geklauten Studie weitere Auskünfte einzufordern. Eigentlich völlig unnötig, die Entscheidungsgründe wurden auf immerhin 178 Seiten dargelegt. Aber vielleicht hat ja der BVI für die

Wie konnten Banken und Finanzberater offene Immobilienfonds empfehlen, wenn die Informationen gar nicht ausreichten? Und warum behaupteten die Fondsmanager, mehr Transparenz sei nicht notwendig?

Teilnehmer der Ausschusssitzung nicht die komplette Studie kopiert.

Wie punktgenau ich mit der Neuauflage den Branchennerv torpediert haben muss, wurde mir erst später klar. Denn die erstmals veröffentlichten Anlageurteile sorgten für hitzige Diskussionen (dazu später noch mehr). Mehr als ein Schmunzeln produzierten anfänglich auch die Gegenargumente. Häufig wurden die gegenteiligen Ergebnisse des BVI angeführt – der eigenen Interessenvertretung. Natürlich ein schwaches Argument, durchschaubar wie Fensterglas nach dem Frühjahrsputz. Die Fondsmanager fühlten sich denn auch bald ertappt. Ihre Reaktion: Sie führten die DID Deutsche Immobilien Datenbank aufs Argumente-Schlachtfeld, um mir Paroli zu bieten.

Bevor ich auf den nachfolgenden Waffengang eingehe, lassen Sie mich aus einem weiteren Brief von Walter zitieren: „Ich kann mir zwar durchaus vorstellen, dass bei der weiteren Entwicklung der Analyse nicht zuletzt auf der Basis der erweiterten

Berichterstattung der Gesellschaften ein Anlageurteil abgegeben werden kann. Bei bisher verarbeiteten Daten wird man nach meiner Einschätzung jedenfalls den offenen Immobilienfonds nicht gerecht.“ Das verbuchte ich als weiteren Treffer in meinem Log-Buch, oder sollte ich besser Lügenkartei sagen? Gab der Mann doch offen zu, dass mit den mangelhaften Informationen der Fonds ein Anlageurteil nicht möglich ist. Aber auf welcher Grundlage haben dann die Anleger ihre Anlageentscheidung getroffen? Noch tiefer gebohrt: Wie konnten Banken und Finanzberater offene Immobilienfonds empfehlen, wenn doch die vorhandenen Informationen für eine solche Empfehlung gar nicht ausreichten? Und letztendlich: Wieso wurde von den Fondsmanagern immer behauptet, dass mehr Transparenz überhaupt nicht notwendig sei?

Zurück zum Scharmützel mit der DID: Diese Institution, sie berechnet unter anderem den DIX Deutschen Immobilien Index, trat 1999 erstmals öffentlich in Erscheinung. In der ersten Presseerklärung ließ es sich der Chef Matthias Thomas nicht nehmen, die Analyse der offenen Immobilienfonds 1998 zu kommentieren. Sein gutes Recht. Etwas verwunderlich jedoch ist die massive Parteinahme zu Gunsten der offenen Immobilienfonds. Das wird an einigen Punkten aus der Kategorie Scheinargumente deutlich: Zum einen wurde die von mir herangezogene Benchmark, der Preisindex für Gewerbeimmobilien des Münchner Instituts Bulwien & Partner, als konzeptionell angreifbar hingestellt. Allerdings gab es damals nichts Besseres, und die von dem Index ausgedrückte Tendenz war absolut korrekt. Vielleicht hätte ich, wie Thomas indirekt in seiner Presseinformation empfahl, den DID-Index benützen sollen? Und selbst wenn ich es vorgehabt hätte: zum Zeitpunkt der Studienerstellung war dieses hausgebackene DID-Produkt überhaupt noch nicht existent.

Zum anderen bemäkelte Thomas die mathematische Vorgehensweise. Diese „Fehlerquelle“ wollte er mit einem völlig unrealistischen Beispiel aufzeigen. Vergebens, in einem mathematischen Fernduell konnte ich das Gegenteil errechnen. Zum Beispiel der schlechteste Fonds iii-Fonds Nr. 1 – später aufgegangen in den heutigen Euro ImmoProfil: Nach meiner Methode wies er ein Fehlbewertungspotenzial von 19,08 Prozent aus. Nach der DID-Methode 18,87 Prozent. Ein unbedeutender Unterschied, da in beiden Fällen die Sachverständigen offenbar die allgemeine Marktentwicklung nicht ansatzweise wiedergaben. Bei anderen Fonds ergab sich nach der DID-Methode sogar ein größeres Abwertungspotenzial. Deutlicher konnte sich Thomas mit seiner Scheindiskussion und der höchst parteiischen Darstellung kaum selbst entlarven. In der Plumpheit wohl einzigartig, in der Tendenz leider noch häufiger bei der DID zu beobachten.

Noch ein anderer Vorgang erhitzte damals die Gemüter: Silvia Hotz, Leiterin der wirtschaftlichen Analysen beim Direkten Anlegerschutz von Heinz Gerlach, reichte aus heiterem Himmel bei der Staatsanwaltschaft München eine Anzeige gegen die Kapitalanlagegesellschaft iii ein. Der formulierte Verdacht betraf die möglichen Fehlbewertungen bei iii-Fonds Nummer 1 und iii-Fonds Nummer 2. Begründet mit den Ergebnissen aus meiner 98-er Studie. Auch wenn es für mich eine so nie praktizierte Verwendung von Recherchen darstellt, ist die Anzeige selbst nicht unbedingt verwerflich. Völlig distanzieren möchte ich mich allerdings von der Berichterstattung, die von einer Überprüfung der Vorwürfe durch die Staatsanwaltschaft sprach. Damit erfolgte eine klare Vorverurteilung. Denn als die Leser davon erfuhren, dass angeblich schon der Staatsanwalt die iii-Manager in der Mangel hat, war die Anzeige noch nicht einmal abgeschickt worden! In einem weiteren Bericht wurde von einer Eröffnung des Ermittlungsverfahrens berichtet – wieder mit mir als Kronzeuge, obwohl ich mit der Strafanzeige überhaupt nichts zu tun hatte. Dazu berichtete die Süddeutsche Zeitung unter der Headline „Übers Ziel hinausgeschossen“: „Ein Sprecher der Staatsanwaltschaft München I widersprach gegenüber der SZ dieser Darstellung. Bislang sei die Anzeige nur förmlich registriert, aber noch kein Ermittlungsverfahren eröffnet worden.“

Der Kämpfer mit der Feder: Auszeichnung für „kompetente Entzauberung"

Journalisten, die Hintergründe transparent machen und zugleich für jeden verständlich, sind nicht überall gern gesehen. Weil sie eine zähe Spezies sind, die sich kaum abwimmeln lassen, haben sie sich erst einmal in einem Thema festgebissen. Das schafft Feinde und Fallensteller. Mitunter aber auch Ehrungen von höchster Stelle, wenngleich nicht immer postwendend.

Mein bis dahin größter Erfolg, die Analyse offener Immobilienfonds 1998, geriet erst ein Jahr nach Veröffentlichung richtig ins Rampenlicht der Öffentlichkeit. Eine hochkarätig besetzte Jury mit Persönlichkeiten wie Tagesthemen-Moderator Ulrich Wickert, Wolfgang Kaden, Chefredakteur des Manager Magazins und dem Chefredakteur von test, Hans-Dieter Lösenbeck, zeichnete mich mit dem Helmut Schmidt Journalistenpreis für verbraucherfreundliche Berichterstattung über Wirtschafts- und Finanzthemen aus. Für meine kritischen Analysen von offenen Immobilienfonds, deren Renditeaussagen und Musterberechnungen ich seit Jahren „kompetent entzaubert" hätte, so die Begründung der Juroren.

Im Rahmen eines Festaktes in Frankfurt wurde im Oktober 1999 das Symbol des Preises übergeben – eine kinetische Bronze-Statuette, die einen Kämpfer mit der Feder darstellt. Den nahm ich natürlich höchst gerne in Empfang, ein treffenderes Symbol für meine Ambitionen als Journalist hätte ich mir schwerlich wünschen können.

Die Laudatio zu dem von der Allgemeinen Deutschen Direktbank, heute ING-DiBa, ins Leben gerufenen Preis hielt der damalige Chefredakteur von Finanztest, Hubertus Primus. Namenspatron und Altbundeskanzler Helmut Schmidt war aus gesundheitlichen Gründen leider nicht anwesend. Schade, allzu gerne wäre ich diesem großen alten Mann der deutschen Politik, der in seiner Anfangszeit als „Schmidt Schnauze" Furore gemacht hatte, einmal persönlich begegnet. Aber Edgar Meister war zugegen, der

Ein lupenreiner Canossa-Gang! Wie anders soll man es bezeichnen, wenn der Leiter eines Marktforschungsinstitutes in einer Presseinformation seinen eigenen Index als unbrauchbar outet! Das Zähneknirschen glaubte ich bis nach Pfaffing zu hören.

„oberste Bankenaufseher der Bundesbank". Zudem zählte eine Reihe von Hochkarätern aus der Frankfurter Bankenwelt zu den Gästen. Alle mussten sich anhören, wie reformbedürftig doch die offenen Immobilienfonds seien.

Hinter den Kulissen muss das wohl dann zu unangenehmen Richtungsdiskussionen geführt haben. Denn wenige Tage nach der Preisverleihung versuchte der lange Arm des Bundesverbandes BVI auf die Allgemeine Deutsche Direktbank Einfluss zu nehmen. Offenbar sollten die durch die Preisverleihung bestätigten Kritikpunkte nicht noch zusätzlich in die Öffentlichkeit getragen werden. In einem mehrseitigen Schreiben ging der BVI auf zwei wesentliche Aspekte der Analyse ein. Auf die offenen Immobilienfonds wurde ein regelrechtes Loblied angestimmt. Die geschlossenen Fonds hingegen mussten sich als fragwürdige Ausgeburten des „grauen Kapitalmarktes" geißeln lassen. Aber auch dieser ablenkende Kniefall wurde noch übertroffen. Durch einen lupenreinen Canossa-Gang von Hartmut Bulwien. Wie anders soll man es bezeichnen, wenn jemand in einer Presseinformation seinen eigenen Index als unbrauchbar outet! Das Zähneknirschen glaubte ich bis nach Pfaffing zu hören. Sicherlich eine im wahrsten Wortsinn einmalige Delle in der Karriere des geschäftsführenden Gesellschafters des Münchner Marktforschungsinstituts, das auf Immobilien spezialisiert ist. Aber als Dienstleister der Immobilienbranche konnte er es sich keinesfalls mit der damals mächtigsten Investorengruppe verscherzen. In der Presseerklärung ließ er sich mehrfach zitieren: „Der von der Bulwien und Partner GmbH veröffentlichte Immobilienindex für Wohn- und Gewerbeimmobilien ist als Vergleichsmaßstab für offene Immobilienfonds nicht geeignet." Er biss sogar in den sauren Apfel, das vom BVI angestimmte Loblied zu intonieren: „Wer kein Risiko eingehen will, für den sind offene Immobilienfonds die geeignete Anlageform." Doch das reichte dem BVI längst nicht. Er führte den Leser der Presseinformation bewusst in die Irre. Denn für die Vergleiche von den Wertveränderungen der Immobilien in den Fonds und dem Bulwien-Index als Benchmark hatte ich nicht den Gesamtindex inklusive der Wohnimmobilien herangezogen. Die BVI-Ausführungen zur Zusammensetzung, inklusive Reihenhäuser, Miet- und Eigentumswohnungen, hatten also herzlich wenig mit meiner Studie zu tun. Doch wer bemerkte den cleveren Kartenspielertrick schon? Bei den meisten hat das Ablenkungsmanöver wahrscheinlich funktioniert.

Der Helmut Schmidt Journalistenpreis wurde übrigens ab dem folgenden Jahr nicht mehr an einen einzigen Journalisten vergeben. Warum auch immer, in 2000 wurden erstmals gleich drei Beiträge gewürdigt. Dem einzelnen Preisträger wurde damit nicht mehr so viel Aufmerksamkeit zu Teil. Die preisgekrönten kritischen Themen wurden nicht mehr so stark aufgewertet.

Der Fall Kapital-Consult: Ein Branchenriese geht in die Knie

In einem Buch, das sich den Sünden der Investmentbranche verschrieben hat, darf natürlich eines der ganz großen Kaliber der 1990er Jahre nicht fehlen: Die Stuttgarter Kapital-Consult von Walter Fink, ins Millionen-Fahrwasser gekommen durch Carsten Maschmeyers Finanzberatungsunternehmen AWD. 1995 schaffte es Fink mit 730 Millionen Mark Anlegerkapital gar zum Marktführer bei den geschlossenen Fonds. Das Rekordjahr der Stuttgarter war 1996, da standen 830 Millionen Mark Anlegerkapital zu Buche. Eingesammelt vor allem mit dem immer wieder gleichen Konzept, das sie mit dem Namen Drei-Länder-Fonds schmückten. Immobilien in Deutschland und den USA sowie ein Wertpapierdepot in der Schweiz – so etwas weckt mächtig Vertrauen und lockt Interessenten in Scharen an.

Zum ersten Mal beschäftigte ich mich 1997 näher damit, für einen Analyse-Workshop in Frankfurt. Der KC-Kopf Walter Fink war als Vertreter des Initiators persönlich vor Ort. Ein extrem eloquenter und rhetorisch brillanter Redner, sicherlich einer der Hauptgründe für seinen Erfolg. Da ist es nicht weiter verwunderlich, dass ich als Gegenspieler auf dieser Veranstaltung mit meiner kritischen Analyse nicht immer souverän wirken konnte. Im Nachhinein erwiesen sich die Kritikpunkte aber als absolut berechtigt. Beispiel Wertpapieranlage in der Schweiz: Diese Investitionen sollten eine durchschnittliche Rendite von neun Prozent nach Gebühren erwirtschaften, ein Teil davon durch ein Darlehen finanziert. Das allerdings sollte weniger Zinsen kosten. Wie aber sollen ohne Risiko Zinsen erwirtschaftet werden, die über dem Zinssatz für Kredite liegen? Ein Zinsdifferenzgeschäft, das dauerhaft einfach nicht funktionieren kann.

Hauptkritik bei den Immobilieninvestitionen waren die hohen Kaufpreise und die Mietansätze. 20.450 Mark Kosten pro Sitzplatz für ein Kino in Bremen? Viel zu hoch! Zu hoch auch die 15 Jahresmieten, die die US-Wohnimmobilien kosteten. Alles Gründe, warum der Anteil am Fonds 97/25 heute nur noch rund ein Viertel des Nominalbetrages wert ist.

Diese Kritik brachte die Verkaufsmaschine von Kapital-Consult natürlich nicht zum Stottern. In diesem Jahr wurden stolze 554 Millionen Mark Anlegerkapital akquiriert. Auch im Jahr darauf, obwohl die Berichterstattung in den Publikumsmedien zunehmend kritischer geworden war, floss das Anlegekapital in Strömen Richtung Stuttgart. Auch mit Hilfe des AWD. Dabei hätten die bekannt gewordenen Finanzprobleme von Rolf Deyhle, einem wichtigen Partner verschiedener Drei-Länder-Fonds, erheblich beunruhigen müssen. In der WirtschaftsWoche vom 9. April 1998 war zu lesen: „Reißt Deyhle im möglichen Finanzstrudel seines Firmenkonglomerats auch Stella AG und Filmtheater KG mit in die Tiefe, könnten den Fonds Mietausfälle drohen." Vor allem der größte Kapital-Consult Fonds 94/17 mit Deutschlands größtem Musicalhaus hing an der

Seit 2003 sammelt das Unternehmen überhaupt kein Anlegerkapital mehr mit Immobilienfonds ein. Darben muss der Initiator dennoch nicht. Die üppigen laufenden Vergütungen aus den Fonds sichern ihm bis heute ein gutes Einkommen.

Finanzpipeline von Deyhle, dem ungekrönten König der Musicals. Doch Fink mit seiner rhetorischen Brillanz goss reichlich Schmieröl in die Wogen, die Szene beruhigte sich, die Finanzberater verkauften weiter KC-Fonds. Auch noch 1999, als Stella Insolvenz anmeldete. Dazu schrieb ich in der Welt: „Stella-Insolvenz löst Turbulenzen beim Drei-Länder-Fonds aus – 20.000 Kleinanleger bangen um Investitionen in Milliardenhöhe". Etwas später berichtete ich in der Süddeutschen Zeitung von erheblichen Mietausfällen und Bauverzögerungen im In- und Ausland. Auch zahlreiche andere Kollegen griffen die Probleme von Walter

Finks Unternehmen auf. Nicht gerade ungern, schließlich hatten einige schon Bekanntschaft mit seiner Anwälte-Armada gemacht. Fink war dafür bekannt, dass er nicht nur rhetorisch gegen kritische Berichterstattung zurückschlug, auch mit rechtlichen Schritten war er nicht gerade zurückhaltend.

Doch am Ende half auch das nichts. In 2001 fiel der Platzierungsumsatz auf magere acht Millionen Euro zurück, und seit 2003 sammelt das Unternehmen überhaupt kein Anlegerkapital mehr mit Immobilienfonds ein. Darben muss Fink deswegen nicht. Die üppigen laufenden Vergütungen aus den Fonds sichern ihm bis heute ein gutes Einkommen. Die Anlegerschar, wer mag daran zweifeln, schaute wieder einmal in die Rendite-Röhre.

Ähnliches widerfuhr auch den Medienfonds, mit denen Fink eine tolle Rendite versprach. Schon 1996 brachte die KC Medien den ersten Filmfonds auf den Markt. Diese zumindest im Vertrieb sehr erfolgreiche Fondsserie schaffte im Jahr 2000 mit 84 Millionen Euro eingesammeltem Anlegerkapital sogar ein höheres Platzierungsvolumen als die deutlich bekannteren Immobilienfonds. Doch durch die kritische Presseberichterstattung ging auch dort der Umsatz in die Knie. Am Ende half es dann auch nicht mehr, dass die KC Medien AG in 2001 in CP Medien AG umplakatierte. Und was wurde hier aus den Anlegern? Deren Filme wie „Austin Powers", „Enemy at the Gates", „Asterix und Obelix: Mission Kleopatra" oder „Till Eulenspiegel" sind zwar bekannt. Von Rentabilität allerdings nicht die Spur. Bei den meisten Produktionen wurden nicht einmal die Investitionen eingespielt. Ein herber Verlust für die Anleger – verdient haben wieder mal andere.

Prospektgutachter: Die fast immer unterschätzte graue Instanz

Im Jahr 1998 zeichneten 205.000 Bundesbürger einen geschlossenen Fonds. In den folgenden Jahren sind es fast ausnahmslos mehr geworden. Mittlerweile investieren pro Jahr 417.000 Personen in ein Beteiligungsmodell (Stand 2007). Wie viele davon mögen wohl den Emissionsprospekt gelesen haben, in der Regel 100 bis 200 Seiten dick? Gut, wer liest schon, wenn er Medikamente kauft, die klein gedruckte Packungsbeilage über Risiken und Nebenwirkungen? Wohl die wenigsten. Die meisten vertrauen dem, was ihr Arzt ihnen empfiehlt. Dabei wird oft übersehen, dass bei dessen Entscheidung für das eine oder das andere Medikament der Einfluss der Pharmaindustrie eine Rolle spielen kann. Ganze Heere von Pharmaberatern sind täglich unterwegs, um den Arzt

Wie viele Anleger haben wohl eine Ausfertigung des Prospektprüfungsberichts in ihren Unterlagen? Meine Schätzung: ein Prozent, maximal zwei. Mein Urteil: Völlig unverantwortlich.

durch wissenschaftliche Fakten von ihrem Produkt zu überzeugen, Prämien auszuloben, kleine Präsente bis lukrative Geschenke zu verteilen. Da kann das unabhängige Urteil des Arztes dann schon mal auf der Strecke bleiben.

Auch Berater und Finanzdienstleister bei geschlossenen Fonds sollten sich eigentlich als empfehlende Berater verstehen und im Interesse des Kunden handeln. Das dürfte aber, so weit beuge ich mich hier aus dem Fenster, nur für die Minderheit zutreffen. Die Mediziner mögen mir die Quervergleiche nachsehen, denn insgesamt ist die Quote der rechtschaffenen Ärzte sicherlich deutlich höher als die der Finanzdienstleister und Banken, die tatsächlich beraten, ohne ständig mit einem Auge auf die fettesten Provisionen zu schielen. Außerdem ist die Ausbildung eines Arztes eindeutig umfangreicher als die der meisten Finanzberater.

Drängt sich die Frage auf, wie sich ein Anleger einigermaßen unabhängig Rat einholen kann. Hier bietet sich ein einfaches Peilinstrument an: Bei jedem seriösen Fonds hat ein Wirtschaftsprüfer den Prospekt geprüft! Gibt es diese Prüfung nicht – den Fonds getrost auf den Stapel der unseriösen Angebote legen. Und der dürfte erfahrungsgemäß sehr hoch sein. Aber wie viele der 205.000 Zeichner in 1998 haben wohl eine Ausfertigung des Prospektprüfungsberichts in ihren Unterlagen? Meine Schätzung: ein Prozent, maximal zwei. Mein Urteil: Völlig unverantwortlich. Das ist so, als wenn man ein Auto kauft und sich nicht einmal davon überzeugt, ob es für die Karre überhaupt Papiere gibt und am Nummernschild eine TÜV-Plakette klebt. Doch meist wissen die Anleger nichts von der Existenz solcher Gutachten. Verantwortlich dafür ist immer der Finanzdienstleister oder Banker, der die Kunden angeblich „beraten" hat. Hierfür müssten die aber selber das Gutachten gelesen haben. Ich habe da meine Zweifel. Das ist wie mit den Prospekten. Glauben Sie mir, auch die werden von den meisten Beratern nicht vollständig gelesen. Womit wir wieder beim Arzt wären. Besser gesagt, bei denjenigen Medizinern, denen die Risiken oder Nebenwirkungen der von ihnen verschriebenen Medikamente nicht bekannt sind...

Vielleicht fragen Sie sich, was der ständige Vergleich mit den Ärzten und das Loblied auf die Wirtschaftsprüfer eigentlich soll. Schließlich sind auch Wirtschaftsprüfer an laufenden Einnahmen, und damit an Nachfolgeaufträgen eines Initiators interessiert – und werden Prospekte in aller Regel für „gut beachten". Wieder etwas aus der Kategorie „kaum zu glauben", aber im Sommer 1999 habe ich diesbezüglich recherchiert. Herausgekommen ist ein Bericht für den DFI-report: „Prospektprüfungen – Die meisten sind ihr Geld nicht wert". So ist halt die Realität in der Branche. Dennoch darf das Gutachten in den Zeichnungsunterlagen nicht fehlen. Oder würden Sie eine kostenlose Versicherung gegen Betrug und grobe Fahrlässigkeit ausschlagen? Würden Sie weiterhin einem Berater trauen, der ihnen eine solche kostenlose Versicherung nicht anbietet, nur weil er dafür keine Provision bekommt?

Der Zusammenhang wird deutlich, wenn wir zurückblenden in das Jahr 1998. Damals wurden Prospektgutachten in Anlehnung an eine Richtlinie des IdW Instituts der Wirtschaftsprüfer aus 1987 erstellt. Diese war längst überholt und überarbeitungsbedürftig. Ein Artikel im Handelsblatt vom 21. Oktober 1998 hatte den Stein ins Rollen gebracht. Überschrift: „Oftmals mehr Schein als Sein“, war meine Überschrift. Einige Monate später machte sich ein Fachausschuss des IdW an die vollständige Überarbeitung. Sogar Externe wie Heinz Gerlach und ich wurden zu Gesprächen geladen, um Vorschläge einzubringen. Der damalige IdW-Chef Gerhard Gross hat schließlich wesentlich dazu beigetragen, den anfangs faulen Kompromiss zu einer brauchbaren Weiterentwicklung zu bringen. Details spare ich besser aus, das würde nur schwer verdauliche Trockenkost bedeuten. Aber der Aspekt der kostenlosen Versicherung darf natürlich nicht fehlen. Weil das IdW geradezu panische Angst hatte vor Haftungsansprüchen von Anlegern bei unvollständigen, falschen und unklaren Prospekten, wurde die bisherige Praxis der Gutachtenaushändigung geändert. Seit 2000 bekommen Anlageinteressenten ein Prospektgutachten nur nach schriftlicher Anforderung mit einem vorbereiteten Formular ausgehändigt. Damit müssen sie gleichzeitig die Allgemeinen Auftragsbedingungen der Wirtschaftsprüfer akzeptieren. Grundsätzlich kein Problem, es schränkt aber den Kreis der möglichen „Geschädigten“ stark ein. Während vorher der Wirtschaftsprüfer nicht beweisen konnte, ob das Gutachten wirklich bei der Anlageentscheidung eines Zeichners eine Rolle gespielt hat, kann er das seit 2000 sehr wohl. Denn nur wer das Gutachten, das es im Übrigen kostenlos gibt, vor seiner Zeichnung anfordert, kann später den Wirtschaftsprüfer bei schlampiger oder fahrlässiger Arbeit dafür haftbar machen. Deshalb zählt es zu den Aufgaben eines guten Beraters, dem Anleger neben dem Prospekt auch das Bestellformular für das Prospektgutachten auszuhändigen. Natürlich nicht ohne auf die Bedeutung ausreichend hinzuweisen.

Immer große Töne, immer tolle Pläne: Aber kein Jahr ohne Pleite

Nachdem 1997 die Stuttgarter WGS und 1998 die Hamburger HAT Insolvenzantrag gestellt hatten, geriet 1999 mit der Unternehmensgruppe Dr. Hanne der nächste große Fondsinitiator in die Pleite. In 25 Jahren sammelte er rund 1,5 Milliarden Mark bei Anlegern ein. Bis Anfang der 90er Jahre hatte sich der Kanadier vorwiegend mit der Erkundung neuer Erdölvorkommen und mit nordamerikanischen Immobilien beschäftigt. Erst anschließend konzentrierte er sich auf Alten- und Pflegeheime sowie Hotelfonds. Da er damit aber schon 1998 aufgrund von Betreiberpleiten bei seinen Fonds unter Presse-Beschuss geriet, war seine zweifelhafte Karriere eher kurz. Die Kollegin Rebecca Gop aus Berlin veröffentlichte in der WirschaftsWoche einen gut recherchierten Beitrag: „Notbremse ziehen – Zahlreiche Objekte der Hanne-Gruppe stecken in Schwierigkeiten. Die Zeche zahlen die Anleger."

Natürlich stellt sich auch hier wieder die Frage, ob das Desaster vorhersehbar war. So wäre von Interesse, ob die Ulrich Hainzl KG als einer der großen Vertriebe geschlossener Fonds in Deutschland seine Hanne-Angebote, oft als Exklusivfonds vermarktet, hinreichend prüfte. Gleiches gilt für die beiden anderen Hauptvertriebe von Hanne, Manfred Kersting

Ein Profi hätte die Probleme vorhersehen können. Denn die Nachfrage insbesondere nach Plätzen in Altenheimen und Pflegezentren wurde massiv überschätzt.

und die Prinz zu Hohenlohe-Jagstberg & Banghard GmbH. Und warum hat „Deutschlands älteste Ratingagentur" GUB aus Hamburg an viele Fonds ein „++" oder teilweise sogar die Höchstnote „+++" vergeben? Die Kapitalanlagezeitschrift Cash feierte Hanne im Mai 1997 sogar mit einer Art Rührgeschichte:

„Jürgen Hanne – Ein Deutsch-Kanadier baut die solidesten Seniorenheime“. Und der Branchendienst kmi kapital-markt intern lobte im Fazit seines Prospekt-Checks des Seniorenwohnparks Nächst-Neuendorf: „Der versprochene wirtschaftliche Erfolg einer Beteiligung dürfte überwiegend eintreten.“

Ich vertrete die feste Überzeugung, dass ein Profi die Probleme bei Hanne hätte vorhersehen können. Das mögen einige Zitate aus dem Bericht von Rebecca Gop belegen: „Die Nachfrage insbesondere nach Plätzen in Altenheimen und Pflegezentren wurde von Hanne massiv überschätzt, keine der prospektierten Pachteinnahmen scheint mittelfristig auch nur annährend erzielbar.“ Dass das nicht nur kluges Dahergerede im Nachhinein war, gemäß dem Motto: nachher sind immer alle schlauer, wird sofort an den Fakten klar: „Offensichtlich hat Hanne versäumt, für seine Altenheime erfahrene Betreiber zu gewinnen. Die PeWoBe war ein Unternehmen der Berliner Penz-Gruppe, die bis dahin lediglich Asylantenwohnheime betrieben hat.“ Oder, gemünzt auf andere Hanne-Fonds mit KBN- und Geron-Gesellschaften als Partner und Betreiber: „Der Berliner [Anmerkung: gemeint ist Jürgen Hanne] hält selbst Anteile sowohl an der KBN wie auch an der Geron.“ Noch Fragen offen, warum die Kaufpreise der Altenheime teilweise völlig überzogen waren und die Empfehlungen Dritter für die Fonds mehr als zweifelhaft? Wenig verwunderlich, dass der Spiegel im Frühjahr 1999 einen Beitrag von Udo Ludwig mit der auf den ersten Blick beinahe romantisch wirkenden Überschrift „Mondpreise für Luftschlösser“ brachte. Darin wird auch von Strafanzeigen wegen Betruges berichtet.

Leider war die Geschichte damit noch längst nicht zu Ende. Um weiter an Geld zu kommen, wurde die KBN Seniorenheim Beratungs- und Beteiligungs GmbH in eine AG umgewandelt. Deren Aktien sollten fleißig an Privatanleger verkloppt werden. Wieder mal waren es das Magazin Cash und der Branchendienst kmi kapital-markt intern, die schon fast werbemäßig berichteten. In letzterem fand sich in Ausgabe 16/99 ein regelrechter

Promotion-Artikel mit der Überschrift „Dr. Hanne krempelt die Ärmel hoch". Zumindest in Bezug auf den Tenor ist ein Brief von Jürgen Hanne sehr aufschlussreich: „...unter Bezugnahme auf Ihre Anfrage hinsichtlich der Veröffentlichung und der Versand der kmi-Publikation kapital-markt intern über meine Unternehmensgruppe, bestätige ich Ihnen, dass uns nach meiner Einschätzung eine Rechnung in Höhe von DM 30.000 bis 50.000 gestellt worden ist. Die Rechnung befindet sich in den Buchführungsunterlagen auf die wir zur Zeit keinen Zugriff haben, da sie sich bei der Staatsanwaltschaft befinden."

Bei Cash war dazu Großsprecherisches von Egon Banghard, Chef der Unternehmensgruppe Prinz zu Hohenlohe-Jagstberg & Banghard zu lesen: „Vertrieb stellt sich hinter Dr. Hanne". Von einer „riesengroßen Resonanz" bei der Aktienplatzierung war die Rede. Befragt zu den negativen Schlagzeilen erklärte Banghard frechdreist, diese seien „in weiten Teilen unkorrekt". Nicht weiter verwunderlich, für große Sprüche ohne hinreichenden Fakten-Background war Banghard längst bekannt. In einem Brief an Geschäftspartner schrieb der Vertriebsguru, der später an den Realitäten zerschellte, im Mai 1999 anlässlich der Insolvenz der Dr. Hanne KG: „Sofern in der Vergangenheit Leistungsstörungen – in allerdings relativ geringfügigem Maße – bei den mit uns weder gesellschaftlich noch wirtschaftlich verbundenen Initiatoren aufgetreten sind, wurden sie von uns beseitigt beziehungsweise wirtschaftlich ausgeglichen. Somit sind bei den von uns seit unserer Gründung im Jahr 1970 insgesamt vertriebenen circa 600 Immobilienfonds mit einem Investitionsvolumen von über 10 Milliarden DM bei keinem einzigen Anleger, der uns sein Vertrauen geschenkt hat und der seine Immobilienbeteiligung im Sinne einer langfristigen Anlage gehalten hat, nachhaltige Vermögensschäden entstanden."

Zu Banghard später noch weitere Abstrusitäten. Abschließend noch die einfache Anmerkung, dass Hanne von einem Berliner Schöffengericht zu eineinhalb Jahren Haft auf Bewährung verurteilt wurde. Wegen zweifachem Kapitalanlagebetrug und versuchten Betruges. In einem Bericht der Berliner Zeitung wird der Initiator mit der Ausrede zitiert, er habe seinerzeit „zu viel zu tun“ gehabt, um die Fehler in den Unterlagen zu bemerken. Hossa! Ob er in dieser Zeit an einer Fiesta Mexicana teilgenommen hat?

Furcht vor Immobilien-Fluchtwelle: Die vorerst letzte Studie zu offenen Immobilienfonds

Eines hat sich bis zur dritten Studie zu den offenen Immobilienfonds, die ich in 1999 veröffentlichte, geändert: Während beim ersten Mal gerade mal zwei Kapitalanlagegesellschaften es für nötig befunden hatten, eine ablehnende Antwort auf Anfragen zu geben, waren es im Vorfeld der dritten Studie schon sechs. Immerhin jede zweite. Inhaltlich allerdings blieb alles beim alten Abwehrkampf-Procedere. So schrieb Willi Alda von der Despa: „Darüber hinaus haben wir bei den vielfältigen Kontakten, die wir beziehungsweise der BVI, in der Vergangenheit mit Ihnen hatten, nicht immer erkennen können, dass Sie sich objektiv mit den Besonderheiten eines offenen Immobilienfonds – mit seinen ausgeprägten Sicherheits- und Gleichbehandlungsaspekten für den Anleger – auseinandergesetzt hätten." Etwas höflicher antwortete Bärbel Schomberg, damals Geschäftsführerin der Commerz Grundbesitz: „Die Analyse von vergangenheitsbezogenen Daten über einen längeren Zeitraum verursacht jedoch unverhältnismäßig hohen Aufwand..." Jürgen Ehrlich von der DIFA schrieb lapidar, ich solle „die Fondsinformationen unseren Berichten entnehmen". Das konnte ich nur als Witz verstehen, weil die angefragten Daten dort natürlich nicht zu finden waren. Für die Antwort von Günther Hackeneis und Harald von Söhnen – iii Internationales Immobilien-Institut – gilt Ähnliches: „..., dass inzwischen die Rechenschaftsberichte der offenen Immobilienfonds einen solchen Umfang angenommen haben, dass ein Fachmann fast alle gewünschten Informationen daraus entnehmen kann." Joachim Walter von Hansa-Invest teilte hingegen einfach nur mit, dass es in seinem Unternehmen „keinen Beschluss gibt, den Datenkranz über den dann erreichten Informationsumfang zu erweitern." Bleibt noch der ebenfalls angeschriebene Bundesverband BVI, für den sein Pressefrontmann Rüdiger Päsler mitteilte: „Wir haben Ihre Anfrage vom 22. Juli 1999 in unseren

Gremien diskutiert und kamen zu dem Ergebnis, dass über die bereits von den Investment-Gesellschaften veröffentlichten Daten hinaus keine weiteren Angaben für Ihre Analyse offener Immobilienfonds 1999 gemacht werden können."

Natürlich gilt diese Informationsblockade nur gegenüber Personen und Institutionen, die nicht im Einflussbereich der Fonds stehen. So schrieb Despa-Chef Alda: „Wir haben seit geraumer Zeit beschlossen, eine nahezu völlige Informationsfreizügigkeit an die Deutsche Immobilien Datenbank GmbH zu realisieren und dies mit den ersten Datenlieferungen für bisher insgesamt drei Jahre bereits getan. Das Ergebnis ist in den DIX – die Benchmark für den deutschen Immobilienmarkt – eingeflossen." Das Ergebnis konnte ich dann später in der ersten DID-Studie zu offenen Immobilienfonds bestaunen. Dem BVI war das positive Ergebnis logischerweise eine Presseinformation wert: „Studie belegt: Offene Immobilienfonds bewerten wie andere Großanleger auch." Sogar eine Pressekonferenz hat der Verband dazu einberufen. Alda betonte in seiner Rede als Vorstandsmitglied des BVI dann auch beflissentlich, dass die Vorstellung der DID-Studie „im Mittelpunkt dieser Veranstaltung" stehen soll.

Nun sollten auch noch hoch studierte Männer in die Erklärungsbresche springen. Matthias Thomas, heute Professor für Immobilienportfoliomanagement an der Hochschule für angewandte Wissenschaft und Kunst, FH Hildesheim/Holzminden/Göttingen löste das so: Er verglich den DIX, den Deutschen Immobilien Index, mit den offenen Immobilienfonds. Wie aber Alda schon ausführte, sind im DIX auch die Daten der offenen Immobilienfonds enthalten. Um genau zu sein: Der DIX bestand damals zu 84 Prozent aus den Daten der offenen Immobilienfonds. Für einen Portfoliomanagement-Professor ein absolutes Zeugnis intellektueller Armut. Da vergleicht er doch quasi die offenen Immobilienfonds mit sich selbst, um dann festzustellen, dass es keine Abweichungen in der Bewertung gibt! Das hätte man unkomplizierter lösen können: Bei einem Vergleich mit den nicht fondsbestimmten Daten hätte der BVI gar nicht erst eine Pressekonferenz für die angeblich unabhängige DID abhalten müssen. Schließlich wären dabei erhebliche Abweichungen herausgekommen und die Studie wäre nicht so oft verkauft worden – und das, obwohl der Verkaufspreis fast beim Dreifachen von meiner Studie lag. Daran ist wieder einmal zu erkennen, dass nicht der Preis entscheidend für die Akzeptanz und damit den Erfolg ist, sondern die Gefälligkeit des Inhalts.

Noch eine Schmonzette aus der DID-Studie gefällig? Auch wenn es wettbewerbsrechtlich nicht in Ordnung war, Professor Thomas fühlte sich berufen, aus seinem Universitätselfenbeinturm heraus auch zu dem von mir stets angeführten Bulwien-Index und dessen Schwächen etwas verkünden zu müssen. Er kritisierte, dass der Bulwien-Index „mit den Daten von Neuvermietungen und aktuellen Kaufpreisen arbeitet“. Grandioser kann man sich wohl kaum selbst demontieren. Ist es doch nach seinem Gelehrten-Gusto besser, mit alten Kaufpreisen zu arbeiten, obwohl doch das Investmentgesetz den offenen Immobilienfonds vorschreibt, mit Verkehrswerten zu arbeiten. Aber lieber Herr Professor Thomas! Hat denn der Verkehrswert etwa nichts mit dem aktuellen Kaufpreis zu tun?

Bitte verzeihen Sie mir die intensive Ironie, aber der Umgang zwischen der Branche und mir war zu diesen Zeiten ständig eingefärbt mit derartigen Zwischentönen. Noch ein neckisches Beispiel: Als Antwort auf die in meiner Studie vorgebrachten Auswertungen zu möglichen Fehlbewertungen einzelner Fonds konterte der BVI mit einer eigenen Auswertung über die Auf- und Abwertungen der Immobilien in den offenen Fonds. Wie gewohnt natürlich nur mit kumuliertem und deshalb für Einzelfälle nicht aussagekräftigem Zahlenmaterial. Prompt fragte ich beim BVI nach, ob ich die jeweils hinter den Summen aufgeführten Einzeldaten pro Fonds bekommen könnte. Die Antwort von Andreas Fink und Günter Schardt: „Da wir planen, diese Daten in geeigneter Weise selbst zu veröffentlichen, bitten wir Sie um Verständnis, dass wir Ihnen die gewünschten Informationen zunächst nicht vorab zukommen lassen können." Wie bitte? Um die Daten fragte ich doch anlässlich der BVI-Presseinformation nach. Wollte der BVI damit sagen, dass er nach der Veröffentlichung der kumulierten Daten eine Veröffentlichung der Einzeldaten vornimmt? Das ist selbstverständlich kalter Käse. Eine solche Veröffentlichung hat es meines Wissens nie gegeben.

Auch an ein anderes Erlebnis kann ich mich noch recht lebhaft erinnern. Am 11. Oktober 2000 hielt die gif, die Gesellschaft für immobilienwirtschaftliche Forschung, eine öffentliche Sitzung des Arbeitskreises Immobilienanlageprodukte ab. In dem wunderschönen Haus der Dresdner Bank am Pariser Platz in Berlin sollte ich mich, umgeben von lauter eingefleischten Fondsverfechtern, auf ein Podium begeben – ich habe es gewagt. In meinen Unterlagen fand ich anlässlich der Recherchen

Nah an einer schrägen SitCom: Eine der absoluten Führungsfiguren der offenen Immobilienfondsszene bezeichnete mich öffentlich als „Uli Hoeneß der Fondsbranche".

für dieses Buch wieder das Protokoll von damals. Wie schon damals war mein erster Gedanke angesichts des Inhalts wieder: Ob ich denn wohl hier im richtigen Film bin? Irritationen, die ich dem Veranstalter gif zu verdanken habe, dessen Präsident heute Hartmut Bulwien ist – mit dem Titel des Vize schmückt sich Matthias Thomas – und dem Protokollführer Roman Sotelo, heute Juniorprofessor für Immobilienökonomie an der Bauhaus-Universität Weimar.

Wie nah das Ganze an einer schrägen SitCom vorbeischrammte, mag diese Szene wiedergeben: Klaus Hohmann, seinerzeit eine der absoluten Führungsfiguren in der offenen Immobilienfondsszene, bezeichnete mich öffentlich als „Uli Hoeneß der Fondsbranche". Im übertragenen Sinne sei er der arme

Christoph Daum gewesen. Sie erinnern sich noch? Damals brachte der Manager des Fußballbundesligisten Bayern München die Kokain-Affäre um den Fußballtrainer Christoph Daum, seinerzeit für das sportliche Wohl der Bundesligatruppe von Bayer Leverkusen verantwortlich, einen Skandal-Stein ins Rollen, an dem sich lange Wochen nicht nur die Redakteure der Sportnachrichten berauschten. Daum behauptete zu dem Zeitpunkt, er sei absolut unschuldig, der bitterböse Hoeneß habe ihn zu unrecht als Kokskonsumenten diffamiert. Um das zu beweisen, unterzog er sich freiwillig einer Haaranalyse. Die fiel, wie wir heute wissen, positiv aus, sprich: Daum hat gekokst. Davon konnte Hohmann zum Zeitpunkt seines Vergleiches jedoch noch nichts wissen. Mit anderen Worten: Ich war der Denunziant, der ehrbaren Zeitgenossen ans Leder wollte.

Des tollen Trainers tiefe Talfahrt schockte damals ganz Deutschland. Daum musste von seinem Amt als Trainer von Bayer Leverkusen zurücktreten. Sein Lebenstraum, als Trainer der Deutschen Fußball-Nationalmannschaft zu arbeiten, war auch geplatzt. Sie können sich vorstellen, dass ich später unabhängig von dem traurigen Vorgang um eine solche Persönlichkeit wie Daum gerne an den Vergleich von Hohmann dachte.

Einen letzten, jetzt aber wieder ganz und gar ernsthaften Aspekt um die damaligen Vorgänge bei offenen Immobilienfonds möchte ich Ihnen nicht vorenthalten. Nachdem die Fondsmanager in 1999 nach einer 7,5 Milliarden-Euro-Ernte reichlich die Schampuskorken knallen ließen, mussten sie 2000 abrupt auf Selters umsteigen. Denn durch den Boom an den Aktienmärkten zogen Anleger in 2000 viel Geld von den als langweilig eingestuften Immobilienfonds ab. Manche werden das bitter bereut haben. Aber für die Fondsmanager war die Flucht aus den Immobilienfonds in Höhe von 2,8 Milliarden Euro schon beängstigend. Schließlich war das Geld der Anleger in Immobilien angelegt. Im Umfeld dieses Stimmungswandels befürchteten sie eine Fluchtwelle aus den Immobilien, die im schlimmsten Fall auch über die liquiden Mittel hinausgehen könnte. Damals ein völlig unvorstellbares Horrorszenario, wenngleich es einige Jahre später zum ersten Mal Wirklichkeit wurde. Um die Ursache für eine solche Entwicklung zu vermeiden, wurde ich von verschiedenen Seiten gebeten, auf eine Neuauflage meiner Studie zu verzichten. Schließlich wäre ein Ausverkauf nicht im Interesse der Anleger, und das sei doch immer meine Intention gewesen, so machten mir die Fondsmanager diesen Schritt schmackhaft. Ich habe mich überzeugen lassen und keine Neuauflage der Studie erstellt. Auch das Argument, wenn ich keine Studie erstelle, glätteten sich die Wogen und die Basis für konstruktive Gespräche zu mehr Transparenz würde geschaffen, leuchtete mir ein. Gar zu blauäugig, wie ich später lernen musste.

Nicht alles ist negativ: Der beste Immobilienfonds aller Zeiten

Damit dieses Buch nicht zu einer Orgie negativer Beispiele gerät, sei ein sehr positives Beispiel erwähnt, stellvertretend für andere erfolgreiche Fonds. Damit es möglichst griffig gerät, habe ich den besten Fonds ausgewählt. Natürlich kann man den besten Fonds nach verschiedensten Kriterien definieren, dann ergeben sich unterschiedliche „beste Fonds“. Deshalb wähle ich ein Angebot aus, das sowohl wegen seines Gesamtertrages heraus sticht, zum anderen auch hinsichtlich seiner Laufzeit. Über 6,4 Jahre wurde ein durchschnittliches Gesamtergebnis von 34,6 Prozent pro Jahr erzielt. Anders ausgedrückt: Mit einer Investition inklusive Agio – das ist der Aufschlag auf den Nennwert – von 52.500 US-Dollar von April 2000 bis September 2006 wurde ein beachtenswerter Gesamtrückfluss von 163.100 US-Dollar erzielt.

Im Januar 2000 veröffentlichte ich unter anderem in der Welt einen Beitrag zu diesem Angebot: „Ein viel versprechendes Beispiel für eine USA-Investition ist der Jamestown 21.“ Weiterhin war zu lesen: „Der Jamestown 21 investiert in ein Bürogebäude in der 1211 Avenue of America, das zum geschichtsträchtigen Rockefeller-Center-Komplex mitten im Herzen New Yorks gehört. (...) Viel versprechend sind auch die Mietansätze: die Objektmieten liegen derzeit 27 Prozent unter den gegenwärtigen Marktmieten. (...) Zum anderen ist der Kaufpreis auf Basis

Wieder mal bleibt die Frage: Wird ein Fondsinitiator nicht gut dafür bezahlt, zum richtigen Zeitpunkt eine Immobilie zu kaufen und später mit Erfolg wieder zu verkaufen?

der derzeit erzielten Mieten sehr günstig.“ Ein glasklare Empfehlung, die ich auch in verschiedenen anderen Beiträgen ausgesprochen habe. Mit Hellseherei hat das allerdings nichts zu tun.

Am Ende müssen „nur" alle Eckdaten wie Standort, Mietansätze, Kaufpreis, Fondskonzept und Initiatorenqualität passen. Dann hat ein Anleger die saubere Chance, mit einem geschlossenen Fonds wirklich Geld zu verdienen. Eine 100-Prozent-Garantie ist aber auch das nicht. Außerdem kann einem durch diese strenge Auswahl manch gutes Angebot durch die Lappen gehen, weil auch weniger viel versprechende Angebote durch viel Glück zu einem Erfolg werden können.

Wenn wir schon bei Jamestown sind, sei gleich ein Paradebeispiel dazu angeführt: Im Mai 2005 brachte deren Geschäftsführer und Kreativkopf Christoph Kahl den Fonds mit der Nummer 26 an den Markt. Zu der Zeit waren die Preise für US-Immobilien schon stark geklettert. Kahl hat dies genutzt und einige seiner Objekte aus älteren Fonds mit guten Gewinnen verkauft. Ganz öffentlich erklärte er nach der Platzierung des Vorgängerfonds mit der Nummer 25, der US-Markt sei überhitzt. Trotzdem habe er mit der Nummer 26 „die Nadel im Heuhaufen" gefunden. Daran mochte ich allerdings nicht glauben. So kritisierte ich in einer Analyse: „Christoph Kahl hatte schon bessere Fonds im Angebot." Damit lag ich selbst aus heutiger Sicht zwar noch richtig, doch ehrlich gesagt, habe ich die Marktentwicklung der beiden folgenden Jahre falsch eingeschätzt. Denn Kahl konnte bereits im Dezember 2006 den erfolgreichen Verkauf des Gebäudes von General Motors bejubeln. Insgesamt eineinhalb Jahre ist der Fonds nur alt geworden. Dabei hat er natürlich nicht nur seine anfänglichen Fondskosten verdient. Für die Anleger konnte sogar ein nennenswerter Profit erwirtschaftet werden. Aus 52.500 US-Dollar wurden von Mitte 2005 bis Ende 2006 immerhin 70.300 US-Dollar. Sein Timing beim Verkauf kann nur als genial bezeichnet werden. Doch konnte man wirklich ahnen, wie stark der US-Immobilienmarkt nach oben schießen würde? Wie dem auch sei: Christoph Kahl hatte Recht – ich hatte mich getäuscht.

Hierzu passt noch ein anderes Thema: Wer hat den phänomenalen Anstieg bei den Immobilienpreisen nicht nur in den

USA, sondern fast überall auf der Welt, zu erfolgreichen Verkäufen genutzt? Dass es sich dabei um eine ungesunde Blasenbildung handelte, ist spätestens seit dem Beginn der Finanzkrise jedem klar. Bleibt wieder mal die Frage: Wird nicht ein Fondsinitiator dafür gut bezahlt, zum richtigen Zeitpunkt eine Immobilie zu kaufen und diese später mit Erfolg wieder zu verkaufen? Aber selbstverständlich schlagen immer zwei Herzen in der Brust eines Emissionshauses. Ist es wichtiger, im Interesse der Anleger auch mal zu verkaufen oder will man nicht doch lieber weiter an den laufenden Gebühren verdienen? Nicht gerade schmeichelhaft für die vielen Anbieter, die den Marktboom nicht für Verkäufe genutzt haben. Oder war da noch ein anderer Grund im Spiel? Ein weiterer Denkansatz: Könnte es sein, dass die Immobilien beim Einkauf überaus teuer waren und deshalb kein Gewinn entstanden wäre? Oder dass Standort und sonstigen Eckdaten der Immobilien so ungünstig ausgewählt wurden, dass selbst in der Marktboomphase niemand nennenswert mehr bezahlen wollte? Auch diese Spekulationen sind wahrlich kein Lob für verkaufsfaule Initiatoren.

Folglich fragen Sie besser mal nach dem Grund für die Nichtverkäufe in dieser historisch wohl einzigartigen Marktboomphase, bevor Sie einen neuen Fonds mit der Adresse eines solchen Anbieters zeichnen.

Das Charisma-Dilemma: Die Meister der verführenden Rhetorik

Manche haben es. Das Charisma, das berühmte Etwas, das nur wenigen gegeben ist. Der Erfurter Max Weber, Mitbegründer der Soziologie, definierte es als „außeralltägliche Qualität einer Persönlichkeit“, weswegen diese Persönlichkeit als Führer gewertet wird. Natürlich konnte Weber, 1920 verstorben, noch nichts vom Dritten Reich wissen, auch nicht, dass nach dessen Ende das Wort „Führer“ zum nationalen Unwort geraten würde. Allerdings beschreibt seine Definition treffend den Fluch, den ein unlauter kanalisiertes Charisma nach sich ziehen kann.

In der Fondsbranche ist mir eine ganze Reihe von Menschen begegnet, die zweifellos Charisma besaßen. Leider haben sie ihr Talent vorwiegend zur Optimierung des eigenen Banksaldos verwendet. Eine faire Win-Win-Situation mit beiderseitigem Nutzen für Fondsanbieter und Kunden blieb dabei stets auf der Strecke. Dennoch verdient ihr rhetorisches Geschick in Diskussionen – für mich die moderne Umschreibung für gelenkte Unterhaltungen durch einen charismatischen Menschen – meine Bewunderung. Wohlgemerkt, nur das.

Zwei Könner dieses Metiers sind hier bereits „aufgetreten“: Walter Fink von Kapital-Consult und Michael Vogelbacher von Rosche Finanz. Zu den Meistern der verführenden Rhetorik zählte zweifellos auch Gerald Glasauer. Ich selber musste das, obwohl faktisch fit, am 24. Februar 2000 auf einem Analyse-Workshop in Frankfurt erfahren. Glasauer schaffte es glatt, das Konzept der Veranstaltung völlig aus den Fugen zu hebeln. Selbstverständlich zu seinen Gunsten. Mühelos streckte er die ihm zustehende Redezeit von zehn Minuten für die „Kurzpräsentation“ seines 6. GUB-Fonds und verwandelte sie in eine stolze 40-Minuten-Dauerwerbung für das Genre Risikokapital. Selbst Moderator Werner Rohmert, eigentlich bekannt als durchsetzungsfähiger, manchmal sogar dominanter Vorsitzender, war Glasauers

Longtime-Performance nahezu hilflos ausgeliefert. Zwar sind Standing Ovations in der Branche nicht üblich, aber wenn man im Anschluss an solch ein verbales Feuerwerk als referierender Analyst auftritt, ist von vorneherein klar, dass die eigenen Kritikpunkte in der entfachten Euphorie untergehen. Hinzu kam, dass im Zuhörerkreis „zufällig" eine Reihe von Glasauer-Getreuen saß, die wie bissige Kettenhunde auf jegliche Form von Kritik anschlugen. Vor, während und auch nach der Veranstaltung. Gingen Glasauer und seinen Mitstreitern aber tatsächlich einmal die Gegenargumente aus, wurde das billige Stammtisch-Stilmittel Lächerlichkeit aktiviert. „Nur ein Korinthenkacker kann auf so einem Punkt herumhacken", pöbelte zum Beispiel während einer Pause ein GUB-Anhänger zum Kritikpunkt Prospektverantwortung. Eine meiner zahlreichen Beanstandungen war nämlich, dass im Verkaufsprospekt als haftungsrechtlich verantwortlicher Prospektherausgeber die Fondsgesellschaft genannt wurde. Glasauer hat also einfach hineindefiniert, dass die Anleger sozusagen für den Inhalt des Verkaufsprospektes selber haften müssten. Sehr praktisch für ihn, schraubte er damit doch das Haftungsrisiko für die Glasauer Unternehmensbeteiligungen AG auf ein Minimum herunter. Bei Prospekthaftungsansprüchen hätten die Kunden somit quasi gegen sich selbst klagen müssen. Zwar eine eher theoretische Diskussion, sie verrät aber, von Glasauer abgesehen, stets die wahren Absichten von Initiatoren, die so oder ähnlich vorgehen. Denn wer eventuelle Ansprüche aus der Prospekthaftung auf Anleger abwälzt, obwohl diese rechtliche Verantwortung wahrlich nicht deren Aufgabe ist, dem darf getrost auch in anderen Bereichen Verhalten unterstellt werden, das mit anlegerunfreundlich noch mindestens moderat beschrieben ist.

Auf dem Analyse-Workshop in Frankfurt konnte ich nur wenige von den fragwürdigen Absichten des Gerald Glasauer überzeugen. Statt aber die Flinte ins Korn zu werfen, lud ich sie durch und verwendete meine Rechercheergebnisse als mediale Munition gegen seine Machenschaften. Einige Wochen später erschien, im Zusammenhang mit neueren Erkenntnissen über den Verbalakrobaten, eine Enthüllungsgeschichte in der Süddeutschen Zeitung. Anlass war der seinerzeit gerade stattgefundene Börsengang der November AG, teilweise mit Geldern von Glasauer-Anlegern finanziert. Neben den genannten Interessenskonflikten und fehlenden Kontrollen wurde darin das gesamte Unternehmensportfolio unter Beschuss genommen. Wenig schmeichelhaftes Fazit: „So scheint es nicht ausgeschlossen, dass die gelungene Platzierung der November AG lediglich ein Glückstreffer war, der von der allgemeinen Emissions-Euphorie befördert wurde." Eine absolut richtige Einschätzung, wie sich später herausstellte.

Doch damit nicht genug. Zwei Wochen später war der nächste Bericht fällig, wieder in der Süddeutschen. „Nur ein kleiner Zirkel kassiert", giftete schon die Überschrift, der Grundton des Artikels wurde aufgrund weiterer Fakten noch schärfer. Dabei ging es weniger um die Fonds, vielmehr standen die Börsengänge von Glasauer-Gesellschaften im Mittelpunkt. Auch hier hatte man kräftig in die winkeljuristische Trickkiste gelangt. Diesmal wurden die Anleger mit einem perfide konstruierten Vertragsirrgarten quasi „teilenteignet". Dass Banken trotzdem beim Börsengang kräftig mit anschoben und angebliche „Analysten" glänzende Beurteilungen beisteuerten, zeigt ein weiteres Mal, was Moral und Ehre wert sind, wenn es um das XXL-Geld geht. Und der so genannte gute Ruf? Ist der erst ruiniert, zockt sich's gänzlich ungeniert. Wilhelm Busch lässt grüßen.

Im Mai 2001 schlug die nächste Artikelbombe der Süddeutschen ein, Überschrift: „Hässliche Hinterlassenschaften". Am Ende hatte der Dauerbeschuss seine beabsichtigte Wirkung erreicht, Glasauer wankte, sein Charisma schien allmählich zu verblassen. So führte der Unmut von Anlegern und Aktionären schließlich dazu, dass es ganz oben in seiner Führungsriege zum offenen Hauen und Stechen kam. Die Hauptstreitpunkte: Glasauers Machenschaften in Zusammenhang mit dubiosen Aktienrückkäufen, Verstöße gegen das Aktienrecht, und ein dickes Darlehen an sich selbst. Hinzu kam der Vorwurf der Installation von Briefkastenfirmen auf den Virgin Islands und in der Schweiz unter seiner Regie. All das brachte den Aktienkurs der Glasauer-Unternehmen zum Absturz.

Gäbe es für Kaltschnäuzigkeit ein personifiziertes Pseudonym, es müsste Glasauer heißen. Ein Beispiel für seine Skrupellosigkeit war das „Eigendarlehen", das er ohne die erforderliche Aufsichtsratgenehmigung kurz vor dem Geschäftsjahresende illegal in einen seiner Fonds fließen ließ. Hintergrund war natürlich, dass es nicht im Geschäftsbericht auftauchen sollte. Gleich zu Beginn des neuen Geschäftsjahres wurde es dann ganz dreist wieder zurückgebucht. Aber Gasauer wäre nicht Glasauer, hätte er sich nicht auch hier mit einer Breitspur-Ausrede aus der Verantwortung geblufft. Angeblich hatte er mit dem Darlehen ein Flugzeug gekauft – schließlich muss ein viel beschäftigter Manager möglichst fix von einem Termin zum anderen kommen.

Ein Jahr später griff ich in der Süddeutschen Zeitung die neuesten Ereignisse aus dem Dunstkreis des Fondsverführers auf. „10.000 Anleger müssen bangen", so die Überschrift anlässlich des Insolvenzantrages der GUB Capital AG. Hintergrund: Der Streit zwischen altem und neuem Management war eskaliert. Auch die 130 Millionen Euro waren betroffen, die Investoren in acht GUB-Fonds investiert hatten. Glasauer hatte einfach seine Komplementärstellung missbraucht und die Sanierungsbemühungen bei der GUB Capital boykottiert. Nach Aussagen des neuen Managements ausschließlich, um neue Geldströme für sich zu erschließen.

Wer nun dachte, jetzt würde Glasauer die Waffen strecken, wurde eines besseren belehrt. Einmal fleißig umgerührt im Unternehmenskonglomerat – ein windiges Wechselkarussell von Umfirmierungen und Managementaustausch kam in Schwung – und fast niemand kannte mehr die ursprünglichen Zusammenhänge. Auch neue Geschäftsfelder halfen ihm beim Neuanfang. Zum Beispiel seine 2004 begonnene Tätigkeit als Herausgeber und Verleger eines Venture-Capital-Magazins. !Public Investors war der Name des Blättchens, das für drei Euro am Kiosk zu kaufen war. Mit angeblich unabhängigen journalistischen Beiträgen – vorwiegend über zahlreiche Unternehmen, die von ihm schon zu Zeiten von GUB finanziert wurden. Geradezu logisch deshalb, dass in der ersten Ausgabe ausgerechnet seinem alten Kompagnon Ronny Dransfeld und einer gewissen Essential Invest breiter Raum zur Selbstbeweihräucherung eingeräumt wurde. Glasauer hat deren Geschicke als Aufsichtsrat begleitet.

Mitbestimmung dürfte bei all diesen Konstruktionen höchstens als intern belächeltes Fremdwort exotischer Herkunft aufgetaucht sein.

2007 tauchte Glasauer erneut als Kapitalsammler in größerem Stil auf, erneut auf einen neuen Trend aufspringend. Und wiederum nicht ohne krumme Hintergedanken. Eine Kommanditgesellschaft auf Aktien (KGaA) mit dem Namen Klima Investment suchte Anlegerkapital. Bei dieser Konstruktion schränkte Glasauer die Mitbestimmung der Anleger so weit ein, dass seine Position im Falle von „aufmüpfigen Aktionären" nur schwer zu erschüttern war. Damit auch der Vertriebskanal stimmt, hat sich die Essential Invest bei einem Vertriebsunternehmen namens Exactus AG eingekauft. Glasauer und Dransfeld übernahmen Aufsichtsratsposten, ein gewisser Ralf Barth den Vorstandssessel. Ein anderes Unternehmen wurde geschaffen, um erneut geschlossene Fonds aufzulegen, erst Venture 5 AG genannt, später Horizonte Stiftungen AG und schließlich Glasauer AG. Mitbestimmung dürfte bei all diesen Konstruktionen höchstens als intern belächeltes Fremdwort exotischer Herkunft aufgetaucht sein. Dennoch ist eines so gewiss wie das Abendläuten im Vatikan: Glasauer wird es wieder schaffen, genügend Finanzdienstleister für seine zwielichtigen Zwecke zu instrumentalisieren.

Skrupellose Schergen, die ohne Scheu vor seiner Vergangenheit – gegenüber den Bedürfnissen von Anlegern ebenso rücksichtslos – dessen wie immer „ultimativen" neuen Angebote gegen fette Provisionsbeute an ihre leichtgläubigen Opfer verticken.

Apropos Provisionen: Mir liegen Unterlagen vor, die damals niemand veröffentlichte. Sie zeigen, mit welch arglistigem System ein Venture-Capital-Geber leicht und unbehelligt zusätzlich Geld an Land ziehen kann. Dieses Vorgehen vermute ich auch bei anderen zweifelhaften Initiatoren aus der Heuschrecken-Fraktion. Belege habe ich aber nur im Fall Glasauer. Dabei geht es um eine SuperMarket Media AG, die anfänglich 1,5 Millionen Mark von Glasauer-Fonds erhielt. Offenbar waren diese Finanzierungsauszahlungen mit gewissen „Beratungsleistungen" gekoppelt. So stellte eine Glasauer-GmbH über eine Pontos Consulting GmbH Beratungsleistungen in Rechnung, im August 1998 insgesamt 184.440 Mark. Dass dabei auch Glasauer verdiente, belegt ein Fax der SuperMarket Media AG. Darin erklärt sich der Prokurist und Assistent des Vorstandes damit einverstanden, dass Provisionen von zehn Prozent für neues Risikokapital bezahlt werden. Davon standen Glasauer 70 Prozent zu, der Pontos Consulting GmbH 30 Prozent. Meines Erachtens klarer Kapitalanlagebetrug, weil davon natürlich nichts in den bunten Verkaufsprospekten stand.

Wenn wir schon von Provisionen sprechen: Um kritische Geister ruhig zu stellen, hat Glasauer ihnen angeblich Geld geboten. Wer dabei nicht ertappt werden will, macht das natürlich nicht selbst, sondern beauftragt jemand anderen. Auf diese Weise kann am Ende niemand zweifelsfrei eine Bestechungsabsicht nachweisen. Vor allem, wenn es auf Amigo-Art eingefädelt wird. In einem mir vorliegenden Brief heißt es: „Herr Gerald Glasauer von der GUB Unternehmensbeteiligungen AG wäre daran interessiert, mit Dir ein grundsätzliches Gespräch über einen Beratungsvertrag – als PR-Manager – zu führen. Herr Glasauer bat mich, mir Dir Kontakt aufzunehmen, wozu ich mich gerne bereit erklärt habe und was ich hiermit gerne tue." Da das

Angebot nicht an mich gerichtet war, kann ich nicht sagen, was daraus geworden ist. Trotzdem bleibt bei so mancher Analyse von GUB-Fonds die Frage offen, ob die Beurteilung wohl mit einem ähnlichen Brief zusammen hängt, oder ob der Analyst unbeeinflusst und nur aus naiver Überzeugung heraus eine positive Einschätzung abgab. Über die Höhe des Absichtsfaktors mag jeder mit sich selber philosophieren ...

Das Attentat des Roten Oskar: Der „Fallenstellerparagraph" sollte die Branche auslöschen

Oskar Lafontaine ist als Personifizierung kommunistischer Thesen ein Feindbild vieler Selbstständiger und Unternehmer. Auch wenn ich seine Parolen als SPD-Gestalter ebenso wenig mochte wie heute als Parteichef der Linken, so hat er in den wenigen Monaten als Finanzminister des Bundes hinsichtlich der Fondsbranche ein paar einschneidende Dinge auf den Weg gebracht. Dabei handelte es sich um einige Paragraphen aus dem Steuerentlastungsgesetz 1999/2000/2002, das vom Bundestag am 4. März 1999 verabschiedet wurde, wenige Tage vor dem Rücktritt Lafontaines. Es geht mir nicht um die Wirkung und Ausgestaltung der steuerlichen Neuregelungen, die das Bundesverfassungsgericht im übrigen kürzlich in einigen Aspekten für verfassungswidrig erklärte und die zwischenzeitlich längst wieder abgeschafft wurden. Interessant sind vielmehr ein paar Geschichten am Rande.

Da Oskar Lafontaine als damaliger Finanzminister offensichtlich den Lobby-Einfluss befürchtete, peitschte er die Neuregelungen teilweise im Hau-Ruck-Verfahren durch. So lagen zwischen dem Bekanntwerden des Gesetzentwurfs und der Verabschiedung im Bundestag nur wenige Wochen. In der Fondsbranche war zu dieser Zeit Weltuntergangsstimmung angesagt. Schließlich wollte Lafontaine mit diesen Änderungen Steuersparmodelle faktisch verbieten. Doch was der rote Finanzminister über die Beteiligungsbranche nicht wusste – dort gab es zu diesem Zeitpunkt noch gar keinen Bundesverband oder eine ähnliche Lobbyvereinigung. Einer hat es dennoch geschafft, als „Vertreter" der gesamten Branche bei Lafontaine persönlich vorzusprechen: Mario Ohoven, Präsident des Bundesverbandes mittelständische Wirtschaft und selber Gesellschafter eines Medienfondsinitiators, zudem geschäftsführender Gesellschafter eines großen Fondsvertriebsunternehmens. Eine Woche lang vereinbarte er damals Treffen mit verschiedensten Politikern, schließlich ist er sogar bis zum Finanzminister vorgedrungen. Ob er aber, wie beabsichtigt, einen positiven Eindruck über die Bedeutung der Branche hinterlassen hat, ist nicht bekannt. Wer ihn ein wenig kennt, darf durchaus das Gegenteil befürchten. Sein Auftreten könnte bei einigen sogar das Begehren erweckt haben, dass es höchste Zeit sei, den „Steuerspar-Yogies" das Leben schwer zu machen.

Ehrlich gesagt, in Grenzen hat Lafontaine mit seinem Feindbild der Verlustzuweisungsgesellschaften sogar Recht gehabt. Die anfänglichen Ausfälle beim Steueraufkommen waren zweifellos beträchtlich. Auch aus Anlegersicht waren vordergründige Steuermotive letztendlich noch nie ein guter Ratgeber. Allerdings gibt es drei Einschränkungen, die auch später leider gerne vergessen wurden.

Zum einen ist die Bundesregierung für unser Steuersystem verantwortlich, sie sollte daher nicht auf Bürger losgehen, die diese bewusst geschaffenen Steueranreize nutzen. Allzu schnell aber wird die Ausnutzung legaler Steuergestaltungsmöglichkeiten vermengt mit dem Vorwurf von Steuerhinterziehung wie beispielsweise über Liechtensteiner Stiftungen.

Zweitens: Vielleicht wussten es Lafontaine und ähnlich populistisch argumentierende Politiker nicht besser. Anfängliche Verlustzuweisungen durften schon damals immer nur dann geltend gemacht werden, wenn über die gesamte Laufzeit der Kapitalanlage ein voraussichtlicher Gesamtgewinn entsteht. Natürlich können diese zu versteuernden

Es kommt zu einer Oligopolisierung, zu einer Marktbeherrschung durch bestimmte Wirtschaftsgruppen, die ihren zweifelhaften Einfluss bei Gesetzesformulierungen zum eigenen Vorteil nutzen.

Gewinne auch erst zehn Jahre und später entstehen. Doch dann profitiert der Staat durch Steuereinnahmen. Und wenn ihm das nicht genug ist, weil 100 Euro in zehn Jahren weniger wert sind als 100 Euro heute, dann müsste er nur die seit Jahrzehnten für alle Steuerfälle geltende Liebhabereiklausel mit einer Verzinsungskomponente versehen. Schon wären für den Fiskalhaushalt nachteilige Konstruktionen ausgeschlossen. Das Problem steckt im Kurzzeitdenken der Politik: Die Steuerausfälle hat der gegenwärtige Finanzminister. Über die Steuereinnahmen freut sich sein Amtsnachfolger. Und welcher Politiker tut schon gerne Gutes für seinen Nachfolger – meist auch noch von einer anderen Partei? Mir ist jedenfalls keiner bekannt! Leider denken diese Damen und Herren in der Regel nur bis zu nächsten Wahl, und die nächste steht in unserem föderalen System mit seinen Bundesländern häufig schon in ein paar Monaten an.

Drittens: Durch Lafontaine wurde leider in der Steuergesetzgebung eine Kultur der unklaren, mitunter rückwirkenden Regeln etabliert. Das Bundesverfassungsgericht hat deshalb einige Aspekte des teilweise schon wieder abgeschafften Gesetzes für verfassungswidrig erklärt. Zu schwammig waren die Formulierungen. Selbst absolute Profis verstanden nicht recht, was gemeint war – zumindest bis dann nachgebessert wurde, zum Beispiel mit einer erklärenden Verwaltungsanweisung der Finanzverwaltung zum Paragraphen 2b Einkommensteuergesetz. Deshalb wurde die Regelung oft als Fallenstellerparagraph bezeichnet. Heute wird das Lafontain'sche System in seiner Wirkung oft noch beschleunigt durch echte Rückwirkungen oder durch vorformulierte Gesetzestexte von großen Wirtschafts- und Steuerberatungsgesellschaften. In der Folge kommt es zu einer regelrechten Oligopolisierung, nämlich zur Marktbeherrschung durch bestimmte Wirtschaftsgruppen, die ihren zweifelhaften Einfluss bei Gesetzesformulierungen zum eigenen Vorteil nutzen. Damit lässt sich eine Menge Geld verdienen, natürlich auf Kosten der Steuerzahler.

Auch ich habe – ohne dass ich auch nur ansatzweise mit der

Gesetzesformulierung etwas zu tun gehabt hätte – Geld mit dem Fallenstellerparagraph verdient. Neben den Veröffentlichungen in zahlreichen Medien brachte ich damals zusammen mit Hans-Joachim Beck, Alexander Betz und Hilmar Girra eine „Studie über die Anwendung und Auswirkungen der Verwaltungsanweisung des Bundesfinanzministeriums der Finanzen zum Paragraph 2b Einkommensteuergesetz“ heraus – kurz 2b-Studie genannt. Vor allem die Mitautoren Beck und Girra waren Garanten für den Erfolg. Denn Beck, Vorsitzender Richter am Finanzgericht Berlin, gilt als absolut profunder Kenner des Steuerrechts, dessen Klippen er oft in unterhaltsamen und trotzdem sehr informativen Vorträgen erklärt. Girra als Regierungsrat bei der Berliner Senatsverwaltung für Finanzen hat selber an dem Anwendungsschreiben mitgewirkt und deshalb bestens über dessen Anwendung berichten können. Alexander Betz entwickelte zur Rechtfertigung des stolzen Preises von 2.262 Mark ein Softwareprogramm für die Studie, das die finanzmathematische Komponente des Gesetzes berechnen half. Wusste man wie, war es einfach. Aber man musste eben erst einmal herausfinden, wie es im Detail gemeint war. Und genau das wollten viele Marktteilnehmer hören. Gut für uns, weil mit entsprechenden Vorträgen am meisten Geld zu verdienen war. Ich weiß nicht mehr, wie oft ich zusammen mit Hans-Joachim Beck „aufgetreten“ bin. Mit ihm und ohne ihn dürfte ich aber auf fast 50 Vorträge zum Thema 2b und seinen Auswirkungen auf die Branche gekommen sein. Ich weiß nicht recht, ob ich es bedauern soll, aber so etwas gab es nie mehr wieder...

Der Renditeangaben-Rambo: Die größte Untat eines „Anlegerschützers"

Wenn's ums Geld geht, geht es immer um Erträge und Zinsen. Bei einem Kredit will der Kunde wissen, welchen effektiven Zins er bezahlen muss. Wie dieser zu berechnen ist, definiert eigens die Preisangabeverordnung. Sofern die Beleihungsgrenze oder andere persönliche Gründe nicht den Ausschlag für einen bestimmten Kreditgeber liefern, wird ein Kunde normalerweise das Angebot mit dem günstigsten Effektivzins wählen. Mit gewissen Einschränkungen ist das Beurteilungskriterium auch korrekt. Dazu gehören zum Beispiel nicht berücksichtigte Gebühren für eine Immobilienbewertung, eine Restschuldversicherung oder die Kontoführungsgebühren für das Kreditkonto.

Bei Kapitalanlagen existiert allerdings keine allgemeinverbindliche Definition für eine korrekte Renditeangabe. Trotzdem und mit gutem Recht fragen viele Anleger nach der prognostizierten Verzinsung bei geschlossenen Fonds. Allerdings sind die Antworten, wenn es überhaupt welche gibt, von sehr unterschiedlicher Qualität. Verantwortlich dafür: Heinz Gerlach, Herausgeber des Branchendienstes Direkter Anlegerschutz. Er führt einen unerbittlichen Kampf gegen Renditeangaben nach dem internen Zinsfuß. Als Unternehmensberater betreibt er nach eigenen Aussagen „präventiven Anlegerschutz". In Sachen Renditeangaben hat er mit einstweiligen Verfügungen schon viele Initiatoren gezwungen, angeblich irreführende Renditeangaben zurückzunehmen.

Aber der Reihe nach. „Erfunden" hat die Renditerechnung für geschlossene Immobilienfonds ein Physikprofessor, der sich privat für ein spezielles Angebot interessierte. Das war in den 1980er Jahren, als es noch keine komfortablen Tabellenkalkulationsprogramme gab, mit denen jeder mathematisch halbwegs gebildete Interessent im Zweifel die Rendite auf Basis der Prognoserechnung selber ermitteln konnte. So strickte Hans-Dieter

Betz auf einem alten Comodore-Computer ein Programm, um die Renditeprognose für den Fundus-Fonds ermitteln zu können, der ihm angeboten worden war. Jürgen Schünemann, der versuchte, Betz von der Vorteilhaftigkeit seines Fonds zu überzeugen, war von dem Betz'schen Berechnungsschema begeistert. Schließlich verkaufte der Physikprofessor Betz dem Verkäufer Schünemann sein Computerprogramm. Ob der Verkäufer Schünemann dem Physikprofesser Betz seinen Fonds verkaufen konnte, ist mir nicht bekannt. Jedenfalls besaß Fundus nun ein wichtiges Hilfsmittel für den späteren Verkaufserfolg über die Vertriebsschiene Banken. Die konnten ihren Kunden nun ein einfaches Vergleichsinstrument zu anderen Anlagealternativen anbieten.

Heinz Gerlach unterstützte die Verbreitung der Renditeangabe bei geschlossenen Immobilienfonds anfänglich. Einer seiner größten Irrtümer, wie er heute sagt. Später mutierte er dann vom Verfechter zum erbitterten Gegner. Der Grund: Die Renditeangaben nach dem internen Zinsfuß seien irreführend und dürften deshalb nicht werblich zur Kundengewinnung eingesetzt werden. In einem Punkt hat er durchaus Recht. Es ist wirklich irreführend, die Renditeangabe eines geschlossenen Fonds mit der Rendite einer Anleihe zu vergleichen. Das liegt im Wesentlichen an der völlig unterschiedlichen Risikoausgestaltung und der nicht immer vergleichbaren Laufzeit beider Produkte. Die richtige Frage wäre deshalb: Wie viel Mehrrendite muss ein bestimmter Fonds abwerfen, um im Vergleich zu einer sicheren Anleihe mit vergleichbarer Laufzeit eine risikoadäquate Renditechance zu bieten?

Darum ging es in den vielen von Gerlach angezettelten Diskussionen allerdings – wenn überhaupt – nur am Rande. Im Wesentlichen wurde über verschiedene Renditeberechnungsmethoden gebrütet. Sogar Mathematikprofessoren tüftelten mit, warfen sich gegenseitig Meinungen und Formeln an den Kopf. Ende der 1990er Jahre meist mit der Rechtfertigung, dass

Flugzeugbeteiligungen und andere sehr steuerorientierte Modelle ihr Kapital fast vollständig am Anfang durch Steuererstattungen amortisierten, wodurch sich die Renditeangabe nur noch auf ein geringes gebundenes Kapital bezieht. Bevor ich aber in ganz schwer nachvollziehbare mathematische Ausführungen abgleite, soll ein einfacher Vergleich helfen: Worauf zahlt ein Kreditnehmer seine Zinsen? Auf den anfänglich ausbezahlten Betrag oder auf die jeweilige Restschuld? Was für eine dumme Frage, mag man vielleicht denken. Aber genau diese wurde, übertragen auf eine Investition von Gerlach und seinen Anhängern, gestellt. Auch wenn eigentlich bei einer Investition oder Geldanlage und einem Kredit die Bank und der Kunde nur die Rollen tauschen. Argumentiert wurde von Gerlach und den Renditegegnern regelmäßig mit einer Wiederanlageprämisse. Vergessen Sie das am besten gleich wieder – außer es interessiert Sie ebenfalls, wie hoch die anfängliche Auszahlung eines Kredites verzinst wird.

Nun müsste klar sein, dass der interne Zinsfuß – wie der Namensbestandteil „intern" schon ausdrückt – die Rendite des noch angelegten Kapitals misst. Im Zweifelsfall sollte nach dem Kapitalbindungsverlauf oder dem durchschnittlich gebundenen Kapital gefragt werden. Ähnlich wie bei einem Sparbuch zeigt dieser Kapitalbindungsverlauf, wie hoch zu welchem Zeitpunkt der Rückzahlungsbetrag wäre. Natürlich nur theoretisch, die tatsächliche Entwicklung eines Fondsinvestments verläuft meist ganz anders als ursprünglich prognostiziert. Für die Mathematikfreaks: Alternativ könnte, damit sich die Aussagekraft einer Renditeangabe besser beurteilen lässt, bei geschlossenen Fonds wie bei festverzinslichen Wertpapieren eine so genannte Duration, eine gewichtete Anlagedauer angegeben werden.

Noch ein abschließendes Rechenbeispiel. Grob gesagt kann heute ein Anleger bei einer Rendite von sechs Prozent und einer Anlage von 10.000 Euro von einem jährlichen Ertrag von etwa 600 Euro ausgehen. Im Vergleich: Flugzeugleasingfonds haben bei dieser Anlagesumme und Rendite einen Ertrag von vielleicht

60 Euro im Jahr erreicht. Das lag an den anfänglichen Steuererstattungen und den von den Initiatoren gewählten Konzepten. Nicht zwingend ein Grund, warum sie schlecht waren, aber ein Anleger sollte es wissen – was leider nicht immer zutraf.

Aktuell sind diese Überlegungen kein Anlass mehr zur Sorge. Nachdem Lafontaine Leasingmodelle und andere ausschließlich vom Steuervorteil profitierende Kapitalanlagen beseitigt hat, spielen diese Überlegungen für einen Anleger so gut wie keine Rolle mehr. Heute weisen geschlossene Fonds wie festverzinsliche Wertpapiere meist eine Kapitalbindung auf, die in etwa dem anfänglichen Anlagebetrag entspricht. Es gibt also keinen Grund mehr, Renditeangaben nach dem internen Zinsfuß methodisch zu verteufeln. Nur im Falle von irreführenden Vergleichen mit Produkten unterschiedlicher Risiko- und Laufzeitklassen wäre nach wie vor ein Einspruch angebracht.

Wo liegt nun aber die Untat von Gerlach? Nun, der Mann hat einfach den Rendite-Rambo gegeben. Durch sein vehementes Vorgehen mit gerichtlichen Verfügungen trauen sich selbst seriöse Initiatoren nicht mehr an eine qualifizierte Renditeangabe heran. Angesichts der Kapitalmarktentwicklung in Form von stark gestiegenen Preisen für fast alle Anlagegüter in den letzten Jahren ein Skandal, weil damit Investitionen, die eigentlich unrentabel sind, verkaufbar werden. Nehmen wir beispielsweise eine hoch riskante Schiffsbeteiligung, die auf Basis ihrer Renditeprognose – diese ist häufig auch noch optimistisch aufgestellt – eine Renditechance von etwas über vier Prozent hergibt. Völlig inakzeptabel, weil damit das Risiko nicht ausreichend bezahlt wird. Passiert aber in ähnlicher Ausprägung hundertfach. Meist unbemerkt, weil sich fast niemand die Mühe macht, das nachzurechnen. Und wenn jemand danach fragte, war Gerlachs Vorgehen ein willkommenes Argument, sich vor der Antwort zu drücken. Die wahre Irreführung besteht also ganz klar darin, keine (!) qualifizierte Verzinsungsangabe zu machen. Die Krux: So können renditeschwache Anlagen nicht als solche erkannt werden.

Und wenn wir schon bei Zahlen und bei Gerlach sind: Ebenfalls kein guter „Anlegerschutz“ ist seine Auffassung, dass sehr unternehmerisch orientierte Fonds wie beispielsweise solche aus dem Private-Equity-Bereich noch nicht einmal eine Prognoserechnung in ihren Prospekten abdrucken dürfen. Auch wenn solche Ertragsprognosen selten eintreffen, sie liefern dennoch wichtige Informationen über ein spezielles Fondsangebot. Zum einen muss ein Initiator sich zur angenommenen

Glaubt jemand ernsthaft, dass die kapitalkräftigen Fußballvereine den Privatanlegern dieses Goldesel-Geschäft überlassen würden?

Einnahmeentwicklung (Eingangsrendite) äußern und sie begründen. Zum anderen zeigt die Differenz zwischen Eingangs- und Anlegerrendite, in welchem Maße das Konzept durch die Fondskosten wirklich belastet ist. Beides ist sehr hilfreich dabei, wirklich unsinnige Modelle möglichst schnell als solche zu entlarven. Was ist beispielsweise von einer Investition zu halten, aus der ein Initiator über mehrere Jahre vor Aufnahme von Fremdkapital eine Rendite von 30 Prozent und mehr erwirtschaften will? Es gibt nur eine Antwort: Nichts! Wenn es so etwas gäbe, wäre es nicht in einem Fonds gelandet. Oder glaubt wirklich jemand, dass für eine solch viel versprechende Investition das aufwändig zu akquirierende Kapital von Privatanlegern notwendig ist?

Bleibt noch die Frage, was von einer realistischen Rendite aus einer Investition letztendlich beim Anleger ankommt. Nicht selten wird durch anfängliche und laufende Gebühren die Ertragschance aus der Investition selber fast halbiert. Von zwölf Prozent bleiben dann nicht selten nur sechs bis sieben übrig. Nicht gerade eine faire Chancen- und Risikoteilung zwischen Initiator und Anleger. Letzterer schultert das volle Risiko, von der Renditechance bekommt er aber gerade mal die Hälfte ab.

Schon wieder alles sehr theoretisch, daher jetzt ein griffiges

Beispiel: Ende 2001 musste ich eine Einschätzung zum ersten und bisher einzigen Fußballtransferrechte-Fonds abgeben. Das heißt, das Anlageziel bestand darin, in talentierte Fußballer zu investieren. Kann man sich darüber ein Urteil erlauben, ohne von diesem Markt eine Ahnung zu haben? Aber sicher. Da wären allgemeine Eckdaten des Fondskonzepts, die nichts mit dem Investitionsgegenstand zu tun haben – zum Beispiel Anlegerrechte, Kontrollen und Verträge. Aber vor allem natürlich die Prognoserechnung. Hier hat der Initiator Sport-Concept mit einer Eingangsrendite von 23 Prozent kalkuliert. Glaubt jemand ernsthaft, wenn das realistisch wäre, würden die kapitalkräftigen Vereine den Privatanlegern dieses Goldesel-Geschäft überlassen?

Aber warum haben dennoch bekannte Fußballer wie Rainer Bonhof, Wolfgang Overrath und Guido Buchwald ihren Namen für den Fonds zur Verfügung gestellt? Vertrauten sie dem alten Bolzkollegen Olaf Janßen und dem Sportjournalisten Frank Schlageter, die die sportliche Kompetenz des Fonds versinnbildlichen sollten? War es nicht Naivität, kann es nur an den verheißungsvollen Gewinnen gelegen haben – die von vorneherein nicht an die Anleger weitergegeben werden sollten. Denn von der Eingangsrendite von 23 Prozent wären, hätte man sie tatsächlich erwirtschaftet, nach Abzug der Gebühren eine Rendite von 11,2 Prozent vor Steuern für die Zeichner übrig geblieben. Unter Berücksichtigung der Steuerzahlungen reduzierte sich das geradezu Champions League würdige Versprechen auf das Kreisklassenformat von gerade mal 8,1 Prozent. Ein schlecht verzinster Witz angesichts der geringen Wahrscheinlichkeit auf das hochgradig optimistische Investitionsszenario. Wieder einmal wurden große Namen aufs Spielfeld geführt, um Kleinanleger zu locken ...

Abzocke im Breitwandformat: Anleger-Illusionskino ohne Happy End

Hollywood. Kaum ein Name auf dieser Welt weckt mehr Illusionen von Glamour, Geld und grenzenlosem Glück. Wer würde da nicht gern mitmischen wollen. Hört sich doch gut an: „Ich investiere meine Geld in die Filmbranche." Ja, Hollywood und ich, das wird noch meinen Enkeln imponieren". Soweit die infantile Denke nicht weniger Otto Normalanleger. Die Fondsanbieter reiben sich die Hände. Selbstläufer wie diese sind geradezu unbezahlbar. Handfeste Argumente? Überflüssig. Große Namen und große Worte, da wankt der Verstand, vernebelt durch die Gewinnerwartungen im Kino-Investment. Ein fantastisches Minenfeld für die große Abzocke. Mit System natürlich.

Doch eigentlich ist „systematische Anlegerabzocke" noch hochvornehm ausgedrückt. Weitaus markigere Aussagen wären durchaus zu rechtfertigen, wenn es um die Investition von Anlegergeld in Medienfonds geht. Und das floss in Strömen – ähnlich wie der Champagner, den diejenigen entkorkten, die das Geld verprassen konnten. Und das war so wenig wirklich nicht, immerhin wurden von 1997 bis 2006 stolze 12,5 Milliarden Euro Anlegerkapital akquiriert. Die besten Jahre 2000 und 2001 brachten es auf jeweils über zwei Milliarden Euro Platzierungsumsatz. Rund 85 Prozent von diesem gigantischen Geldhaufen hat Hollywood abbekommen. Aber was bekamen die deutschen Investoren? Peanuts, um es in der Sprache eines bekannten Bankers auszudrücken. Denn die Anleger sind regelrecht vorgeführt worden. Nix war's mit dem versprochenen Jahrhundertgeschäft. Im Gegenteil. Geld-Glamour und Gewinnprognosen entpuppten sich als billige Filmkulisse, die attraktiven Filmstars als perfekt geschminkte Köder. Die sagenhaften Renditeversprechen verkamen hingegen zu zweitklassigen Märchen-Soaps.

Ist es wirklich so schlimm bestellt um diese lange Zeit beliebte Fondsgattung? Diese Frage ist mir oft gestellt worden.

Meine Antwort war immer eine Gegenfrage: Kennen Sie auch nur einen einzigen unternehmerischen Medienfonds, der den Anlegern die versprochenen Erträge einbrachte? Bis auf eine bekannte Ausnahme hat mir niemand einen Fonds benennen können. Diese berühmte Ausnahme ist der Mediastream I der zum ERGO-Versicherungskonzern gehörenden Ideenkapital. Glücklicherweise hat das 2000 aufgelegte Angebot in nur einen einzigen Film investiert: „The Fast and the Furious", produziert von

Man sollte aufhören, an die Fairplay-Absichten amerikanischer Geschäftsleute zu glauben. Für die ist es Sport, andere über den Tisch zu ziehen.

den Universal Studios. Er entpuppte sich als Kassenschlager. Leider habe ich den Artikel in einer Hollywood-Zeitung nicht mehr gefunden, in der jemand von Universal gefragt wurde, wieso ein solcher Kassenschlager mit deutschem Geld finanziert wurde. Fast entschuldigend sagte er, dass man mit so einem Erfolg nicht habe rechnen können.

Doch der liegt weit daneben, der nun annimmt, die Anleger dieses Fonds wären allesamt reich geworden. Laut der letzten Leistungsbilanz erhielten sie nach sechs Jahren aber immerhin schon 88,1 Prozent ihrer Einlage zurück. Die Aussichten, bis zum Ende der Laufzeit sogar Gewinn zu machen, sind also weiterhin gegeben. Irgendwie etwas arg dünn. Wie kann das sein bei einem solchen Ausnahmeerfolg? Ganz einfach: Von den anteiligen Erlösen an der Auswertung werden die jeweils entstandenen Vorkosten abgezogen. Die Anleger partizipieren also nur an den verbleibenden Erlösen. Nach Abzug der Kosten, die im Rahmen der Filmvermarktung entstehen. Wer sich ab und zu die neuesten Hollywoodproduktionen ansieht, kann sich gut vorstellen, wie kreativ Filmemacher im Kostenproduzieren sein können. Deshalb würde der heutige Ideenkapital-Chef Michael Ide trotz des Glückstreffers gerne in die Zeitmaschine steigen und die

Medienfondsserie komplett ausradieren. Denn schon der zweite Fonds mit den Filmen „The Truth about Charlie“ und „Big Fat Liar“ passt perfekt in die Gesamtlandschaft: „Die beiden produzierten Spielfilme konnten die in sie gesteckten Erwartungen nicht erfüllen,“ ist in der Leistungsbilanz zu lesen. Doch konkret: Statt 75 Prozent Ausschüttung wurden bis Ende 2006 genau Null Prozent ausgeschüttet.

Aber haben das die deutschen Spezialisten der Fondsinitiatoren nicht vorhergesehen und entsprechend geregelt? Offenbar nicht. Oder waren sie dazu zu dumm? „Stupid German Money“, wurde in Hollywood das steuermotivierte Anlegerkapital aus Deutschland oft bezeichnet. Leider war daran mehr, als auch ich in der Anfangszeit dieser Fonds wahrhaben wollte. Für die Zeit schrieb ich zum Beispiel 2000: „Oft mehr Schein als Sein – Filmfonds sind beliebt, bei vielen wird der Glamour schnell verblassen.“ Richtig wäre gewesen, „bei allen (!) wird der Glamour schnell verblassen“. In der Süddeutschen Zeitung erschien ein Beitrag mit dem Titel „Viele Anleger lassen sich vom Glamour blenden – Bei zahlreichen Angeboten wird Schätzungen zufolge nicht einmal der Kapitaleinsatz zurück gezahlt“. Hart, aber eigentlich auch noch zu brav. Heute kann ich nur noch lachen, wenn jemand von tollen Investitionsmöglichkeiten in den USA berichtet. Bitte nicht falsch verstehen, natürlich gibt es solche. Einige US-Immobilienfonds von Initiatoren, die selbst mit eigenen Leuten vor Ort präsent sind, haben durchaus gute Geschäfte auch für deutsche Investoren getätigt. Aber vor allem, wenn mit ganz neuen Märkten und mit sensationellen Gewinnchancen gelockt wird: Man sollte aufhören, an die Fairplay-Absichten amerikanischer Geschäftsleute zu glauben. Für die ist es Sport, andere über den Tisch zu ziehen. Der Beste gewinnt eben. Auch das gehört zum viel gerühmten American way of life. Übrigens gilt das auch umgekehrt für amerikanische Investoren, die glauben mehr von deutschen Immobilien zu verstehen als die hiesigen Profis.

Rückblende auf die Medienfonds. Die sind auch ein sehr

gutes Beispiel, wie wichtig Prognoserechnungen schon im Vorfeld sind. Die Münchner Cinerenta darf hierbei nicht fehlen. Sie hat über 400 Millionen Euro bei 6.500 Anlegern eingesammelt. Überzeugt hat die allerdings nicht nur der Glamour des Filmbusiness, auch der Gesellschafterhintergrund spielte wohl nicht gerade eine Nebenrolle. Ein Name wie ein Fanfarenklang taucht auf: Mario Ohoven, Präsident des Bundesverbandes mittelständische Wirtschaft und Ehegatte der Charity Lady Ute-Henriette Ohoven, weltweit einzige Sonderbotschafterin von UNESCO. Er hielt eine wesentliche Beteiligung an der Cinerenta. Auch Ex-RTL-Chef Helmut Thoma war sich nicht zu schade, für Cinerenta auf die Bühne zu klettern. Wer will bei so großen Namen noch kleinlich nachrechnen? Hätte man aber tun sollen! Zum Beispiel beim Medienbeteiligungsprogramm IV. Dort wäre die Utopie schnell erkannt worden: Die Gesamtverwertungserlöse zu Gunsten des Fonds wurden mit 217 Prozent der Produktionskosten angenommen. Eine zweckoptimistische Annahme. Selbst die damals geradezu euphorisierten „Marktexperten" anderer Initiatoren sahen das nicht ansatzweise als realistisch an. Immerhin wurde aus den Filmproduktionen eine Rendite von 22,7 Prozent herbeiphantasiert. Auch das hätte sofort misstrauisch machen müssen. Vor allem, weil wegen der Gebühren selbst bei einem eher unwahrscheinlichen Eintreffen der Prognose nur etwas mehr als die Hälfte beim Anleger angekommen wäre. Alles zusammen also ein geschickt inszeniertes Illusionskino-Konstrukt, an dem vor allem zwei verdienten: Mittelstandspräsident Mario Ohoven und sein Geschäftspartner Eberhard Kayser.

Aber nicht nur die Cinerenta könnte als Beispiel für desaströse Investments dienen. Die Liste der Flopanbieter ist so lang wie die Liste der Anbieter insgesamt. In 2005 habe ich zum Beispiel eine Spezialrecherche über die ersten fünf Fonds der Apollo Media durchgeführt. Trauriges Ergebnis: Alle 33 Filme lagen weit hinter den Erlösprognosen zurück. Im Schnitt wurden gerade mal 20 Prozent der bis zu diesem Zeitpunkt geplanten

Ergebnisse erreicht. Massiv enttäuscht dürften deshalb die 12.000 Anleger sein. Die haben nämlich insgesamt 485 Millionen Euro an Apollo Media nach Ottobrunn überwiesen.

Seltsame Sicherheit: Die gefährliche Steuerseite der Medienfonds

Im Kino ist alles viel schöner. Vor allem, wenn es ein Happy End gibt. Damit kann das Drehbuch von Fondsgeschäften oft nicht aufwarten, will es auch gar nicht. Man frage mal die Anleger der VIP Vermögensberatung, die zwischenzeitlich zu zweifelhafter Berühmtheit gekommen ist. Womit wir bei einem weiteren Aspekt der Medienfonds angelangt sind. VIP-Vorstand Andreas Schmid musste sich in einer jahrelang andauernden Gerichtsverhandlung verantworten. Es war der größte Steuerstrafprozess in der Geschichte Deutschlands! Das Urteil, Ende 2007 vom Münchner Landgericht ausgesprochen: Sechs Jahre Gefängnis wegen Steuerhinterziehung. Derzeit ist das Urteil allerdings noch nicht rechtskräftig, es kommt zu einer Revision vor dem Bundesgerichtshof.

Was war passiert? Schmid hatte in vier Fonds über 700 Millionen Euro bei 14.000 Anlegern eingesammelt – mit tatkräftiger Unterstützung der Commerzbank. Der Großteil des Geldes floss in Konzepte mit ausgeprägten Sicherheitskonzepten. Damit die Anleger kein Geld verlieren können, haben Schmid und viele seiner Kollegen so genannte Absicherungsstrukturen geschaffen. Mit Hilfe von angeblich hoch qualifizierten Steueranwälten. Hierdurch garantiert eine Bank – im Falle Schmid die Dresdner Bank und die Hypo-Vereinsbank – einen bestimmten Rückfluss für die Anleger. Sie konnten also kein Geld verlieren, bankgarantiert! Zwischenfrage: Wieso macht das eine Bank? Natürlich weil ihr entsprechende Sicherheiten übergeben wurden. Aber wie funktioniert das, wenn das Geld doch in unsichere Filmproduktionen fließt? Ganz einfach: Schmid gibt das Geld an einen Filmproduzenten – mit der Auflage, einen Filmvermarkter zu finden, der einen bestimmten Teil, etwa 80 Prozent der Produktionskosten, in Form eines Vorschusses für spätere Einspielerlöse auf ein Konto bei der garantierenden Bank überweist. Die Bank nimmt das Geld und rechnet inklusive der über die Laufzeit anfallenden Zinsen einen Endbetrag aus, der wie zufällig dem garantierten Rückzahlungsbetrag des Anlegers entspricht. Für die Bank also kein wirkliches Risiko.

Hier kommt nun aber das Finanzamt auf die Bühne. Und das argumentiert, dass ja nicht das gesamte Geld des Fonds in die Produktion geflossen sei. Deshalb war es aus Sicht der Finanzbeamten falsch von Schmid, in den Steuererklärungen die Gesamtbeträge für die

Man stelle sich vor, eine Schokoladenfabrik bestellt eine neuartige Maschine und fordert vom Hersteller eine Bankgarantie, dass diese auch funktioniert.

Fondsgesellschaften als sofort abschreibbare Filmproduktionskosten zu deklarieren. Bei der Höhe dieser Beträge natürlich längst kein Kavaliersdelikt mehr, weshalb Schmid in erster Instanz eben zu sechs Jahren Haft verurteilt wurde.

War es nun tatsächlich kriminell, was sich Schmid und seine Anwälte-Riege ausgedacht haben? Er wusste doch, und hat es ja selbst gefordert, dass 80 Prozent der Produktionskosten auf ein Sicherheitskonto für die Bank fließen. Was ist aber daran illegal? Man stelle sich vor, ein Wirtschaftsunternehmen, nehmen wir an eine Schokoladenfabrik, bestellt eine neuartige Maschine und fordert vom Hersteller eine Bankgarantie dafür, dass diese auch funktioniert. Um die Garantie zu bekommen, bezahlt der Maschinenhersteller einen Teil des Kaufpreises auf ein Sicherheitenkonto. Darf dann der Schokoladenfabrikant nur noch einen Teil der Maschine abschreiben? Natürlich nicht. Warum musste also Schmid, der ja auch die Produktionskosten vollständig beglichen hat, diese für die Steuererklärung um den Sicherheitenteil reduzieren? Nur ein einziges Argument würde hierzu eine stichhaltige Begründung liefern. Dazu müsste die Finanzverwaltung nur vorschreiben, dass garantierte Zahlungen in der Zukunft schon heute mit dem Barwert, das ist der abdiskontierte Betrag, was das Geld schon heute wert ist, in die Bilanz einzustellen sind. Doch dann flammen prompt Diskussionen auf, welche Garantie wirklich werthaltig ist. Gilt beispielsweise die Bankgesellschaft Berlin als sichere Garantin? Und mit welchem Zinssatz ist der Barwert zu ermitteln?

Alles natürlich nur Überlegungen des kritischen Autors. Auf eine politische Ebene bringt den Fall Schmid allerdings eine ganz andere Tatsache: Seit Jahrzehnten werden, steuerlich akzeptiert und immer wieder betriebgeprüft, bestimmte Leasingkonstruktionen angeboten. Bei diesen so genannten Sale-and-Lease-back-Modellen kauft jemand ein Wirtschaftsgut, um es abzuschreiben. Der Verkäufer mietet dieses für eine bestimmte Laufzeit. Außerdem räumt er die Möglichkeit ein, es nach einem bestimmten Zeitraum zu einem bereits feststehenden Kaufpreis zurückzunehmen. Diesen garantiert häufig eine Bank, die den Barwert der Garantiesumme von Anfang an auf ein Konto einfordert.

Hört sich alles kompliziert an, wird aber tausendfach praktiziert. Der tiefere Sinn dahinter ist, dass der Käufer das Wirtschaftsgut entsprechend den steuerlichen Vorschriften abschreibt. Der Verkäufer kann seine Bilanz verkürzen und auch steuerliche Vorteile in Anspruch nehmen. Nichts anderes haben im Groben und Ganzen auch Schmid sowie eine Reihe anderer Initiatoren von Medienfonds gemacht, teilweise in noch ausschweifenderem Stil. Die KG Allgemeine Leasing – gehört zur Dresdner Bank, der Hamburgischen Sparkasse, Sal. Oppenheim und der Bayerischen Landesbank – hat 1,9 Milliarden Euro Anlegerkapital mit Medienfonds bewegt. Die Hannover Leasing, ein Unternehmen der Landesbank Hessen, hat 1,8 Milliarden Euro Medienfondskapital akquiriert. Drittgrößter Anbieter war ebenfalls eine Landesbanktochter. Auf 900 Millionen Euro platziertes Eigenkapital brachte es die LHI aus dem Verbund der Landesbank Baden-Württemberg. Und jetzt die Gretchenfrage: Ist bei denen in Ordnung, was bei Schmid strafbar ist? Oder war Schmids Konstruktion doch so entschieden anders gestrickt als deren Modelle? Wer sich die Liste der Steuerberater und Wirtschaftsprüfer von Schmid und anderen Anbietern ansieht, wird allerdings einige Übereinstimmungen finden. Was nicht unbedingt für völlig andersartige Fälle spricht. Oder hat sich Schmid teure Steuerberater geleistet und deren Rat nicht befolgt?

All das mag auf den ersten Blick erscheinen wie ein Auszug aus dem Plädoyer von Schmids Anwälten. Doch es ist nichts anderes als meine persönliche Meinung zur Steuerfrage bei so genannten Defeseance-Strukturen. Den Fall Schmid will ich damit keinesfalls abschließend beurteilen. Das ist Aufgabe der Gerichte – zumindest in steuerrechtlicher Hinsicht auf Basis der tatsächlichen Details. Bezüglich der wirtschaftlichen Prospektversprechen, die auch bei Schmid jenseits der realistischen Ansätze lagen, erlaube ich mir aber ein Urteil, das eine Haftstrafe durchaus rechtfertigen würde.

Von Seiten des Gesetzgebers wirft der Fall VIP einmal mehr die Forderung auf, klare Regeln zu schaffen. Sind Steuervorteile mit Medienfonds nicht erwünscht, dann sollte das auch so vom Bundestag verabschiedet werden – was später auch getan wurde. Ab diesem Zeitpunkt macht sich dann jeder strafbar, der es trotzdem tut. Vorher aber muss für alle gleiches und klares Recht gelten. Das Pikante daran: Schmid hat in seiner Blütezeit ein Hintergrundgespräch für die Presse organisiert. Es ging um steuerliche Detailfragen bei Medienfonds mit und ohne Absicherungsstrukturen. Anwesend waren neben seinen Beratern und verschiedenen Pressevertretern zwei hochrangige Mitarbeiter der Oberfinanzdirektion München und die Spezialistin für Medienfonds vom Bundesministerium für Finanzen. Ich selber war dabei, als es – natürlich abstrakt, weil die Beamten nichts zu konkreten Steuerfällen sagen durften – um die entscheidenden Aspekte ging. Viele Details kamen zur Sprache. Mit keinem einzigen Wort wurde die von Schmid und anderen häufig verwendete Absicherungsstruktur problematisiert. Demzufolge konnte das Grundprinzip nicht illegal bezeichnet werden. Es wird also spannend, wie der Bundesgerichtshof in der Revision entscheiden wird ...

Mit Absicherungspaketen in den Abgrund: Die Pleitewelle rollt

Schuldig oder nicht schuldig? Diese so einfache und doch so schwierige Frage wurde vor allem um die Jahrtausendwende oft gestellt. Leider viel zu selten vor Gericht und damit ohne echte Konsequenzen für die Verantwortlichen. Aber die vielen Anleger, die durch Insolvenzen von Fondsinitiatoren geschädigt wurden, haben sie sicher häufig im Freundeskreis diskutiert. Und im Jahr 2000 kam wirklich einiges zusammen. Im März erwischte es die Bassmann Bau AG. Über 60 Immobilienfonds und 500 Wohnungen mit einem Investitionsvolumen von 3,4 Milliarden Mark hatte das Berliner Emissionshaus bis dahin realisiert. Auch Umweltfonds wie ein Biomasse Heizkraftwerk in Mecklenburg-Vorpommern wurden initiiert. Zur medialen Vermarktung seines Plattenbaufonds, gut ein Jahr vor der Insolvenz aufgelegt, engagierte Peter Bassmann die PR-Agentur von Moritz Hunzinger. „Die Platte ist besser als ihr Ruf" war die kernige Botschaft von zweifelhaftem Hintergrund. Wolfgang Ludwig vom Anlegermagazin DM schrieb kurz darauf in einer Veröffentlichung zu Steuergestaltungsmöglichkeiten: „Allerdings sollten die Anleger solche Taktiken eher bei anderen Leasing-Fonds als der Bassmann-Beteiligung verfolgen. Denn die Beteiligung ist nicht nur extrem ertragsschwach, die Vereinbarungen für die Rücknahme der Plattenbauten durch die Wohnungsbaugesellschaft Berlin-Mitte können dazu führen, dass die Anleger am Ende sogar draufzahlen." Nicht gerade gute Werbung für einen Initiator, der ohnehin schon mit Umsatzproblemen zu kämpfen hatte. Kommen dann noch erhebliche Zahlungen für Mietgarantien dazu, ist das Ende programmiert. Das konnte auch der Versuch nicht mehr verhindern, mit Mietgarantiezahlungen zu wedeln. Die Durchhalteparolen, von zwei Bassmann-Prokuristen in einem Brief vom Mai 1999 formuliert, lasen sich so: „Herr Peter Bassmann hat für die von Ihnen angesprochenen Fonds Mietgarantien abgegeben.

Sie werden gegenüber den Fondsgesellschaften erfüllt. Dennoch ist es verständlich, wenn nach Wegen und Kompromissen mit Gesellschaften und Gesellschaftern gesucht wird, die Mietgarantieleistungen der Zukunft zu gestalten. (...) Entsprechend sorgfältig müssen wir darauf achten, dass eben nicht durch Fehlinterpretationen aus diesen Bemühungen heraus falsche Schlussfolgerungen gezogen werden." Bleibt die Frage offen, ob ein nicht mehr zahlungswilliger Mietgarant wirklich eine gute Adresse für Neu-Engagements ist und welche falschen Schlussfolgerungen daraus zu ziehen sind...

Konkrete Pläne für einen Börsengang der Bassmann Bau AG wurden nie bekannt. Anders verhielt es sich bei der kurz danach insolvent gewordenen Thomae & Partner AG. Aus der 1968 gegründeten Thomae Vermögensberatungsgesellschaft wurde später eine KG und 1978 eine GmbH, die 1995 in eine AG umfirmierte. Bis zum bitteren Ende zeichneten 10.000 Anleger einen der acht Immobilienfonds mit einem Gesamtvolumen von 550 Millionen Mark, hinzu kamen verkaufte Wohnungen im Wert von einer Milliarde Mark. Dass sich der Niedergang nicht früher herumsprach, mag daran gelegen haben, dass Werner Thomae im Umgang mit der Presse ausgesprochen geschickt war. Mit seinen „Gastbeiträgen" schaffte er es sogar bis in namhafte Zeitungen wie die FAZ oder die Börsenzeitung. In Letzterer ließ er sich wohl formuliert darüber aus, dass geschlossene Immobilienfonds ein Instrument der zusätzlichen privaten Altersversorgung seien. Vermutlich hat die damals engagierte PR-Agentur Charles Barker fleißig als Ghostwriterin mitgewirkt.

Dabei waren schon damals für einen Profi Schwächen im Konzept erkennbar. Der älteste mir bekannte kritische Beitrag erschien 1995 in FinanzTest. Unter der Überschrift „Nonsens in Quadratmetern" wurden die WGS sowie Thomae & Partner heftig kritisiert. Ich selbst habe mich erstmals 1998 anlässlich eines Analyse-Workshops genauer mit einem Thomae-Fonds beschäftigt. Wie im Protokoll nachzulesen ist, fiel die Kritik ohrfeigenähnlich aus. Durch alte Preislisten von Wohnungen konnte ich nachweisen, dass unverkaufte Restposten im Fonds 8 sogar mit einem Aufschlag an die Anleger weiterverkauft wurden. Auf den profitablen Zwischenhandel deutete der Prospekt nur in denkbar diffusen Formulierungen hin. Das gibt doppelt zu denken. Zum einen hinsichtlich der Seriosität bei der Fondsauflage, zum anderen in Bezug auf den geplanten Börsengang der AG. Denn höchstwahrscheinlich hat die AG durch das fragwürdige Geschäft satte Gewinne gemacht, die später über einen Börsengang noch schönere Profits für Werner Thomae bringen sollten. Das wurde nur durch den massiven Rückgang im Neuabsatz verhindert – und ersparte späteren Aktionären einen weiteren Flop. Übrigens: Oskar Lafontaine sei Dank.

Fast zeitgleich im April 2000 erwischte es auch die Langenbahn KG. In diesem Fall jedoch hat sich ein Gericht zu der Frage „schuldig oder nicht schuldig" geäußert. Nach einem umfassenden Geständnis wurde Werner Langenbahn wegen Kapitalanlagebetrugs in 61 Fällen zu zwei Jahren und acht Monaten Haft verurteilt. Rund 9.000 Anleger mit einem Investitionsvolumen von einer Milliarde Mark verloren fast ihr gesamtes Kapital. Das eher milde Urteil dürfte einiges Zähneknirschen verursacht haben. Offen bleibt die Frage, wer sonst noch mitverantwortlich für das Anlagedesaster gewesen sein mag. Zum Beispiel die Compart GmbH von Klaus Rainer Hirsch aus Jüchen? Sie empfahl mir 1997 wärmstens die neueste Beteiligung von Langenbahn. Mit einem interessanten Hinweis: „Eindrucksvoll wird die Solidität dieses Konzeptes von der GUB nach ihrer Doppel-Plus-Bewertung nun sogar mit einem 3-fach-Plus ausgezeichnet." Ein dreifaches Hoch werden die Compart-Leute der GUB angestimmt haben! Bliebe noch der bittere Nachsatz, ob denn niemand versucht hat, die „Ratingagentur GUB" für solche Versagen haftbar zu machen? Schließlich ist Langenbahn längst kein Einzelfall von Anlagemodellen, die meines Erachtens schon im Vorfeld als zweifelhaft erkennbar waren und dennoch mit guten Noten der ältesten Ratingagentur Deutschlands in der Werbung prahlen durften.

Im August 2000 folgte mit der IBAG AG aus Gomaringen die Pleite eines Anbieters, der mit atypisch stillen Beteiligungen vor allem Kleinanleger warb und sie damit ins Verderben zog. Einen Monat später zog die Berliner WSP Werner Schmidt & Partner mit einem Insolvenzantrag nach. Rund eine Milliarde Mark hat diese Firma mit diversen Immobilien- und Filmfonds akquiriert. Mit 7,5 Milliarden Mark

Noch wenige Wochen vor der Insolvenz wurde in der Leistungsbilanz frech behauptet, an den Spekulationen über finanzielle Probleme sei nichts dran.

folgte der größte Fall dann im November 2000: Die Bast-Bau aus Erkrath brachte 23 Immobilienfonds und 21.000 Wohneinheiten an die Frau und den Mann. Mit einem „Sorglos-Paket“ wurde das 1953 von Emil Bast gegründete Unternehmen groß, schaffte es damit sogar zum zeitweise größten Wohnungsanbieter Deutschlands. Umfangreiche Garantieangebote und Gewährleistungen machten die als „Sorglos-Immobilien“ bezeichneten Angebote schmackhaft. Aus Sicht der Fondszeichner und Wohnungskäufer blanker Unsinn. Nichts im Leben gibt es geschenkt, auch wenn das Schwindelsiegel „sorglos“ draufsteht. Und so mussten die Absicherungen wahrhaft teuer bezahlt werden. In Form von hohen Kaufpreisen. Das Ende vom Lied: Als später das Geld benötigt wurde, war es nicht mehr da. Schon sehr merkwürdig, was ich da in einer für Die Welt recherchierten Geschichte aufgedeckte. Noch wenige Wochen vor der Insolvenz wurde in der Leistungsbilanz, durch Verholsdonk & Partner bestätigt, frech behauptet, an den Spekulationen über finanzielle Probleme sei nichts dran: „Zur Deckung der Risiken aus Mietgarantien hat Bast-Bau bereits in früheren Jahren Rückstellungen gebildet. Die Höhe dieser Rückstellungen betrug zum 31. Dezember

1999 124,4 Millionen DM." Wie konnte es aber wegen fehlender Mieteinnahmen von 21 Millionen Mark zur Insolvenz kommen?

Es ist müßig, heute noch darüber nachzudenken. Aber eines zeigen der Fall Bast und die bisherigen Zusammenbrüche sehr deutlich: Immer wenn überhöhte Kaufpreise durch intransparente Absicherungspakete gerechtfertigt werden sollen, ist für den Anleger nur noch eines angesagt – Flucht. Eine Geschichte in Capital, die in Zusammenarbeit mit Markus Gotzi entstand, hatte die doppelsinnige, wenngleich treffende Überschrift „Sicher ins Verderben". Weil nämlich das zu viel bezahlte Geld regelmäßig von den Unternehmen anderweitig verpulvert wird, steht es im Falle einer Ausgleichsleistung nicht mehr zur Verfügung. Außerdem sollen solche Sicherheit suggerierenden Gesamtpakete immer Sand in die Augen der Investoren streuen. Mit fadenscheinigen Argumenten wird also etwas besser geredet, als es von der Sache her ist. Oder warum wurden die Immobilien nicht einfach zu den Marktpreisen an die Investoren verkauft – ohne Garantiepakete? Und selbst wenn, wie bei einer Versicherung üblich, die Garantien als Solidarpakt der Gemeinschaft für Einzelschicksale gedacht waren, wäre nur eine einzige Vorgehensweise korrekt gewesen: Die Immobilien zum reinen Marktwert anzubieten. Zusätzlich gibt es eine Art Versicherung, für die eine zusätzliche Prämie bezahlt werden muss. Aber unbedingt nur auf ein treuhänderisch geführtes Konto. Sonst könnte der Bauträger womöglich auf die Idee kommen, damit firmeninterne Löcher zu stopfen, seinen privaten Autofuhrpark aufzustocken oder was auch immer Menschen so einfällt, die das Geld anderer mit vollen Händen ausgeben können. Ganz sorglos.

Die Amigo-Allianz: Ein Bundesverband will Qualität in die Branche bringen

Höchste Zeit, nach so vielen Pleiten den angekratzten Ruf der Branche zu retten, dachten sich einige Branchenhirsche. Flugs hoben sie Ende 2000 in Berlin den VGI Bundesverband geschlossener Immobilienfonds aus der Taufe. Um drei Themenbereiche sollte sich das Image-Reparatur-Konstrukt kümmern: Seriöse Marktstandards, Abgrenzung von windigen Initiatoren und Fondsvermittlern sowie Lobbyarbeit. Doch wie konnte das schon aussehen, angesichts dieser Gründer-Galerie? Erster Vorsitzender des Vorstandes war Wolfgang Görlich. Dessen Emissionshaus wurde später selbst zum Pleitefall, hinterließ viele ruinierte Anleger. Zum Stellvertreter krönte man Reinhard Schutte, Vorstand des Strukturvertriebes Bonnfinanz. Den Schatzmeister gab Jürgen Thiemann von der hier bereits in Erscheinung getretenen KapHag – Sie erinnern sich vielleicht noch an meine Schilderungen zu dem Büroobjekt am Checkpoint Charlie. Und noch ein alter Bekannter war mit bei den Gründervätern: Anno August Jagdfeld mit seiner Fundus. Zwar ohne Amt, aber trotzdem

Der Geschäftsführer war denkbar ungeeignet, weil er weder Spezialist für geschlossene Fonds war, noch irgendeine Ahnung hatte von Lobbyangelegenheiten oder Verbandsarbeit.

treibende Kraft. Mir gegenüber erklärte er einmal das wahre Motiv für sein Engagement: Durch den Verband sollten seinem Erzfeind Heinz Gerlach seine „Machenschaften" erschwert werden. Und wen hatte man als Geschäftsführer der VGI auserkoren? Ausgerechnet jemanden aus der Strucki-Garde, nämlich Rolf Sandbaumhüter, reaktivierter ehemaliger Bonnfinanz-Vorstand. Denkbar ungeeignet für den Posten, weil er weder Spezialist für geschlossene Fonds war, noch irgendwie Ahnung hatte von

Lobbyangelegenheiten oder Verbandsarbeit.

Ob der Leiter des damaligen Arbeitskreises „Die Immobilie in der Steuergesetzgebung, Rechtsprechung und Verwaltungspraxis“ kompetenter war? Es war Thomas Engels, späterer Vorstandsvorsitzender des Verbandes. Und von Falk Capital, deren Pleite in einem eigenen Kapitel abgehandelt werden wird. Gleiche Frage gilt für Hermann Winkler als Leiter des Arbeitskreises zur Altersversorgung, zugleich auch Chef einer Tochter des AWD. Die „unabhängigen Finanzoptimierer“ machten unter anderem hunderte von Millionen Umsatz für Kapital Consult.

Angesichts dieser dubiosen Gründer-Garde war es dann auch gut, dass der Verband wenig erfolgreich agierte. Denn als erstes wurden von der Bundesregierung steuerliche Verbesserungen und eine gesetzliche Berücksichtigung der geschlossenen Immobilienfonds bei der Altersvorsorge gefordert. Es darf allerdings bezweifelt werden, ob allzu viel davon auf dem Konto derjenigen angekommen wäre, die ihre Altersvorsorge auf Produkte der führenden VGI-Treiber Görlich, KapHag und Fundus aufgebaut hätten. Nicht schwer zu erraten, wo das meiste davon versickert wäre...

Auch der erste größere Wechsel im Management ein Jahr später änderte nichts Entscheidendes an der Qualität der Verbandsarbeit. Falk-Manager Engels wurde zum Vorstandsvorsitzenden, Claus Hermuth von der Münchner DCM zum Vorstand; irgendwie logisch, dass der seinen „Spezi“ Carsten Lucht zum neuen Geschäftsführer machte, der rund drei Jahre im Amt war. Erwähnenswertes bewegte er nicht. Sprach man den Anfang 2005 als Nachfolger angetretenen Eric Romba auf die „Hinterlassenschaften“ seines Vorgängers an, bekam man wenig Konkretes zu hören. Immerhin sagte sein Mienenspiel recht viel mehr als viele Worte.

Der Durchbruch des zwischenzeitlich in „VGF Verband geschlossene Fonds“ umbenannten Vereins zu einer ernst zu nehmenden Branchenvertretung kam Ende 2005, als der Vorstand fast komplett runderneuert wurde. Der ursprüngliche Anspruch, wirklich Qualität in die Branche zu bringen, ist allerdings bis heute nicht umgesetzt worden. Aber dazu später noch mehr ...

Steter Tropfen höhlt den Stein: Endlich Transparenz bei den offenen Immobilienfonds durchgeboxt

Längst hat sich bei vielen Journalisten und in der Öffentlichkeit eine kritische Grundeinstellung gegenüber den offenen Immobilienfonds etabliert. Die ständigen Medienattacken wegen möglicher Fehlbewertungen, von den Fondsmanagern nie mit konkreten Zahlen ausgeräumt, und der Dauertadel wegen vehementer Transparenzverweigerung zeigten am Ende Wirkung. So veröffentlichte Kai Peter Rath im April 2001 in der Wirtschafts-Woche eine lesenswerte Geschichte mit der Überschrift „Kartell des Schweigens". Darin wurde ich mehrfach zitiert, was eigentlich unüblich ist. Journalisten zitieren keine Journalisten. Weil mich aber viele längst als Experte und Analyst wahrnahmen, wurden „Berufsbezeichnungen" wie Fondsanalyst, Kenner der Szene, Beteiligungsexperte oder ähnliches gewählt. Nur auf Robin Hood der Fondsbranche ist niemand gekommen. Dafür prägte Manfred Waldmann von der Zeitung „Die Welt" den „Titel" Fondspapst. Auch wenn ich mich noch nicht alt genug dafür fühlte, eine gewisse Auszeichnung war es doch.

Auf jeden Fall hatte es nichts damit zu tun, dass ich damals gelegentlich den Versuch unternahm, einen Golfball mit möglichst wenigen Schlägen ins Loch zu befördern – sorry, zu putten natürlich. Bis heute kann ich nicht behaupten, eine umwerfende Golfkarriere hingelegt zu haben. Aber allein durch eine einzige Begegnung haben sich meine Bemühungen um die renitente Kugel ausgezahlt. Denn in einer Runde im satten Grün mit dem damals frisch gebackenen Geschäftsführer der Deutschen Bank-Tochter DGI, Walter Klug, entstand die Idee zu etwas Folgenreichem für die gesamte Branche. Meine Kritik bezüglich der Fehlbewertungen wollte der selbstbewusste Deutschbanker nämlich keinesfalls für seine Produkte gelten lassen. Ich ließ ihn wissen, dass ich nur mit Beweisen in Form von Einzelverkehrswerten, Mieten pro Objekt und anderen Fakten zu überzeugen sei.

Daraufhin sagte er mir zu, für Transparenz zu sorgen. Schließlich könne die Deutsche Bank als weltweit tätiges Unternehmen, das auch milliardenschwere Immobiliengeschäfte unter höchsten Transparenzanforderungen in den USA tätigt, nicht länger die

Ein Stich mitten hinein ins Wespennest. Damit kamen endlich auch die Sachverständigen der Fonds in die Schusslinie.

Geheimniskrämerei in Deutschland mitmachen. Später wurden in einer Pressekonferenz Nägel mit Köpfen geschmiedet. Der Rest der Branche fiel fast vom Stuhl. Rainer Zitelmann, ehemaliger Ressortleiter für den Immobilienteil der Welt und zu diesem Zeitpunkt schon „Positionierungsberater" für Immobilienunternehmen, jubelte in seinen Immobilien-News: „Bestätigt hat sich auch meine Einschätzung, wonach noch in diesem Jahr die immer wieder erhobene Forderung von Stefan Loipfinger nach Transparenz bei den offenen Immobilienfonds realisiert wird. Das heißt: die Geheimniskrämerei hat ab heute ein Ende. Auf Dauer wird sich kaum eine Fondsgesellschaft dem Trend entziehen können. Bedenkt man, wie stark Loipfinger wegen seiner Kritik ausgegrenzt und angefeindet wurde, dann möchte ich ihm heute einen herzlichen Glückwunsch zurufen: Steter Tropfen höhlt den Stein." Mit seiner Einschätzung, dass sich keine Fondsgesellschaft auf Dauer diesem Trend entziehen konnte, lag er richtig. Doch dass es bis dahin noch viele Jahre bis dauern würde, ahnten weder er noch viele andere Meinungsbildner. Auf alle Fälle kam es zu einem ausgesprochen positiven Presseecho für Walter Klug. Ulrich Lohrer von Finanzen schrieb plötzlich von „Gläsernen Anlagen": „Der Coup gelang, die Überraschung war perfekt", begann seine treffende Einschätzung.

In der Süddeutschen Zeitung skizzierte ich die Reaktion der Branche auf Klugs Alleingang. Der sollte ihm noch viele schlaflose Nächte bescheren. „Keiner sticht ungestraft in ein Wespennest", polterte der Bundesverband BVI, mögliche Nachahmer wurden gar vor Konsequenzen gewarnt. Und plötzlich gab es einen Presseleitfaden. Er sollte Mitgliedern helfen, unliebsame Fragen von kritischen Pressevertretern möglichst unschädlich zu machen. Gleichzeitig sollte durch die vereinheitlichte Sprachregelung der Eindruck einer einstimmigen Verbandsmeinung entstehen. Kein leichtes Unterfangen. Ließen sich doch nun alle bis dahin gebrauchten Argumente mit der Gegenfrage kontern: Und warum kann die Deutsche Bank das?

Das Öl, das Klug ins Feuer goss, brachte die Branche hellauf zum Lodern. Der Ruf nach Verweigerung von Einzelobjektdaten wurde immer lauter. Damit kamen endlich auch die Sachverständigen der Fonds in die Schusslinie. Deren Unabhängigkeit wurde immer häufiger öffentlich angezweifelt. Tenor: „Die Hand, die den Hund füttert, beißt er nicht". Dieser interne Aufruhr rief am Ende sogar den Gesetzgeber auf den Plan. Dadurch entstand eine der interessantesten Anekdoten für dieses Buch.

Seltsame PolitSitCom: Anhörung im Finanzausschuss des Deutschen Bundestages

Am 4. Februar 2002 fand ich in der Post ein dickes Paket. Absender: Nina Hauer, Mitglied des Deutschen Bundestages. Inhalt: Ein dicker 500-Seiten-Papierschinken – der Gesetzesentwurf zum 4. Finanzmarktförderungsgesetz und ein Brief. Mir wurde angeboten, eine offizielle Stellungnahme zu einigen geplanten Änderungen des Kapitalanlagegesetzes abzugeben. Außerdem solle ich „mich frei fühlen", auch auf die Stellungnahme der Fondsbranche einzugehen: „Hierzu haben sich die Anbieter offener Investmentfonds zu einer Interessensgemeinschaft zusammengeschlossen, die die Begrenzung der gutachterlichen Sachverständigentätigkeit verhindern möchte. (...) Ich hoffe, dass Sie den Sachverhalt aus Sicht der Anleger und des Anlegerschutzes beleuchten können." Aber gerne doch, dachte ich, begeistert davon, bei der Anhörung im Finanzausschuss als Sachverständiger etwas hochoffiziell beleuchten zu dürfen. Viel Zeit blieb mir allerdings nicht, die Anhörung fand bereits zwei Wochen später statt.

Also galt es, schnell eine schlagkräftige Stellungnahme zu formulieren. Darin durften die Argumente für eine Verbesserung der Unabhängigkeit von Sachverständigen nicht fehlen – also die Indizien für Fehlbewertungen bei offenen Immobilienfonds. Neben den ungenügenden Marktanpassungen, den zu hohen Ertragswertfaktoren und der mangelhaften Transparenzbereitschaft führte ich auch die DID-Studie auf. Obwohl die eigentlich genau das Gegenteil beweisen sollte, lieferte sie bei genauer Betrachtung einen schlagenden Beweis für massive Bewertungsabweichungen. In dieser Studie verglich der spätere Immobilienportfoliomanagement-Professor Matthias Thomas, man erinnere sich, der bezahlte Trabant von Transparenzgegnern der Fondsszene, die offenen Fonds weitgehend mit sich selbst. So lag der durchschnittliche Quadratmeterpreis von offenen Immobilienfonds in der Studie bei 5.180 Mark. Die Benchmark, zu 84 Prozent aus den Fonds bestehend, lag in der 2000er Studie bei 4.881 Mark pro Quadratmeter Nutzfläche. Laut Thomas keine auffällige Abweichung. Doch wie hoch war der Quadratmeterpreis der 16 Prozent Nicht-Fonds-Immobilien, wenn dadurch eine Abweichung

Sachverständiger und gleichzeitig Vorstand einer Landesbank, zu der die Fondsgesellschaft gehört und die den Fonds vertreibt. So macht man Böcke zu Gärtnern.

von 299 Mark entstand? Antwort: Etwa 3.320 Mark! Die DID, die von einem vergleichbaren Immobilienportfolio sprach, lieferte also höchst selbst den Beweis, dass sich zwischen den 5.180 Mark bei offenen Immobilienfonds und den 3.320 Mark bei Nicht-Fondsobjekten eine massive Bewertungsabweichung auftat! Eigentlich einfache Mathematik mit dramatischer Beweiskraft. Heute bin ich allerdings davon überzeugt, dass die Abgeordneten durch solche Ausführungen nicht beeindruckt wurden. Aber bei einigen Fondsmanagern und Sachverständigen soll es zu regelrechten Rumpelstilzchen-Anfällen gekommen sein. Die Anmerkungen zur Stellungnahme der Fonds-Sachverständigen dürften Ähnliches bewirkt haben. Ein Volltreffer! Die Argumentation des eigens für sie gegründeten Arbeitskreises gegen sie selbst zu verwenden – ich gebe zu, das hat mir richtig Spaß bereitet! Es war auch noch relativ einfach, weil die Panik vor den Gesetzesänderungen regelrecht in der Luft lag. In der Stellungnahme wurde behauptet, dass die Unabhängigkeit durch eine vorgeschriebene Funktionstrennung gegeben sei. Trotzdem gehörte Alfred Lehner als Sachverständiger der Despa zum Arbeitskreis. Obwohl er Vorstandsvorsitzender der Bayerischen Landesbank, also eines Vertriebs und Gesellschafters des zu begutachtenden Fonds war. So macht man Böcke zu Gärtnern.

Als Gegenargument für das im Gesetzentwurf der

Bundesregierung vorgesehene Rotationsprinzip bemühte man die Notwendigkeit der Einarbeitung in die Besonderheiten verschiedener Investitionsländer. Aha, die Herren Experten müssen sich erst einarbeiten! Ein ganz plattes Argument, löchrig wie ein bekannter Käse Schweizer Herkunft. Wie um Himmels Willen soll denn ein Sachverständiger geeignet sein, wenn er das notwendige Know-how nicht schon besitzt? Diese Qualifikationsdelle wurde noch an anderer Stelle deutlich: „Die Immobilien in den größten Fonds haben mittlerweile Größenordnungen und einen Schwierigkeitsgrad erreicht, mit welchem Sachverständige sonst nur selten oder auch nie zu tun haben", stöhnte der Arbeitskreis. Mit anderen Worten, die Sachverständigen haben von den zu begutachtenden Objekten keine Ahnung? Trotz der geradezu verkniffenen Betonung des Faktors Unabhängigkeit wurde auch noch zugegeben, dass es zwangsläufig zu einer Umschichtung bei den Honorarumsätzen durch die Fondsarbeit kommen werde. Eine nette Formulierung dafür, dass einige heftigst um ihre Pfründe bangten.

Aber wieder zurück zu meiner Stellungnahme: Besonders viel Mühe machte der Schluss. Dort ging es um Vorschläge zu notwendigen Konkretisierungen in den geplanten Gesetzesänderungen und ratsamen weitergehenden Anlegerschutzmaßnahmen. Viele Details, mit denen ich nicht langweilen möchte. Erwähnt sei aber noch die einfachste und effektivste Möglichkeit, die Sachverständigenrangelei zu beenden. Nämlich die Benennung von unabhängigen Experten durch das Bundesaufsichtsamt. Wenn der Sachverständige nicht mehr um weitere Aufträge fürchten muss, weil seine Bewertung von den Vorstellungen des Fondsmanagements abweicht, würde sie zweifellos objektiver ausfallen. Und diese Lösung war so einfach: Keine Mehrkosten, kein nennenswerter Mehraufwand und alles erreicht. Trotzdem hat es niemanden interessiert. Übrigens wäre dieser Gedanke auch ein Lösungsansatz für die heutige globale Finanzkrise, die durch die nicht ausreichende Unabhängigkeit der Ratingagenturen begünstigt wurde. Eine internationale Organisation sollte entscheiden, wer welche Ratings durchführt. Voraussetzung dafür wäre natürlich auch, dass es mindestens eine neue europäische und eine asiatische Ratingagentur gäbe und damit mehr Wettbewerb entsteht. Nur dieser Konkurrenzkampf dürfte nicht dazu führen, dass Auftraggeber noch leichter ihre Interessen durchsetzen können. Also müssen unabhängige Mittelmänner einen direkten Kontakt zwischen den zahlenden Unternehmen und den ausführenden Agenturen verhindern. Effekt: Deutlich mehr Unabhängigkeit bei unwesentlich höheren Kosten und trotzdem weiterhin hohes Know-how der Analysten, das bei staatlichen Organisationen nie aufgebaut werden könnte.

Aber wieder zurück zu meinen Erkenntnissen aus der Anhörung: Ziemlich frustrierend, wie in Deutschland Gesetze entstehen. Da wird ein Gesetzesentwurf erarbeitet, der teilweise nicht viel mehr als die Vorschläge großer von der Lobby unterstützter Kanzleien enthält. Es werden Stellungnahmen von Befürwortern und Gegnern eingeholt – um im Wesentlichen den eigenen Entwurf zu rechtfertigen. Das Ganze nicht nur schriftlich, sondern auch noch mündlich, was auch nur unnütz Geld kostet, wie mir die Anhörung im Finanzausschuss zeigte.

Am 20. Februar 2002 um 11.00 Uhr eröffnete Christine Scheel (Bündnis 90/Die Grünen) als Vorsitzende des Finanzausschusses die Sitzung. Sie saß in der Mitte eines langen Tisches, flankiert von hochrangigen Mitarbeitern verschiedenster Ministerien. U-förmig links und rechts von ihr Tischreihen mit den Finanzausschussmitgliedern der einzelnen Parteien. Lobbyisten, Experten und Sachverständige saßen frontal zu Christine Scheel in hintereinander angeordneten Reihen. Vorne die wichtigen wie Jochen Sanio, Präsident der Institution, die damals noch Bundesaufsichtsamt für das Kreditwesen hieß. Presse und sonstige Gäste waren ganz hinten oder seitlich platziert.

Der Ablauf einer solchen Anhörung wird stringent von der Vorsitzenden gelenkt, zweifellos notwendig angesichts von rund

100 Beteiligten. Die im Finanzausschuss sitzenden Bundestagsabgeordneten stellen die Fragen. In der Regel wird je ein Vertreter der Pro-Seite und einer der Contra-Seite aufgefordert, darauf zu antworten – maximal ein bis zwei Minuten. Nimmt man zum ersten Mal teil, ist das – in diesem Fall auf vier Stunden angesetzte Procedere – durchaus spannend. Für die Bundestags-, Verbands- und Behördenvertreter die regelmäßig dabei sind, offenbar weniger. Geschlafen hat zwar niemand, aber ich konnte die verschiedensten „Nebentätigkeiten" beobachten.

Bei jedem Aufruf in Alarmbereitschaft, wartete ich. Stundenlang und vergeblich. Bis irgendwann das Wort an Carl-Ludwig Thiele von der FDP erteilt wurde. Nun war es endlich soweit, er stellte die Frage zu den geplanten Änderungen für Fondssachverständige. Doch er stellte sie nicht an mich. Obwohl fast immer pro und kontra aufgerufen wurden und ich doch im Auftrag der Finanzausschussvorsitzenden nach Berlin gereist war, sollte nur Ralf Engel antworten. Er stellte sich als Sprecher des Arbeitskreises der Fondssachverständigen vor, die bis dahin nicht in einem Verband organisiert waren: „Deswegen sind unsere praktischen Erfahrungen offenbar auch nicht in den Vorschlag der Gesetzesänderung eingeflossen", so seine Eingangsschelte. Er ritt vor allem auf der Streichung der geplanten Zeitbegrenzung von fünf Jahren herum, die ein Sachverständiger maximal für einen Fonds arbeiten dürfe, giftete zudem gegen die Einkünftebegrenzung von maximal 20 Prozent pro Kapitalanlagegesellschaft. Das würde zu Problemen für die Sachverständigen führen, die sich zum großen Teil auf die Fonds spezialisiert hätten, zürnte er, um dann das Desaster einer Fehlbewertung durch unerfahrene Sachverständige herbei zu beschwören: „Diese ist wesentlich größer als die jetzige Gefahr einer Fehlbewertung durch eine finanzielle Abhängigkeit, die befürchtet wird, wenn die Sachverständigen über 20 Prozent des Gesamtumsatzes verdienen."

Sie können sich vorstellen, dass ich nun irrsinnig gerne das Wort bekommen hätte. Diese Schwachstrom-Argumente luden doch geradezu ein, als Beleg für die unzureichende Unabhängigkeit entlarvt zu werden. Doch ich wurde nicht zur Gegenrede aufgefordert. Dass Engel sich nach seiner Stellungnahme mit schadenfrohem Grinsen zu mir umdrehte, brachte mich innerlich noch weiter in Rage. Es nährte meinen Verdacht, dass Thiele bewusst „vergessen" hatte, die Frage auch an mich zu richten. Aber es half nichts, längst ging es mit ganz anderen Themen weiter.

Nach rund fünf Minuten leitete ich den Gegenangriff ein. Ich ging zu Nina Hauer, die vorne bei den Finanzausschussmitgliedern saß. Absolut unüblich, dass außer in der Pause irgendjemand aufstand. Dann noch mit der SPD-Abgeordneten zu flüstern, während der normale Ablauf weiter ging ... könnten Blicke töten, ich wäre auf der Stelle umgefallen. Doch der Bruch der Etikette des hohen Hauses lohnte sich. Ganz kurz erklärte ich meiner Befürworterin, ich sei offenbar vergessen worden. Als ich wieder auf meinem Platz saß, bemerkte ich, wie Nina Hauer zur Vorsitzenden ging. Ein kurzes Getuschel, und es dauerte nicht lange, da erteilte Christine Scheel Nina Hauer das Wort: „Ich möchte zurückkommen auf das Thema der Sachverständigen bei offenen Immobilienfonds. Dr. Engel hat dies bereits angesprochen. Meine Frage richtet sich in diesem Zusammenhang an den Herrn Loipfinger. In dieser Beratung gibt es durchaus die Möglichkeit des Interessenkonflikts. Wie bewerten Sie die Regelungen, die im Gesetz vorgesehen sind und welche Veränderungen beziehungsweise Anregungen würden Sie uns geben?"

Der große Moment war gekommen. Während mein Herz gleich ein paar Takte zulegte, stand ich auf: „Vielen Dank Frau Hauer, dass Sie die Frage noch einmal gestellt haben, nachdem ich vorhin offensichtlich vergessen worden bin." Mit dieser forschen Einleitung habe ich offensichtlich wohl einige aus ihrer Lethargie geweckt. Da ich in der letzten Reihe stand, mussten sie sich umdrehen, um den frechen Redner in Augenschein nehmen zu können. Und da waren sie wieder, diese Blicke wie Schwerter.

Vor allem die von Ralf Engel. Dessen Kopf war hochrot angelaufen. Ob er in dem Zustand überhaupt noch meinen Worten folgen konnte? Mir war es egal, ohne große Umschweife forderte ich noch eingreifendere Maßnahmen zur Herstellung einer Unabhängigkeit von Fondssachverständigen. Rund eineinhalb Minuten dauerte mein Statement. Für das Gesetzgebungsverfahren am Ende völlig unerheblich, aber die Steuerzahler kostet es 829,96 Euro. Trotzdem war Ralf Engel so entsetzt, dass er, das Handy am Ohr und immer noch mit rotem Kopf, aus dem Sitzungssaal stürmte. Ob er live berichtete, dass aus seiner Ausbootungsstrategie gegen mich ein Schlag ins Wasser geworden war?

In Eigenregie und mit hammerharter Feder: „Der ImmobilienBrief"

Die Zeiten wurden härter. Waren schon die Erlebnisse in Zusammenhang mit dem Gesetzgebungsverfahren frustrierend, verdunkelten auch noch dunkle Wolken den Auftragshimmel. Seit die New-Economy-Blase geplatzt war, hatte sich die Stimmung in den Verlagen nämlich massiv gedreht. Gab es bisher nahezu unbegrenzt Gelder zur Gründung neuer Magazine und Zeitungen, wurde plötzlich nur noch gespart. Als erstes traf es die so genannten externen Zulieferer, vorwiegend freie Autoren und nebenberufliche Mitarbeiter. Mich traf das zwar nicht so hart, Spezialisten werden immer als letzte ersetzt. Allerdings sank die Bereitschaft, kritische Beiträge zu veröffentlichen bis in den Keller. Nur noch selten konnte man einen Redakteur für ein Thema so begeistern, dass der auch die Chef-Blattmacher überzeugte. Dann aber kamen die Mitarbeiter der

Mir war es sehr wichtig, regelmäßig all den Dilettanten, Luftschloss-Architekten und Verbalschaumlöfflern unter den Fondsanbietern öffentlich auf die Füße zu treten.

Rechtsabteilungen, Ressortleiter und andere Bedenkenträger hinzu – der Überzeugungsaufwand vervielfachte sich. Dass man Angst vor Prozessrisiken hatte, wurde nur selten offen ausgesprochen. Dafür bemühte man häufig das Argument Nutzwert. „Ein Leser will wissen, was er tun soll und nicht, was er unterlassen sollte." Das mag zutreffen. Aber mir war es darüber hinaus sehr wichtig, regelmäßig all den Dilettanten, Luftschloss-Architekten und Verbalschaumlöfflern unter den Fondsanbietern öffentlich auf die Füße zu treten.

Am Ende sah ich nur einen Ausweg aus der ganzen Kritikverweigerungsmisere: Ein eigenes Publikationsorgan. Doch wollte ich wirklich den ganzen Stress mit Verwaltung, Produktion und ähnlichem auf mich nehmen? Die Lösung ergab sich, wie so manch anderes Mal im Leben, bei ein paar Glas Bier – hier zusammen mit dem Unternehmensberater Werner Rohmert. Weil der schon länger über eine eigene Publikation nachgedacht hatte, präsentierte er mir bereits konkrete Vorstellungen. Ein Unternehmensberater und eine journalistische Publikation, da bleibt die Frage nach der Unabhängigkeit nicht aus. Dieses Konfliktpotenzial war mir von Beginn an bewusst. Wir entschieden uns, diesen Zweispalt durch eine klare namentliche Zuordnung aller Beiträge zu entschärfen. Außerdem versicherte Rohmert, nichts über seine Unternehmensberatungskunden zu schreiben.

Und dann ging alles ganz schnell. Anfang 2001 wurde die Research Medien AG gegründet, Vorstand war Werner Rohmert. Innerhalb weniger Monate lag das Konzept für unseren ImmobilienBrief auf dem Tisch. Er sollte vierzehntägig erscheinen, und um die Anfangsinvestition zu reduzieren, gab es ihn weder in gedruckter Form noch im Postversand. Die Verteilung erfolgte einfach als pdf-Dokument. Ein Verkauf war damit aber so gut wie unmöglich – pdf-Dokumente werden erfahrungsgemäß einfach weitergeleitet. Urheberrechtsverletzungen interessieren die meisten nicht wirklich. Blieb nur der offensive Weg des kostenlosen Verteilens. Dadurch erreichten wir eine relativ hohe Auflage, die wiederum eine Finanzierung über Anzeigen ermöglichte. Um die Auflage möglichst rasch in die gewünschte Höhe zu pushen, kooperierten wir mit Partnern, die Interesse an kostenlosem redaktionellem Content hatten. Die gab es nach dem Platzen der New-Economy-Blase haufenweise – schließlich war das Geld bei Internet-Unternehmen plötzlich knapp geworden. Da war zum Beispiel ImmobilienScout 24, schon damals führender Vermittler von Immobilien im Internet. Oder efonds24, eine Vertriebsplattform für geschlossene Fonds. Sozusagen aus dem Stand schoss die Verteilung der pdf-Dateien auf rund 100.000 hoch. Wie oft diese wirklich gelesen wurden, sei dahingestellt. Ohnehin ist für einen Journalisten das Feedback auf seine Beiträge wichtiger. Und das war beim ImmobilienBrief sogar höher als bei vielen namhaften Publikationen, was für eine gute Reichweite sprach.

Die Nummer 1 erschien im Juli 2001. Ein erhebendes Gefühl, nicht mehr großartig diskutieren und argumentieren zu müssen, warum und wie, und vor allem ob eine Geschichte überhaupt veröffentlicht werden sollte! Selbst für Spezialthemen hatte ich ausreichend Platz. Die Kehrseite der Medaille: Man muss die Probleme wegen kritischer Berichte selbst ausbügeln. Aber so dramatisch ist das auch wieder nicht, denn das Prozesskostenrisiko ist nur dann wirklich ein Risiko, wenn man schlampig arbeitet oder sachliche Patzer macht. Passiert das nur selten, gewinnt man erfahrungsgemäß die meisten Prozesse. Ich habe viele hinter mir und nur bei einem einzigen in meiner ganzen Karriere teilweise verloren, am Ende zu 25 Prozent.

Für kritische Fondsanalysen im ImmobilienBrief gäbe es reichlich Beispiele. So gab es einen Initiator aus Zwickau mit seinem P&P Renditefonds. Kritikpunkte: Viel zu teuer, zu hohe Kosten und vieles mehr. Die Initiatorin muss erst noch ihre Hausaufgaben zu Gunsten der Anleger erledigen, warf ich P&P als Fazit an den Kopf. Nicht weniger zimperlich ging ich bei der RED Phoenix Beteiligung 1 von der Contaurus AG zu Werke: „Zerbrechliches Anlegerglück“ wegen massiver Interessenskonflikte und nicht vertretbarer Finanzierungsrisiken, erfuhren die Leser. Dabei waren hier doch solch klangvolle Namen wie Aengevelt Immobilien und gibbins €pean architekts involviert. Noch undurchsichtiger war das Angebot Projekt Fonds 4 von der Bamberger Projekt GFU. Die falsche Zielgruppe, ein fragwürdiger Investitionsplan und unrealistische Ertragsprognosen wurden beanstandet. Auch hier langte ich deutlich zu: „Wieder ein Ansparfonds, der zu dem schlechten Image dieser Produktvariante beiträgt.“ Alles Beispiele für angenehmen Journalismus, wenn man die Wahrheit ungeschminkt auftischen kann. Leider gab es aber auch andere Erfahrungen. Und die trübten nach und nach das Verhältnis zu meinem Mitgesellschafter. So kam es vor, dass Beiträge ohne Namensnennung veröffentlicht wurden. In der Folge fiel manches auf mich zurück, das ich gar nicht geschrieben hatte. Leider erschienen auch Beiträge über Rohmerts Unternehmensberatungskunden. Weil ich mich bei der Produktion komplett ausklinkte, bemerkte ich das immer erst nach der Veröffentlichung. Das behagte mir überhaupt nicht und so gab ich in letzter Konsequenz meine Anteile wieder ab. Mitte 2002 reduzierte ich sie von 50 Prozent auf 25 – ohne Sperrminorität. Im Mai 2004 stieg ich dann vollständig aus. Jeweils zum Nominalwert, obwohl sich der Verlag durchaus positiv entwickelte. Zwar war dadurch die Aufbauarbeit nicht im Entferntesten bezahlt, im Nachhinein kann ich aber sagen, dass die Erlebnisse mit dem ImmobilienBrief mir wertvolle Erfahrungen gebracht haben.

Trotz Helikopter und Fußballkaiser-Freundschaft: Die Entzauberung eines Fondsverkäufer-Fürsten

Klangvoller Name, gutes Auftreten, dazu ein perfektes Netzwerk und eine geniale Show. So kurz und prägnant skizziert sich das Erfolgsrezept von Egon Banghard und seiner Prinz zu Hohenlohe-Jagstberg & Banghard Unternehmensgruppe. Über zehn Milliarden Mark hat der heimliche Tycoon der Fondsbranche nach eigenen Aussagen bei Kunden platziert. Seine Kundenliste, wohlweislich nur in Auszügen bekannt gemacht, liest sich wie das Who-is-who der deutschen Promiwelt. Ich kann mich noch gut erinnern, wie Banghard mir einige seiner Projekte zeigte. Sein Chauffeur fuhr uns in eine Wohnsiedlung in Berlin. Vor einem Doppelhaus hielten wir an. „Wissen Sie, wem diese beiden Häuser gehören?" Das eine gehörte laut Banghard Fußballprofi Mario Basler, das andere Verona Feldbusch – heute Pooth. Dabei sind das nur die kleineren Fische im großen Anlagennetz. Selbst Fußballkaiser Franz Beckenbauer und SAP-Gründer Dietmar Hopp haben sich dort zum Renditesammeln eingefunden. Zusammen mit Beckenbauer drehte der Fürst der Fonds anlässlich seines 30. Jubiläums sogar ein Werbevideo. Dabei schlendern beide so vor dem Brandenburger Tor dahin. „Du Franz, sag mal..." „Ja, Egon..." Fast brüderlich, der Ton vom Franz. Und natürlich berichtet der Franz nur Gutes über die Fonds vom Egon. Ja, so was macht Eindruck beim gut betuchten Kunden. Und wenn der Franz das macht, jo mei... Wo darf ich bitte unterschreiben? Auch Mario Basler und andere waren beim Video-Outing als frohe Banghard-Kunden dabei. So schwärmte ein Steuerberater namens Frank Knöchel mit leuchtenden Augen, er habe schon viele Mandanten an den Herrn Banghard vermittelt.

Aber der Reihe nach. Banghard, immer schon ein innovativer Zeitgenosse, stampfte noch ganz zu Beginn des Internetbooms einen Fonds-Direktvertrieb in den Markt. Mit einer Reduzierung des Agios (das ist ein Ausgabeaufschlag, der den Kunden von den viel höheren Innenprovisionen ablenken soll) um einen Prozentpunkt wurden naive Anleger animiert, über Telefon oder Internet zu kaufen. Lange lief diese Masche aber nicht, zu lautstark war der Aufschrei der Presse. Schließlich ist es moderne Bauernfängerei, einen Anleger mit Rabatten von einem Prozentpunkt zu ködern, und die von Banghard verkauften Anlagen touchierten mit teilweise 20 Prozent eher die Obergrenze des üblichen Provisionsrahmens. Kurz darauf ließ er verlauten, das Angebot vom Markt genommen zu haben. Das neue Konzept des Direktvertriebs für geschlossene Immobilienfonds werde „einer Überprüfung unterzogen".

Auch wenn die Auswirkungen dieses veritablen Rückwärtssaltos nicht dramatisch waren. Der Vorfall zeigte, dass die Spürnase Banghards, in Vertriebsangelegenheiten bisher meist auf der richtigen Fährte, offenbar nicht mehr so recht funktionieren wollte. Vermutlich war der Versuch, auf neue Vertriebsformen umzusatteln, ein erstes Anzeichen für das Stottern seiner sonst stets gut laufenden Vertriebsmaschinerie. Dafür spricht auch die Vertriebspleite mit seinem konzeptionell sehr schwachem USA-Immobilienfonds, der sich längst nicht wie warme Hot Dogs verkaufte.

Dann die selbst auferlegte Verpflichtung in Form einer Platzierungszusage, das Megaprojekt Schloss Blücher Hotel & Sports exklusiv zu vermarkten. In dieser Situation durchaus des Prädikats Größenwahn würdig. Aus Banghards Perspektive mit dem Hoffnungshintergrund, eine solche Story ließe sich ähnlich gut verkaufen wie die vorher angepriesenen Steuervorteile. Weit gefehlt, er unterschätzte wohl den Steuerspartrieb seiner Landsleute. Die Vision, mit dem gigantischen Freizeitressort in Mecklenburg-Vorpommern das Urlaubsverhalten der Deutschen auf den Kopf zu stellen, zerplatzte an der Realität. Dabei war das Konzept, dem eigentlich nur das schöne Wetter fehlte, durchaus breitspurig angelegt: Schloss Blücher, mitten im Herzen der Mecklenburgischen Großseenlandschaft als 4- bis 5-Sterne-

Unterkunft für betuchte Golfer, eine Robinson-Anlage für Clubanhänger und ein TUI-Dorfhotel im mittleren Preissegment. Dazu neben diversen Sporteinrichtungen wie einem Golfplatz auch eine Therme. Alles zusammen ein stolzes Investitionsgebirge von knapp 400 Millionen Mark.

Auf einem Analyse-Workshop beschäftigte ich mich erstmals näher mit dem Überflieger-Fonds. Am 17. Juni 1999 in Frankfurt diskutierte ich mit den Konzeptionären Detlef Fricke und David Katz sowie dem Banghard-Vize Klaus Blasche über die meines Erachtens eindeutigen Knackpunkte. Allein die Eigenkapitalvermittlungsprovision und die Gebühren für die Schließungsgarantie (das ist die Zusage von Banghard, das gesuchte Eigenkapital auch einzuwerben) verschlangen 30 Prozent (!) des Eigenkapitals. Hinzu kamen 36 Millionen Mark für Einnahmegarantien und Anlaufkosten, die das Projekt klotzig teuer machten. Dass nicht einmal die Betreiber hundertprozentig von ihrem Konzept überzeugt waren, zeigten die Sonderkündigungsrechte für den Robinson-Club und das TUI-Dorfhotel. Hinzu kamen fehlende und irreführende Angaben im Prospekt, eine wackelige Finanzierung in Schweizer Franken sowie Zweifel an der Platzierungskraft von Banghard. In Summe ein absolut vernichtendes Urteil. Trotzdem drängte Egon Banghard im Nachgang meiner theoretischen Filetierung seines löchrigen Freizeitkonzeptes auf eine Besichtigung der Anlage vor Ort. Ohne die gesehen zu haben, könne das Konzept doch nicht beurteilt werden! Ein Argument, das oft auch andere bemühten, wenn sie die Kritik des „Theoretikers Loipfinger“ ins Wanken bringen wollten. Deshalb habe ich gelegentlich mal meine Termine mit einer solchen Besichtigung verbunden. Allerdings hat sich in keinem einzigen Fall meine angeblich so „theorielastige“ Einschätzung geändert. Auch im Falle Banghard nicht. Ist der Kaufpreis überdreht und kann die Vermietung mit Ausstiegsklauseln nicht überzeugen, erst recht nicht das Immobilienkonzept auf dem Papier, dann ändert daran auch keine Vor-Ort-Recherche etwas. Banghard mag anderer Meinung gewesen sein. Jedenfalls stand ein Helicopter bereit, als ich an der 5-Seen-Platte eintraf. Begründung: Nur ein Blick aus der Vogelperspektive könne die ganze Dimension seiner Vision klarmachen. Natürlich Unsinn. Beeindrucken sollte der Heli-Flug, blenden und von Details ablenken. Wer will schon den Erbsenzähler geben, wenn er gerade mit dem Prestigeverkehrsmittel der Schönen, Reichen und Prominenten durch die Lüfte kutschiert wurde? Bei kühlem Kopf aber nichts weniger als ein weiterer Hinweis, dass im Umfeld viel zu großzügig mit Geld hantiert wird. Zudem erfuhr ich vom Piloten, dass er öfter für solche Rundflüge engagiert wurde. Der Unsinn hatte also Methode. Ein Grund mehr, Banghards Bodenhaftung zu bezweifeln.

Heute läuft der „Jahrhundertfonds" offenbar weit unter Plan. Das lässt zumindest der Anruf eines Anwalts bei mir vermuten, der einen Schloss-Blücher-Anleger vertrat. Angeblich 20 Millionen Mark hätte der

Die Klein-Fritzchen-Mentalität von Männern, die zwar reich sind, aber nicht berühmt: Sie baden gern in der Aussicht, einmal mit dem Franz und dem Mario oder der Verona an einem Tisch zu sitzen.

Bedauernswerte in das Megaprojekt investiert, die jetzt weitgehend verloren zu gehen drohten. Ich fragte mich, ob dieser Mandant wohl auch einen Heliflug über die Banghard'sche Vision hinter sich hatte? Oder was sonst veranlasst jemandem mit solchen finanziellen Möglichkeiten, derart blauäugig zu investieren? Bei einer Anlage dieser Größenordnung könnte sich der Mann doch Experten leisten, die das Konzept wahrscheinlich mit Leichtigkeit auseinander genommen hätten. Aber nein. Erst nach dem Brunnenfall des Kindes werden teure Anwälte engagiert, mit der Maßgabe, nach Wegen für Haftungsansprüche zu suchen. Der Grund des Anrufs war nämlich die Frage, ob ich nicht genau dabei behilflich sein könne. Für mich eine bodenlose Unverschämtheit. Betrogen wurde der Mann nämlich nicht, schließlich ließen sich aus den Emissionsunterlagen und Gutachten genügend Schwachpunkte herauslesen. Von einem Millioneninvestor kann ausreichend Sachverstand, eigener oder zugekaufter, verlangt werden, um Mogelkonzepte wie diese zu durchschauen.

Das Ganze mag aber auch einen individualpsychologischen Hintergrund haben. Bemühen wir noch einmal den Helikopter-Effekt und blenden über zu der Klein-Fritzchen-Mentalität von Männern, die zwar reich sind aber nicht berühmt. Wer badet nicht gern wohlig in der Aussicht, eines Tages mit dem Franz und dem Mario oder der Verona an einem Tisch zu sitzen? Wahrscheinlich haben die doch genau wie ich im Helikopter... Schlaufüchse wie Banghard wissen, wie man diese Lebensträume schürt und für sich nutzt, bis genügend Zeichnungsgeilheit entstanden ist.
Wenn aber dieser Investor, der mir seinen Anwalt in die Leitung schickte, aus Knickrigkeit Prüfkosten sparen wollte oder einfach zu naiv war – beides eigenes Verschulden. Es sei denn, sein Steuerberater hätte ihm das Modell als geprüft und für gut befunden „angedreht", unerlaubterweise gegen Provision oder sonstige Vergünstigung. Dann wären Haftungsansprüche gegen diesen gerechtfertigt gewesen. Kein seltener Fall bei Banghard, der nach eigenen Aussagen gerne mit Steuerberatern „zusammenarbeitete".

Kurze Rückblende auf ein anderes Erlebnis mit Banghard. Erstmals rechtlich aneinander geraten sind wir wegen einer von mir im Tagesspiegel veröffentlichten Geschichte. Es ging um das ursprünglich von Dr. Hanne begonnene und nach dessen Pleite von Banghard weiter verfolgte Konzept einer Seniorenresidenz direkt hinter dem Hotel Adlon. Angesichts der Lage selbstredend nur für besser Betuchte geeignet. Doch selbst die hätten nur in Ausnahmefällen 10.000 Mark pro Monat für ein kleines Appartement mit etwa 50 Quadratmetern aufgebracht. Kurz: Das Konzept scheiterte. Davon handelte der Beitrag, in dem inhaltlich alles korrekt war. Nur die vom Redakteur gewählte Überschrift, branchenüblich nicht mit dem freien Autor abgesprochen, enthielt einen Fehler. Da der Tagesspiegel stark in Berlin gelesen wird, sollte in der Überschrift der Name von Egon Banghards Sohn genannt werden, weil dieser durch sein Sponsoring-Engagement in der Berliner Eishockey-Szene bekannter war. Dieser Sohn war zwar in der Firma des Papas aktiv. Doch nicht so, wie es der Tagesspiegel formulierte. Auf Banghards Betreiben hin wurde sofort eine Unterlassungserklärung abgegeben. Obwohl ich für die Überschrift nicht verantwortlich war, musste ich als Autor mit unterschreiben. Die Kosten für den Anwalt Banghards hat allerdings der Verlag übernommen. So zahlte ich mein erstes Lehrgeld im Presserecht, freilich eher im übertragenen Sinn.

Nach diesem Vorfall verstand es sich von selbst, dass Verlag und Autor das weitere Geschehen um diese Immobilie im Speziellen und Banghard im Allgemeinen besonders aufmerksam verfolgten. Wir brauchten nicht lange zu warten, bis er sich wieder ins Visier drängte. Da Banghard keiner war, der nach dem Hinfallen nicht wieder aufstand, überlegte er sich nach dem gescheiterten Seniorenresidenz-Konzept etwas Neues. Er entschied sich für ein Suitenhotel. „Stars statt Rentner – Der wundersame Wandel einer Seniorenresidenz zum Suiten-Hotel", so die süffisante Überschrift einer sehr kritischen Geschichte von mir in Skyline. Nicht schwer zu erraten, zu welchem Verlag dieses Magazin gehört. Klar, zum Tagesspiegel. Natürlich ging es nicht darum, sich für Banghards Kinnhaken mit der Unterlassungserklärung zu rächen. Das Konzept war einfach so dilettantisch und die Lage des Objekts so prominent, dass es regelrecht in den Fingern prickelte, sich darüber herzumachen. Allein der vorgesehene Pächter der „Embassy Suites", die Domicura Seniorenresidenzen Beratungs- und Beteiligungs AG mit Egon Banghard als Teilhaber zeigte bestens, mit welch siedend heißer Nadel das alte Konzept umgehäkelt worden war. Mit all den kuriosen Berechnungen, die einen Erfolg so gut wie unmöglich machten, will ich gar nicht erst langweilen. Am Ende dürfte das Scheitern auch dieses Konzeptes zu den späteren wirtschaftlichen Problemen Banghards einiges beigetragen haben. Irgendwann wollte sogar der „alte Freund“ Franz nicht länger an seinen Duzfreund Egon glauben. Er schickte ihm eines Tages den Gerichtsvollzieher mit einem Vollstreckungsbescheid über 1,2 Millionen Euro vorbei. Denn Banghard hatte dem Fußballkaiser Anteile an der Hoba AG verkauft – angeblich gab es Börsenpläne – aber nicht wie vereinbart wieder zurück genommen. Kurz danach waren sie zwar wieder gut, der Egon und der Franz, und Beckenbauer-Manager Robert Schwan funktionierte den Besuch des Kuckucksklebers flugs zum Missverständnis um. Ein Reputationsschaden für Banghard blieb dennoch haften. In Summe vielleicht einer zuviel. Der Abgesang des einst erfolgreichen Fondsverkäufers hatte begonnen.

Zu viele Luftlöcher: Windkraft als Einstieg in New-Energy-Investitionen

Jahresmitte 2000. Die New-Economy-Blase war gerade geplatzt, der rote Oskar hatte die steuerorientierten Fonds vom Markt gefegt. Die Blütezeit der Windkraftfonds begann – zumindest aus Vertriebssicht. Die Jahre 2001 und 2002 sollten mit jeweils knapp einer halben Milliarde Euro Anlegerkapital zum Lukrativsten zählen, an dem sich die Zocker-Branche gelabt hat. Und das, obwohl schon damals bei den meisten Angeboten erste Problemzonen ihre Schatten warfen.

Zu diesem Thema fand im August 2000 eine Analyse-Tagung in Frankfurt statt. Ein heiß diskutierter Aspekt: Das mangelnde Know-how mancher Windkraftfondsanbieter in Bezug auf den Kapitalmarkt. Ersichtlich schon an deren Prospekten, meist unprofessionell gemacht, die rechtliche Ausgestaltung nicht selten klar zum Nachteil der Anleger zurechtgebogen. Klar zu erkennen auch die Absicht, die Fondszeichner zu entmündigen. Im Prinzip ging es meist nur darum, möglichst viele Ahnungslose und Blauäugige zu finden, die die exorbitanten Preise für die Windkraftanlagen bezahlten. Verdient haben die Verkäufer der geflügelten Spargeltürme, nicht selten mit dem jeweiligen Initiator in interner Kungelei verbunden. Und damit der Anleger nicht gleich Lunte roch, gaukelten eindrucksvolle „Windgutachten" wahrlich bombige Aussichten vor. Die aber sollten sich recht bald als Luftnummer herausstellen...

Ruth Bohnenkamp, damals noch bei der WirtschaftsWoche, veröffentlichte dazu im Februar 2002 einen treffenden Beitrag „Billige Gutachten". Das Ergebnis von Recherchen, wonach „die Anbieter von alternativer Energie zu viel versprochen" hatten. Weil ihr das Thema offenbar lag, hat sie nach ihrem Wechsel zu Capital gleich noch eine Geschichte nachgelegt: „Pioniere im Sturmtief". Darin steuerte sie direkt eines der Kernprobleme an – dass nämlich die technische Entwicklung so davon galoppierte, dass die

Qualität nicht mehr Schritt halten konnte. Ein ungesundes Wachstum, das immer zur Vorsicht mahnen sollte. Darüber hinaus wurden die luftigen Prognosen der Angebote exakter unter die Lupe genommen. Das war mein Part. Bei 16 Fondsangeboten korrigierte ich die meist hochgradig optimistischen Prognoserechnungen in ein paar wichtigen Punkten auf vernünftigere Annahmen herunter. Das Resultat dieser auf Realmaß getrimmten Rendite wurde der im Prospekt gegenübergestellt. Hört sich kompliziert an, das Ergebnis war aber sturmtauglich. So schrumpfte zum Beispiel bei der Firma SeeBA die Renditeprognose eines Windparks in Badbergen von satten 8,0 auf eher 0,1 Prozent. Weil bei den Gutachten Sicherheitsabschläge eingerechnet und die Instandhaltungskosten auf ein Niveau gebracht wurden, das unabhängige Techniker als praxistauglich einstuften. Nach diesem Schema ergab sich bei einem Fonds der heute börsennotierten Aufwind ein Korrekturbedarf von 5,5 Prozentpunkten. Runter auf wenig überzeugende 2,6 Prozent. Die zwischenzeitlich insolvente Umweltkontor brachte es durch ihre rosarot optimistischen Prognosen auf den dritten Platz in dieser trostlosen Hitliste. Übrigens haben nicht nur die Fondszeichner bluten müssen. Durch den Börsengang, euphorisch begleitet von wohl tönenden Rendite-Schallmaienklängen, setzten auch zahlreiche Aktionäre ihr Geld in den Wind. Irgendwie perfide, wenn durch Fondszeichner-Abzocke kurzfristig ein profitables Emissionshaus entsteht, das dann mit künstlich aromatisiertem Zahlenwerk an die Börse gehievt wird. Relativ risikolos, weil für Außenstehende schwer erkennbar ist, ob eine Firma mit dem Kerngeschäft Kapitalmarktprodukte überhaupt dauerhafte Wachstumsraten aufweisen kann. Das aber analysierten die Aktienanalysten nicht, die das Umweltkontor-Machwerk in den Anlegerhimmel empor schrieben. Geradezu beängstigend, wenn diese

Die Wölfe hatten sich einen neuen Schafspelz umgehängt.
Und sie rissen weiterhin ihre Opfer.
Meist in den finanziellen Abgrund.

Damen und Herren nicht mal bei Spezialisten wegen einer Stellungnahme anklopfen, wie denn die Kapitalmarktprodukte dieser börsennotierten Emissionshäuser eigentlich einzustufen seien. Hier gilt vermutlich Gleiches wie für die Vertriebe, die Kritik an ihren Fonds auch nicht hören wollen. Warum auch – sie verdienen ja prächtig an diesem Totschweigesystem.

Der geschätzte und kompetente Kollege Reiner Reichel zirkelte die Situation um die Windkraftfonds Ende 2003 im Handelsblatt schon in der Überschrift mitten auf den blinden Punkt: „Fondsanbietern fehlt Gespür". Neben den Problemen mit Windgutachten und Instandhaltungskosten ging es auch darum, dass die Anleger inzwischen misstrauisch geworden waren. Quintessenz des Beitrags: „Die gesamte Windparkfonds-Palette im Blick, zieht Analyst Loipfinger dennoch das Fazit: Den sehr hohen Risiken stehen meistens zu geringe Chancen gegenüber." Eine beschämende Erkenntnis. Noch mehr allerdings stößt die Tatsache auf, dass die Emissionshäuser dem Problem einfach auswichen. Indem sie kurzerhand andere Fondsmodelle auflegen. Mit anderen alternativen Energien, aber mit ähnlichen Eckdaten. Alter Wein in neuen Schläuchen? Man kann es treffender formulieren: Die Wölfe hatten sich einen neuen Schafspelz umgehängt. Und sie rissen weiterhin ihre Opfer. Meist in den finanziellen Abgrund.

Das sprach sich herum, und so fließt derzeit nur noch jeder achte Euro von New-Energy-Fonds in die einst so stürmisch hoch gelobte Windkraft. Längst sind Biogas, Solar- oder Geothermie die neuen Umsatzbringer. Wer die Zusammenhänge kennt und trotz immer heißer werdender Klimadiskussion kühl mit dem Verstand urteilt, sieht mehr Parallelen zur gescheiterten Windkraft, als gut für Anlegerambitionen ist. Doch ein Unternehmen, das an der Börse notiert ist oder dort hinstrebt, wird als letztes nach der Berücksichtigung von Anlegerinteressen beurteilt. Share-Holder-Value heißt das Maß aller Dinge. Schließlich ist den Fondsmachern die Jacke in Form eigener Aktien immer noch weitaus näher als die Hosen von fremden Fondszeichnern.

Ein „Sehr gut" muss es schon sein: Die wundersame Vermehrung der Fondsanalysten

Die GUB in Hamburg, nach eigenen Aussagen Deutschlands älteste Ratingagentur, ist hier bereits mehrfach mit zweifelhaften Fondsbewertungen in Erscheinung getreten. Die „Glanzleistung" der seit 1991 kursierenden Check-Analysen von Stephan Appel im Falle trias ebenfalls. Doch die beiden Unternehmen sollten sich nicht länger unangefochten den Tummelplatz für die werblich bestens verwendbaren Fondsanalysen im Doppelseitenformat teilen. Böse Widersacher nahten. So wollte Florian Schöller mit seiner Fondscope, Venture-Capital in Millionenhöhe im Marschgepäck, den Markt aufmischen. Auch die internationale Ratingagentur Moody's ersann neue Einnahmequellen in diesem Bereich. Doch bald darauf mussten beide ihre Zelte wieder abbauen. Moody's zog sich wieder zurück und Fondscope fiel der Insolvenz zum Opfer.

Das neue hauseigene Bewertungssystem warf selbst beim Klassenschlusslicht ein „Sehr gut" in Managementqualität aus.

Die Story mit der internationalen Ratingagentur ist schnell erzählt, sie lässt dennoch tief blicken. Auslöser war ein Marketinggag des Bundesverbandes BVI. Der hatte angesichts der nicht verstummen wollenden Kritik an den offenen Immobilienfonds beschlossen, dass ein Image fördernder Gegenpol her musste. Also wurde ein Wettbewerb unter den Ratingagenturen ausgeschrieben, wer denn Interesse an einem branchenweiten Auftrag hätte. Als Musterfall auserkoren wurde das iii Internationales Immobilien-Institut – meines Erachtens ganz bewusst. Anhand dieses Beispiels sollten interessierte Agenturen ausarbeiten, wie ein Rating in der Praxis gut aussehen könnte. Moody's Lösung überzeugte am meisten. Kein Wunder, wo doch das neue hauseigene Bewertungssystem, hinter vorgehaltener Hand „einäugiger Bandit“ genannt, selbst beim Klassenschlusslicht iii-Fonds ein „Sehr gut“ in Managementqualität auswarf. Von nun an lehnten sich alle Fondsmanager entspannt zurück und freuten sich auf die zu erwartenden Lobeshymnen. Nur wenige durchschauten das abgekartete Spiel. Die Welt zitierte mich anlässlich der ersten Analyse-Ergebnisse: „Ins Grübeln kam der deutsche Fonds-Papst jedoch bei der Bewertung der iii-Fonds. (...) Stefan Loipfinger meint, das Ergebnis der Moody's-Bewertung schon voraussehen zu können: Es wird nur ganz tolle Fondsmanager und -immobilien geben.“ Eine richtige Prognose. Der schlechteste Fonds hatte das Prädikat „sehr gut“. Alle anderen waren noch besser. Ein Schelm, wer dabei denkt, dass die Gebühren für die Bewertung aller Fonds eine Rolle gespielt hätten. Es waren doch nur eine schlappe Million Euro pro Jahr...

Als etwa zwölf Monate später das Rating von geschlossenen Fonds angepackt wurde, hatte die Lead-Analystin von Moody's offenbar dazugelernt, wollte sich nicht mehr aufs Glatteis führen lassen. Alexandra Merz fand zwei Initiatoren für Testratings. Rund 75.000 Euro pro Fall wurden aufgerufen. Zu einer Veröffentlichung der Ergebnisse kam es allerdings nicht. Moody's nahm auch keine weiteren Aufträge an. Offenbar waren die Ergebnisse so markerschütternd mies, dass selbst die 75.000 Euro die abschreckende Wirkung nicht mehr ausgleichen konnten. Nur für Thomas Engels wurde es jetzt eng. Er hatte nämlich schon vor dem Ergebnis herumposaunt, dass einer der beiden Testkandidaten Falk war. Später wollte er davon nichts mehr wissen, moserte nur über die „mangelhafte Kompetenz der Analystin Merz“. Mit den Vorwürfen konfrontiert und nach dem Testurteil gefragt, ließ sie jeden mit der Auskunft abblitzen, das Rating sei an Falk übergeben worden, und es läge allein in deren Ermessen, es zu veröffentlichen. Das aber lässt bis heute auf sich warten. Interpretiert man die Schimpfkanonaden von Thomas Engels richtig, war es wohl nichts weniger als vernichtend ausgefallen.

Frau Merz hatte hier ihre Hausaufgaben gemacht.

Als Ende 2003 ohne Nennung von Gründen die Entlassung des Research-Teams bekannt gegeben wurde, war Moody's wenig rühmlicher Ausflug in die deutsche Fondsbranche beendet. Trotz Nachfrage wurde eine Kommentierung der Personalentscheidung abgelehnt. Ob der Bundesverband BVI oder seine Mitglieder dabei ihre Finger im Spiel hatten, ist nicht bekannt. Einige Fondsmanager allerdings haben sich durchaus über die Entscheidung gefreut. Zwar gab Madame Merz auch später nur gute Urteile heraus. Doch allein die „Frechheit" einen anfangs als „herausragend" gelobten Fondsmanager auf nur noch „sehr gut" herabzustufen, löste bei der Göttergarde in den dunklen Anzügen den blanken Unmut aus.

Deutlich umfangreicher, nimmt man die später neu gegründete Scope hinzu, fällt die Geschichte der Fondscope aus. Und die begann so: Mit Venture Capital – auch Risikokapital oder Wagniskapital genannt – der Landesbank Berlin im Rücken wurden innerhalb kürzester Zeit „40 qualifizierte Mitarbeiter" gewonnen und eine Aufstockung auf 50 bis Ende 2001 angekündigt. Schließlich war der Anspruch, den Gesamtmarkt transparent zu machen, sehr hoch. Wo all die „Qualifizierten" herkamen, ist unklar, so viele Fachleute für geschlossene Fonds gab es nämlich in ganz Deutschland nicht. Die ersten peinlichen Fehlurteile ließen dann auch nicht lange auf sich warten. So wurden Ende 2001 für Finanzen die „besten Angebote" herausgefiltert. Besonders peinlich geriet dabei die Vorstellung von drei Medienfonds: Der erwähnte Mediastream-Flop Nummer 2 und der DCM-IMF 3 erhielten jeweils 5 von 5 Punkten. Noch haarsträubender grandios schnitt die MBP-Beteiligung Nummer 2 ab – 5 Punkte: glatte Premiumbewertung! Eingeweihte hingegen setzten auf MBP-Gründer und Chef Rainer Mockert längst keinen Pfifferling mehr. Hatte er doch bei seinem Ex-Arbeitgeber Hollywood Partners eine, um im Filmjargon zu bleiben, dramatische Blutspur hinterlassen. Unter anderem war er vom Geschäftsführer eines Fonds wegen des Verdachts auf Urkundenfälschung angezeigt worden. Am Ende reichte es zwar nicht zu einer Verurteilung, aber nur, weil die gefälschte Unterlage nicht als Urkunde einzustufen war. Die Staatsanwaltschaft stellte jedoch klar fest, dass der Beschuldigte Mockert „durch Fotokopien eine unwahre Collage hergestellt und diese dann vorgelegt" hat. Eine unwahre Collage also – ich bin sicher, dass die meisten es schlicht Fälschung nennen würden.

Wie, in Teufels Namen, konnte man die anschließend gegründete Fondsinitiatorin eines solchen Hasardeurs bloß als empfehlenswert einstufen? Doch nicht nur hier lagen dem Fondscope-Urteil klare Anfängerfehler zu Grunde. Auch bei der nicht gerade für verlässliche Prospektprognosen bekannten GHF Gesellschaft für Handel und Finanz aus Leer, die den Windpark Bliesdorf angeboten hatte, waren wohl Wirtschafts-Laien für die finanziellen Luftlöcher zuständig. Schon wenige Jahre später konnte der Fonds nicht mal mehr die Tilgung bedienen. Von den versprochenen Ausschüttungen für die Anleger gar nicht erst zu reden.

Doch dieser kleine Einblick in die ellenlange Liste der Fehlurteile war längst nicht die einzige Mogelpfuscherei, wegen der Vorstand Florian Schoeller und sein Vater Manfred Kritik einstecken mussten. So sollte die Finanzierung der Dienstleistungen neben den Lizenzeinnahmen für die Fondsdatenbank auch durch den Vertrieb von Fonds und der Beratung von Initiatoren erfolgen. Unabhängigkeit sieht deutlich anders aus.

Den Anfang vom Ende dürfte eine schlampige Berechnung von Gebühren für Capital eingeläutet haben. In einer Tabelle für die

Was ist schon auf die Analysen eines Ratingunternehmens zu geben, das nicht mal die eigenen Finanzen im Griff hat?

mehrseitige Geschichte wurden Kosten verschiedener Angebote verglichen, jedoch teilweise abgestellt auf das Eigenkapital, teils auf das Gesamtvolumen. Ein Armutsbekenntnis, wenn man so auf Fachjournalisten zugeht. Schuld sollte am Ende aber die Capital-Redaktion gewesen sein. Man habe nur eine Tabelle zur Verfügung gestellt und auf den „scharfen Ton" der Redaktion keinen Einfluss gehabt, wurde gemault. Alles Weitere seien Fehlinterpretationen und Missverständnisse, weil es im Rahmen der Veröffentlichung keine ausreichende Möglichkeit gegeben habe, die nötige Erläuterung der Berechnungsgrundlage darzustellen. Harter Tobak. Capital antwortete mit der Kündigung der Zusammenarbeit.

Im August 2002 überraschte die Fondscope AG mit einem Insolvenzantrag. Monika Leykam schrieb dazu in der Immobilien Zeitung einen hervorragenden Kommentar, in dem sie die offiziellen Fondscope-Gründe dezidiert widerlegte. Auch die gleichzeitige Neugründung der Fondscope GmbH, die das Geschäft mehr nahtlos als wasserdicht weiterführte, stieß nicht bei jedem auf übermäßiges Wohlbehagen. Was ist schon auf die Analysen eines Ratingunternehmens zu geben, das nicht mal seine eigenen Finanzen im Griff hat?

Der ständige Druck, neue Einnahmequellen für die Heerschar von hauseigenen Analysten zu generieren, nahm auch nach der Neugründung nicht ab. Bis Ende 2003 gab es zum Beispiel eine Kooperation mit dem Fondsvertrieb fts GmbH. Eine Liaison, deren Brisanz den eigenen strengen Neutralitätsstatuten widersprach. Jeglicher Kontakt der Gesellschaft und der Gesellschafter zu Emissions- und Vermittlungsaktivitäten war untersagt. Das haben sogar die Wirtschaftsprüfer von BDO für einen Zeitraum bis zum 31. Juli 2003 bestätigt. Angesichts der selber zugegebenen Vertriebskooperation meines Erachtens ein klares Falschtestat.

Oder nehmen wir den zweifelhaften Ausflug in das Zweitmarktgeschehen zusammen mit der Börse Düsseldorf. An sich war die Gründung der GEFOX Geschlossenen Fonds Exchange sogar etwas prinzipiell Lobenswertes. Weniger aber, dass Initiatoren beim Rating abgestraft werden, wenn sie sich nicht dem teuren Listing in Düsseldorf unterziehen. Ein deutlich günstigeres Listing am Zweitmarkt der Hamburger Börse reichte nicht aus. Vermutlich, weil daran Fondscope nichts verdiente. Initiatoren, die zu Lasten der Anleger quasi zu einem teuren Börsenlisting genötigt werden? Was hat solche Gebührenschneiderei eigentlich noch mit Ratings zu tun, jedenfalls mit redlichen? Sparen wir uns die Antwort. Eine zusätzliche Einnahmequelle war es allemal. Aber am Ende hatte die Gebührendreistigkeit derart überhand genommen, dass die gesamte GEFOX durch die Börse

Düsseldorf eingestampft wurde. Gut verständlich angesichts des Beispiels AXA Merkens 23. Nach dem Listing wurde den Anlegern von Scope bestätigt, seit der Fondsschließung hätten sich die fundamentalwirtschaftlichen Rahmendaten nicht verändert. Deshalb sei ihr Fondsanteil 103 Prozent wert. Nichts als kalt gequirlter Kaffee, selbst wenn der 70.000 Euro Gebühren gekostet hatte! Prinzipiell sind Fonds nach der Auflage erst einmal weniger wert, schon allein wegen der hohen anfänglichen Gebühren. Wieder einmal übles Zahlenblendwerk der zwischenzeitlich von Fondscope auf Scope Group umfirmierten Ratingagentur. Man hat den Fonds in seiner Wertigkeit als sicherer eingestuft als eine Anleihe der Dresdner Bank oder der Eurohypo. Nicht gerade professionell, sonst aber hätte man nicht den werbemäßig bestens auszuschlachtenden Kurs hinrechnen können.

Natürlich blieben diese Aktivitäten nicht unbeobachtet und brachten verschiedene Veröffentlichungen ins Rollen. Die Financial Times Deutschland und das Manager Magazin kickten Scope hart vors Schienbein. Auch Fondsgesellschaften wehrten sich immer wieder öffentlich gegen negative Bewertungen, die angeblich mit nicht getätigten Lizenzvereinbarungen zu tun hätten – so auch Barbara Knoflach von der SEB ImmoInvest. Scope gab sogar eine Presseinformation zur Richtigstellung heraus. Darin erklärte Julian Graf von Hardenberg: „Wie bei jeder seriösen Ratingagentur steht auch bei Scope die Vergabe von Lizenzen in keinem Zusammenhang mit den Analyseergebnissen." In Bezug auf die Lizenzen vielleicht nicht. Aber doch, wie offizielle Unterlagen bestätigen, hinsichtlich anderer Auftragsarbeiten. Denn Scope bietet seit einigen Jahren ein Management-Rating von Initiatoren und Investmentverantwortlichen an. Von diesen kommt der Auftrag gegen Bezahlung und das Ergebnis des unabhängigen Management-Ratings fließt in die Fondsratings ein. Ohne Auftrag gibt es nämlich kein Management-Rating, dafür aber Punktabzüge bei den Fondsurteilen oder vielleicht überhaupt kein Rating. Da aber größere Vertriebsorganisationen und Banken auch auf die Scope-Ratings zurückgreifen, fällt ein nicht bewerteter Initiator dort durchs Raster. Folglich wird er „gezwungenermaßen gerne" den versäumten Auftrag nachholen. Ein geschlossener Kreislauf, der anscheinend zunehmend besser funktioniert. Zumindest seit den letzten Insolvenzanträgen für Scope-Gesellschaften Mitte 2006. Diese basierten allerdings laut eigener Darstellung ohnehin nur auf einem „Irrtum der Finanzbuchhaltung", die die Rechnung einer Krankenkasse nicht bezahlt habe. Nach der Rücknahme der Insolvenzanträge, weil die offenen Rechnungen dann doch noch bezahlt wurden, tauschte Schoeller die komplette Finanzbuchhaltung aus: „Zukünftig wird dies alles von einem damit beauftragten Steuerberater erledigt." Schon derbe heftig, wenn eine Ratingagentur nicht einmal eine funktionierende Finanzbuchhaltung vorweisen kann...

Aber alles noch vergleichbar harmlos gegen den wohl spektakulärsten Fall. Wie Portfolio International Anfang 2006 schrieb, existierte zwischen Scope-Chef Florian Schoeller und dessen Mitgründer und Vater Manfred Schoeller eine „pikante Ratingbande". Dabei ging es um die Geschichte des Fondsinitiators Interlife Management GmbH: „Die Firma gehörte Manfred Schoeller. Scope verpasste dem ersten Interlife-Fonds nicht nur ein gutes Rating: Den Vertrieb übernahm eine Gesellschaft, die dem ehemaligen Scope Manager Martin Passenheim gehörte." Schon schlimm genug – hätte der Fonds wenigstens Qualität gehabt. Doch das hatte er keinesfalls. Interessant auch, wie Scope gegenüber Portfolio International den Vorfall kommentierte: „Florian Schoeller ist Geschäftsführer der Scope Holding und hat keinen Einfluss auf einzelne Analyseergebnisse von Tochterunternehmen. Auch dann nicht, wenn es eine verwandtschaftliche Verbindung gab."

Auch wenn Papier geduldig ist, sind das alles nicht gerade Vertrauen erweckende Vorgänge. Und wohl nur die Spitze des Eisbergs. Trotzdem ist Scope heute als Ratingagentur eine feste Größe, längst sind auch Zertifikateratings in der

Produktpalette. Aber wurde dort aus der Vergangenheit gelernt? Ich behaupte nein. Schon deshalb, weil bis heute nicht nach international üblichen Gepflogenheiten gearbeitet wird. Denn Rating ist eigentlich ein klarer Auftrag von einem Produktgeber an die Agentur, sein Produkt anhand eines festen Ratingmusters zu analysieren. Dafür bezahlt er und verpflichtet sich, notwendige interne Unterlagen zur Einsicht frei zu geben. Unabhängigkeit gegenüber einzelnen Auftraggebern soll durch die detaillierte Offenlegung des Ratingprocederes und der einzelnen Ratingergebnisse erreicht werden. Manipulierbar ist dem zu Folge nur das gesamte Ratingprocedere das, im Falle der aktuellen Finanzkrise und den viel zu positiven Urteilen für verbriefte zweitklassige Immobilienkredite, fehlerhaft war. Warum Schoeller allerdings bis heute versucht, eine Scheinunabhängigkeit an die Wand zu pinseln, ist nicht nachvollziehbar. Es sei denn, die Aussage ist ehrenrührig, dass Auftrag und Geld von einem Produktgeber kommt und die Unabhängigkeit durch Transparenz hergestellt wird. Denn leider ist der deutsche Finanzmarkt längst nicht so weit, dass Anleger oder Finanzdienstleister für unabhängige Ratings das Geld ausgeben, das eine professionell arbeitende Ratingagentur zur Erbringung ihrer Dienstleistung benötigt. Dem gegenüber will Schoeller bis heute nicht dokumentieren, welcher Teil seiner Einnahmen – egal unter welcher Benennung – von Produktgebern kommt, welcher von reinen Vertriebsunternehmen und welcher von Investoren.

Hollywoodreif sieht anders aus: Medienfonds die Zweite

Die wenig Oscar verdächtigen Leistungen von Mediastream (Ideenkapital), Cinerenta, Apollo und VIP hatten wir schon. Doch diese Initiatoren waren nur die Spitze eines gigantischen Eisberges, an dem die Anlegerschiffe mit ihren Geldcontainern reihenweise zerschellten. Davon waren nicht nur private Initiatoren betroffen, sondern sogar namhafte Banken. So wie bei dem 1998 aufgelegten EIV Cartoon Film Fonds, für den die Vereins- und Westbank nicht mal Rettungsboote losschickte. Die Kunden der Bank mussten mit ansehen, wie alle fünf von ihnen produzierten Trickfilme und Fernsehserien floppten. Auch die Babelsberger TiMe Gruppe von Wolfram Tichy konnte den Eisberg nicht umschiffen. 75 Millionen Euro in den Vif-Fonds waren zu erheblichen Teilen verloren, als deren Produktionsdienstleister Mitte 2002 Insolvenzantrag stellte. Natürlich war Tichy nicht selbst schuld an den Problemen, sondern die Pleite des Medienimperiums von Leo Kirch. Da auch andere Initiatoren zu diesem Zeitpunkt von ihren miserablen Ergebnissen ablenken mussten, bliesen viele in dieses Nebelhorn. Von einer drohenden Pleitewelle war die Rede. Alles natürlich nur faule Ausreden, um vom eigenen Verschulden abzulenken. Die wahren Ursachen für das Scheitern waren in der Regel mangelndes Know-how gepaart mit Hochmut, hinzu gesellten sich Größenwahn und betrügerische Absichten.

Auf einem Analyse-Workshop Ende 2001 in Frankfurt hatte ich alles in persona zusammen: Die Initiatoren Mediability AG, Victory Media und die Erste Medien Dachfonds AG. Außerdem der selbst ernannte Medienfondsguru Ulrich Silberberger. Einer von den „Blendern“, der seine angeblich unabhängigen Fondsanalysen dazu missbrauchte, mit seiner Vendura bei den Medienfonds mächtig am großen Vertriebsrad zu leiern.

Mediability überlebte nach dem Workshop nicht mehr

lange. Eigentlich sollte ja die Geschichte von Timm Thaler neu verfilmt werden, dem Jungen, der sein Lachen verkaufte. Am Ende ist der Mannschaft um Werner Rofner wohl selbst das Lachen vergangen. Verkauft hatten sie es wohl nicht, denn sie meldeten Insolvenz an. Zu dilettantisch war das Konzept. Andere wälzten sich weiter im Hochmut. Franz Landerer von der Victory Media trat auf wie ein Diktator, der Widerspruch nicht duldete. Bis Anfang 2007 das Insolvenzverfahren über die Victory Media AG eröffnet wurde. Landerer saß fünf Monate in Untersuchungshaft und die Staatsanwaltschaft Augsburg leitete Ermittlungen wegen Verdacht auf Untreue, Steuerhinterziehung und Betrug ein. Der Großteil der 360 Millionen Euro Anlegerkapital dürfte verbrannt worden sein. Um die Steuervorteile kämpft der branchenbekannte Rechtsanwalt Christoph Schmidt, der als einer der Wenigen viel Geld mit Medienfonds verdiente.

Bleibt noch die Erste Medien Dachfonds AG von Ralf Diestelhorst. Hier sollten Experten die Auswahl der besten Medienfonds für den Anleger übernehmen. Eine Schnapsidee, die heftig kritisiert wurde. Steuerberaterin Claudia Sendlbeck-Schickor von KPMG, die damals ebenfalls fleißig als Berater mitmischten in der Medienfondswelt, gab sich später sogar dazu her, eine von mir kritisierte Klausel im Vertragswerk öffentlich zu verteidigen.

Die zweifelhafte Rolle von Ulrich Silberberger in der Medienfondsbranche zeigt nicht nur der Analyse-Workshop. Ein paar Wochen später schrieb ich eine vernichtende Kritik über den MBP-Medienfonds NY 121, dessen Vertrieb die Vendura von Silberberger übernahm. Genau die MBP mit genau dem Rainer Mockert, die ich schon in Zusammenhang mit Fondscope anprangerte. Die k.o.-Ereignisse bei seinem früheren Arbeitgeber hätten bei Hollywood Partners selbst bei oberflächlicher Recherche die Warnglocken in höchste Schwingungen bringen müssen. Silberberger stellte sich offenbar taub, machte unverdrossen weiter und hat schließlich viele Anleger ins Verderben gestürzt.

Dass es meist um Provisionen und Gebühren ging, zeigte

eine zusammen mit Markus Gotzi für Capital recherchierte Geschichte zu Medienfonds. Massiver Ärger verdunkelte wieder einmal die Leinwand. Der im Frühjahr 2003 erschienene Beitrag „Horror-Filme“ war für einige Anwälte ein gutes Geschäft. Dass für Ausschüttungen an Anleger trotz der meist optimistischen Einnahmekalkulationen kaum etwas übrig blieb, weil sich die Initiatoren großzügig bedienten, ging einigen zu weit. Es hagelte Aufforderungen zu Unterlassungserklärungen aufs Verlagsdach. Davon aber haben weder Markus Gotzi noch ich eine unterschrieben. Denn die Berechnungen waren korrekt und die Anwaltsschreiben nur der Beweis, dass wir ins Schwarze getroffen haben. „Wie sich Initiatoren selbst bedienen“, war die Überschrift zu der Tabelle, in der die Summe aller Fondsgebühren bei einem beispielhaften Kapitaleinsatz von 100.000 Euro ausgewiesen waren. Trauriger Spitzenreiter: Equity Pictures, die ihren Unmut ebenfalls durch einen Anwalt ausdrücken ließen. Von 117.458 Euro in Aussicht gestelltem Gewinn wären laut Prospekt nur 52.843 Euro in die Taschen des Anlegers gelangt. Natürlich sind sie das am Ende nicht, weil der Gewinn so nie eingefahren wurde. Darunter litten die Anleger mehr als der Initiator, der einen erheblichen Teil seiner Gebühren schon bei Fondsauflage abkassierte. Anders wären die tollen Provisionen und die spektakulären „Dankeschön-Reisen“ für die besonders emsigen Finanzdienstleister auch nicht finanzierbar gewesen. Dafür langte man tief und gerne in die Gemeinschaftstasche. So stellten die Vorstände von Equity Pictures, Josef Lautenschlager und Andreas Thiesmeyer, anlässlich ihres „Saison-Wettbewerbs“ im Oktober 2002 ihren Vertriebspartnern die Vertrauensfrage: „Wohin soll die Reise gehen – Hollywood oder Karibik?“ Wer genug Zeichnungsscheine einsammelte, durfte, sogar im Lebenspartnerdoppelpack, bei einer First Class-Karibik-Kreuzfahrt dabei sein: „Einmal mehr lohnt es sich für Sie, den hohen Qualitätsstandard der Equity Pictures Medienfonds bei Ihren Beratungsgesprächen besonders herauszustellen.“ Angesichts dieser Luxus-Incentives wäre es interessant, wie hoch die laut Prospekt bei 64.615 Euro liegenden Gesamtkosten am Ende wirklich ausfallen. Das Gleiche gilt für die anderen neun in der Tabelle aufgeführten Angebote. Darunter die Namen MBP, Apollo, Screenland, Boll, DCM, Cinerenta, Christopher Filmcapital und VIP. Ich würde um mindestens eine Kiste guten Rotwein wetten, dass bei allen die Gebühren zu hoch waren. Und später die Einspielergebnisse zu niedrig.

Wie weit Filmwelt und Kapitalanlagebranche wirklich auseinander lagen, zeigt sich im Juni 2003. Auf Einladung der Filmstiftung Nordrhein-Westfalen reiste ich zum Internationalen Filmkongress und Koproduktionstreffen nach Köln. Tagsüber wurde diskutiert, ob sich die Filmfinanzierung in einer Dauerkrise befände. Irgendwie bezeichnend, wie abfällig sich die anwesenden Produzenten über die Anleger von Fonds äußerten. Sie sahen sich in der Rolle der großen Macher und Hauptdarsteller, die Anlegerkomparsen sollten froh sein, dass sie ihnen überhaupt Geld geben durften. Natürlich wurde auch bemängelt, dass viel zu viel des Geldes deutscher Fondszeichner nach Hollywood floss. Klar, die deutschen Produzenten hätten gerne ein größeres Stück von diesem süßen Kuchen abbekommen. Dass Anleger ihr Geld gerne zurück hätten, möglichst inklusive Verzinsung, ging dabei völlig unter. Was zählten die schon? Schließlich sind es die stockeitlen Movie-Produzenten gewöhnt, staatliche Filmförderungen einzusacken und nicht zurückzuzahlen. Darüber beschwert sich schließlich auch niemand. Es heißt immer nur, man müsse auch etwas für den deutschen Film tun.

Was mit dem Geld so alles passiert, zeigte sich auf der Abendveranstaltung. Absolut aufschlussreich. Obwohl ich befürchtete, dort niemanden zu kennen, überwog die Neugierde, und ich bin wie die Stars über den Roten Teppich einmarschiert. Allerdings fühlte ich mich, obwohl ich dort erstaunlich viele Leute kannte, bis zum Schluss als Fremdkörper. Aus der Medienfondsszene waren auch einige dabei. Vor allem solche, die ich aus Anlegersicht eher als Versager kennen gelernt hatte. Zum Beispiel Frank

Hübner von Apollo. Aber nicht nur er tat dort wie ein Superstar. Ständig umgeben von Menschentrauben, genoss er seinen „Produzentenstatus". Wen interessierte schon, dass er das nur dem Geld von Anlegern zu verdanken hatte? Aber an diesem Abend ging es auch um andere Karrieremöglichkeiten. Die zahlreich angetretenen hübschen Mädchen und Frauen, teils spärlichst bekleidet, wollten die Anwesenheit der vermeintlichen „Filmbosse" als Sprungbrett auf die Leinwand nutzen. Es war förmlich zu spüren, wie entschlossen sie waren, jede Menge für eine Nebenrolle im nächsten Film zu tun. Ich war da weniger gefragt, ich war ja kein Filmproduzent

Treffendere Szenen, mit welchen Bandagen und Hinterhofmanieren um Marktanteile gekämpft wird, kann kaum ein Drehbuchautor ersinnen.

oder Regisseur. Eher ein Banause, wie mir eine Dame unumwunden zu erkennen gab, mit der ich zufällig ins Gespräch kam. Sie war Moderatorin einer Nachmittagssendung bei RTL. Ich hatte mich erdreistet, sie nach einigen Minuten zu fragen, wie sie denn heiße und was sie so mache. Hoppla! Seitdem weiß ich, dass kaum etwas schlimmer ist als eine nicht erkannte Prominente. Zu blöd aber auch, wenn man um diese Zeit lieber arbeitet und Medienfondsprospekte liest, als sich mit den wirklich großartigen Sendungen dieser Welt zu beschäftigen. Aber was sollte es, das Beobachten der Anwesenden war eh interessanter, als über die neuesten Einschaltquoten zu plaudern. Am Ende blieb ein zusätzlich untermauerter Eindruck: Dieser vor Starallüren nur so strotzenden Branche bloß kein Geld anvertrauen!

Andere schienen weit weniger Berührungsängste zu haben. Selbst zu diesem Zeitpunkt, die Probleme vieler Medienfondsinitiatoren ploppten nur so hoch, konnten Finanzdienstleister und Anleger immer noch nicht ihre Finger davon lassen. Dazu trugen auch selbst getaufte Experten wie die rmc rinke medien consulting GmbH von Raimund Franken bei. Auch Michael Oehme, Sprecher des Verbandes der Medienfondsanbieter, hielt lange die Fahne für seine Mitglieder hoch, die teilweise auch Kunden seiner PR-Beratungsfirma waren. Dabei war ihm seine damalige Position als Chefredakteur des Magazins Finanzwelt zweifellos recht hilfreich.

Davon profitieren wollte auch einer der wohl dreistesten Unholde in der Medienfondswelt. Uwe Boll, seines Zeichens Regisseur und Produzent von Horrorfilmen. Nicht nur ein umstrittener Meister im Produzieren gruseliger Filmfiktionen. Auch ein hervorragender Blender, der von eigenen Problemen ablenkte, in dem er andere Initiatoren mit Schmutz bewarf. Auch deshalb merkte lange Zeit fast niemand, wie er seine angeblich so tollen Ausschüttungen frisierte. Um im Filmgenre zu bleiben: Er setzte seinen Fonds hübsche Masken auf, um das gruselige Bild darunter zu verstecken. Damit er sich bei dem Ganzen nicht selbst die Finger schmutzig machen musste, hatten ihm andere Schützenhilfe zu leisten. Erst wollte sein Pressesprecher Hasso Mansfeld bei mir eine Übersicht über die bezahlten Ausschüttungen von Medienfonds „bestellen". Ich lehnte natürlich ab. Etwas später tauchte eine Untersuchung von Stephan Appels Analysehaus Check auf, die Boll überdurchschnittliche Rückflüsse bescheinigte. Zufall oder nicht, Boll sammelte in 2005 mit 84,5 Millionen Euro so viel Anlegerkapital ein wie nie zuvor.

Doch Boll hieße nicht Boll, hätte er sich damit zufrieden gegeben: Die eindrucksvollen Ergebnisse sollten seine Kasse doppelt füllen, indem er die Boll AG 2006 an die Börse brachte. Mit Hilfe einer blitzblanken IPO-Studie von First Berlin Equity Research wurde den Anlegern eine besondere Werthaltigkeit vorgegaukelt. Angesichts der steuerlichen Veränderungen durch die Ende 2005 endgültig erfolgte Abschaffung von nennenswerten Verlustzuweisungen eine geradezu hollywoodreife Performance. Mein Fazit, das sich später bewahrheitet hat: „Boll-Aktien erscheinen weit überteuert." Für ihn aber war der Börsengang an seinem Geburtstag ein tolles Geschenk, auf Basis des Emissionspreises kam ein Unternehmenswert von 30 Millionen Euro zusammen. Wohl auch deshalb hat er später nicht mehr gegen kritische Berichte rebelliert. Nicht einmal gegen solche wie Mitte 2006: „Die Leistungsbilanz ist eine Frechheit und verschweigt die Realität." Oder im Herbst 2007, als er sich sogar zu Vorwürfen größeren Kalibers nicht einmal mehr äußerte. Es ging um den Verdacht, er trenne zwischen dem Geld der Fondsanleger und der Boll AG nicht ausreichend sauber. Außerdem konnte ich belegen, dass er im Auftrag einer Boll KG im April 2005 eine Strafanzeige gegen VIP-Chef Andreas Schmid vorbereiten ließ. Auf fünf Seiten diverse Vorwürfe, formuliert von einer Rechtsanwaltsgesellschaft PWB aus Jena. Das Finanzamt wurde aufgefordert, das steuerrechtliche Konzept der VIP-Medienfonds zu überprüfen. PWB sprach von einer Problemstellung für die Boll KG, wonach „durch die aufgelegten Produkte der Konkurrenz, insbesondere von VIP, eine Irreführung der Anleger erfolgt und sich die VIP-Fonds damit einen Marktvorteil gegenüber den von der Boll KG aufgelegten und vertriebenen Fonds verschaffen". Schlagendere Belege, mit welchen Bandagen und Hinterhofmanieren in der Branche um Marktanteile gekämpft wird, kann kaum ein Drehbuchautor ersinnen. Es sein denn, er macht auf Wirtschaftshorrorklamotte.

Ein Zitat mit Folgen und Verfolgungen: Im Visier einer Anwälte-Armada

Es begann mit einem harmlosen Anruf eines Redakteurs vom Hamburger Abendblatt. Ich kannte Rainer Horn schon von anderen Telefonaten dieser Art. Er schrieb an einer Geschichte über offene Immobilienfonds. Damals waren die Nettomittelzuflüsse geradezu beängstigend. Nach 15 Milliarden Euro Zuwachs in 2002 flossen allein im ersten Quartal 2003 7,1 Milliarden Euro hinzu. Dem Abendblatt-Redakteur ging es um die Gefahr, dass durch den Einkaufsdruck zu teuer eingekauft wird und die Fonds durch die Liquidität verwässert werden. „Die Rendite-Burgen wackeln", so seine Schlussfolgerung im Hinblick auf zu erwartende sinkende Renditen.

Am 19. Mai 2003 erschien dann sein Beitrag, gespickt mit Zitaten von mir. Diese Auszüge aus unserem Telefonat konnten wegen des Redaktionsschluss-Zeitdrucks nicht mehr abgestimmt werden. Für mich nicht weiter dramatisch, ich habe Rainer Horn schon häufiger als fachkundigen Journalisten kennen gelernt, der genug Sachverstand besitzt, meine Aussagen inhaltlich korrekt wiederzugeben.

Was in dem Beitrag genau stand, erfuhr ich erst später, als eine Aufforderung zur Abgabe einer Unterlassungserklärung von den Rechtsanwälten von Boetticher Hasse Lohmann aus München bei mir eintraf. Schon beim Namen der beauftragten Kanzlei wusste ich, wer dahinter steckte. Einer der Partner der Kanzlei, Dietrich von Boetticher, war nämlich einer der drei Gesellschafter bei der KanAm Gruppe International, mit ihren Hauptstandorten in München, Frankfurt und Atlanta; in Deutschland eines der großen Emissionshäusern von internationalen Immobilienfonds. Bei deren damals noch jungem offenen Immobilienfonds war von Boetticher Aufsichtsratsvorsitzender und zugleich ein entscheidender Vordenker im Unternehmen.

Was war passiert? Ich bin mit meiner Meinung zitiert

worden und sollte nun eine Unterlassungserklärung für ein von mir nicht ausdrücklich freigegebenes Zitat unterschreiben. Damit das richtig teuer für mich wird, veranschlagte die Kanzlei von Boetticher den Gegenstandswert gleich mal auf eine halbe Million Euro. Zusätzlich hat sich KanAm die Geltendmachung von Schadensersatzansprüchen vorbehalten.

So leicht ließ ich mich allerdings nicht ins Bockshorn jagen. Auch wenn ich bei einer Abstimmung der Zitate vielleicht Nuancen verändert hätte, so hatte doch Rainer Horn ein weiteres Mal bewiesen, dass er Profi war. Die Zitate enthielten keinen Fehler. Deshalb machte ich mich daran, den Rechtsanwälten mit ausführlicher Begründung fristgerecht zu schreiben, dass ich die Verpflichtungserklärung nicht abgebe.

Und wieder dachte ich, dass damit die Angelegenheit erledigt wäre. Dicker Denkfehler! Einige Tage später kam der Gerichtsvollzieher. Er stellte mir einen Brief vom Landgericht München I zu. Darin war eine Einstweilige Verfügung, dass ich zwei Aussagen aus dem Beitrag so nicht mehr tätigen dürfe. Damit bekam das Ganze für mich eine neue Dimension. Das hatte ich in fast zehnjähriger Tätigkeit als kritischer Journalist noch nicht erlebt. Auch wenn der Streitwert auf 250.000 Euro reduziert wurde, die Aussicht, bei Verstößen mit Ordnungsgeldern bis zu 250.000 Euro und Androhung einer Ordnungshaft bis zu 6 Monaten rechnen zu müssen, waren doch ziemlich niederschmetternd. Trotzdem sah ich die Angelegenheit bald aus einer positiven Perspektive. Schließlich war der Mitangeklagte kein Geringerer als der Axel Springer Verlag.

Doch Pustekuchen. Der zuständige Mitarbeiter aus der Rechtsabteilung zeigte keinerlei Interesse, mir weiterzuhelfen. Er sei nur für den Verlag zuständig, ich müsste meine eigenen Interessen schon selber vertreten. Absolut merkwürdig, da helfe ich kostenlos einem Redakteur, bekomme dadurch Probleme, und dessen Rechtsabteilung zeigt mir die kalte Schulter. Auch Rainer Horn, der sich dafür sogar entschuldigt hat, konnte nichts für mich tun. Ich musste mir also einen Medienrechtler suchen, da am Landgericht Anwaltszwang besteht. Was lag näher, als den eigenen Berufsverband damit zu konfrontieren, an den ich schon seit zehn Jahren Beiträge zahlte? Allerdings wurde ich im Hinblick auf das Prozesskostenrisiko enttäuscht. Da ich den Journalistenverband nicht von Anfang an involviert hätte, könne er höchstwahrscheinlich nicht viel für mich tun, hieß es. Doch sollte ich wirklich künftig bei jeder Entgegnung auf eine Verpflichtungsaufforderung den Journalistenverband einschalten? Das bedeutete eine Vervielfachung des Aufwandes – in mindestens neun von zehn Fällen umsonst. Auch egal, da musste ich jetzt durch. Also rief ich den mir vom Journalistenverband empfohlenen Medienrechtler an. Joachim Manthey machte wirklich einen sehr professionellen Eindruck, war sogar zu einem Treffen am Samstag bereit. Es gibt eben überall solche und solche. Zu dem Treffen kam es dann aber doch nicht, weil mir ein anderer Umstand weitergeholfen hat. Der Spezialist aus der Rechtsabteilung des Axel Springer Verlages, bei dem ich abgeblitzt war, hatte nämlich keine Ahnung von offenen Immobilienfonds. Wie sollte er aber ohne Fach-Know-how gegen einen juristisch bis an die Zähne bewaffneten internationalen Player wie KanAm bestehen? Ich konnte es kaum glauben, aber er erklärte sich bereit, den Anwalt des Verlages parallel mit meiner Angelegenheit zu beauftragen. So war eine zweite Front gegen KanAm entstanden. Weil dadurch auch erhebliche Kosten vermieden wurden, war für mich zudem das Prozesskostenrisiko deutlich reduziert. Beruhigend einerseits, und trotzdem beschämend, wenn nur so die einzig vernünftige Lösung zustande kommt.

Jetzt ging es endlich zur Sache in der zentralen Frage. Nämlich, was eigentlich unter Managementgebühren zu verstehen sei. Man mag den Widersinn kaum glauben, den ich mal als „Rechthabe-Krieg“ apostrophieren will, aber am Ende drehte sich alles allein um die Definition von Managementgebühr. Denkt man nun, das sei einfach all das, was das Management für seine Arbeit bekommt, dann kennt man nicht die KanAm-Falken und deren Anwälte. Die wollten nämlich die kassierten Gebühren für den Ankauf von Immobilien hier nicht einbezogen wissen. Natürlich rede ich nur von den an das Management bezahlten Beträgen, nicht aber von zusätzlichen Kosten für fremde Dritte. Obwohl in Berichten und Broschüren ständig von einer Managementleistung gesprochen wird, wenn die passenden Immobilien ausgesucht und erworben werden, sollten die Gebühren dafür nicht als Managementgebühren gelten. Wie das? Es ist üblich in der Investmentbranche, dass diese Gebühren sowie die gesamten Transaktionskosten nicht in der Ertrags- und Aufwandsrechnung auftauchen. Nur in den Erläuterungen, im „Kleingedruckten" also, stehen die An- und Verkaufsgebühren für das Management, und das auch nur teilweise. Aber auch dort werden sonstige Transaktionskosten verschwiegen. Weshalb die TER Total Expense Ratio per Definition der Investmentlobby eine glatte Lüge ist.

Zurück zum Fall. Unser gemeinsamer Anwalt legte beim Landgericht München I Einspruch gegen die Einstweilige Verfügung ein. Die Frage, was die Fondsverwaltung alles macht und welche Kosten dafür entstehen, wurde anhand der Vertragsbedingungen des KanAm-Fonds belegt. Unser Anwalt formulierte das so, wobei mit der Antragstellerin die KanAm Grund Kapitalanlagegesellschaft mbH gemeint ist: „Mit den Ausführungen im Antrag auf Erlass der einstweiligen Verfügung und den nur teilweise vorgelegten Unterlagen verschweigt die Antragstellerin dem Gericht somit Wesentliches." Das war ganz in meinem Sinne ausgedrückt. Ähnlich auch die übrige Antragsformulierung, wo der zweite Teil der Einstweiligen Verfügung behandelt wurde – ob die Managementgebühren inklusive der von uns eingerechneten Ankaufsgebühren im ersten Rumpfgeschäftsjahr höher waren als die gesamten Nettoerträge vor Gebühren aus Mieten und Zinsen. Das war wichtig für meine Kern-Aussage: Die gesamte Performance des Fonds, schon damals eine der höchsten in der Branche, resultierte komplett aus buchmäßigen Höherbewertungen der Immobilien.

Am 14. Juli 2003 wurde im Sitzungssaal 301 am schönen Lenbachplatz in München verhandelt. Obwohl ich nicht hätte dabei sein müssen, wollte

„Im Namen des Volkes" wurde die Einstweilige Verfügung gegen mich aufgehoben. Ein großer Tag, dachte ich. Aber schon einen Tag nach der Verhandlung bekam ich wieder Post von der Anwälte-Riege.

ich das Ganze live erleben. Und es war wirklich spannend, wie der Richter taktierte. Zuerst nahm er KanAm in die Zange, da war ich mir schon des Sieges sicher. Dann kamen aber Springer und ich dran. Von rechthaberischen Verlagen wie Axel Springer, wodurch für die Gerichte viel Arbeit entsteht, war die Rede. Jetzt ist es aus, dachte ich schon. Doch der Richter unterbrach die Verhandlung, um den Parteien die Gelegenheit zu geben, über einen Vergleich nachzudenken. Jetzt begriff sogar ich, worauf er hinaus wollte: Ein Vergleich ist für ihn bequemer. Er muss keine Urteilsbegründung schreiben, und höhere Instanzen werden nicht durch eventuelle Berufungs- und Revisionsverfahren „belästigt". Trauriges Deutschland dachte ich und blieb stur. Springer hatte schon vorher entschieden, dass ein Vergleich nicht in Frage käme. Also musste der Richter am Ende doch noch urteilen. „Im Namen des Volkes" verkündete er dann, dass die Einstweilige Verfügung vollständig aufgehoben werde, KanAm die Kosten des Rechtsstreits zu tragen habe. Ein großer Tag, dachte ich. Aber ich sollte KanAm und deren Anwälte noch näher kennen lernen. Schon einen Tag nach der Verhandlung bekam ich wieder Post von ihnen. Springer und ich sollten erneut eine Unterlassungserklärung abgeben. Es wurde mir deutlich gemacht, dass KanAm ohne die Unterzeichnung in Berufung gehen würde. Dazu hatte Springer keine Lust und unterschrieb. Ich stand alleine da.

Der von Springer mandatierte Anwalt riet mir deutlich, ich solle besser ebenfalls unterschreiben, der Ausgang einer Berufungsverhandlung sei immer unsicher. Und schließlich war der Inhalt der Verpflichtungserklärung ohnehin kein Problem. Ich durfte weiter behaupten, dass die Rendite des KanAm grundinvest Fonds nur dadurch zustande kam, dass die Bewertung der Immobilien erhöht wurde. Außerdem durfte ich auch weiterhin formulieren, dass damals die Managementgebühren höher waren als die Zins- und Mieteinnahmen. Zweites allerdings nur, wenn ich ergänze, dass in den Managementgebühren auch die jeweils beim Kauf und Verkauf anfallenden einmaligen Gebühren für das Management enthalten sind. Kein Problem, dachte ich. Schließlich hatte ich in dem Telefonat mit dem Redakteur die Zusammensetzung der Gebühren besprochen, das war aus Platzgründen nur verkürzt und, wie später gerichtlich festgestellt, inhaltlich korrekt wiedergegeben worden.

Also unterschrieb ich. Allerdings ohne aber die dafür eigentlich fällige Rechnung von 1.559 Euro zu akzeptieren. Es sollte ein Schlussstrich unter die ganze Angelegenheit gezogen werden. Aber wieder lag ich falsch, denn am Ende entstand mehr Rechtfertigungsdruck als vorher. Die KanAm-Zecken verkauften die Unterlassungserklärung nämlich ganz offensiv als Sieg. Da kaum jemand die genauen Hintergründe kannte, reichten großzügig verteilte Kopien der Unterlassungserklärung, um genau diesen Eindruck zu erwecken. Daran zog sich KanAm dann auch prompt bei späteren Antwortschreiben auf Anfragen von mir genüsslich hoch: „Abschließend und vorsorglich stellen wir klar, dass KanAm letztlich in den wesentlichen Streitpunkten der Vergangenheit nicht unterlegen ist.“ Und in einem anderen Schreiben: „...in Ihrem Artikel im Hamburger Abendblatt vom 17. Mai 2003 bewusst nicht berücksichtigt beziehungsweise falsch interpretiert haben, werden Sie Verständnis dafür haben, dass wir weitere Anfragen Ihrerseits nicht beantworten wollen.“ Nicht zu antworten ist eine Frage des Stils. Den Beitrag im Hamburger

Abendblatt als meinen Artikel zu bezeichnen und mir bewusstes Weglassen oder Falschinterpretieren zu unterstellen, ist meilenweit an der Realität vorbei gebogen. Es war und bleibt der Beitrag von Rainer Horn, der mich lediglich zitiert hat!

Für mich war dieser Fall einer der lehrreichsten in meinem Leben. Heute würde ich die zweite Unterlassungserklärung zwar wieder unterschreiben, weil eine Fortsetzung solcher Streitigkeiten nichts bringt. Allerdings würde ich einige erklärende Absätze einbauen, die einen derartig verzerrten Eindruck bei Außenstehenden verhindern. Etwa die Aussage des Bundesverbandes BVI: „Bevor wir auf die von Ihnen geäußerten Bedenken kurz eingehen, möchten wir nur richtig stellen, dass nach unserem Kenntnisstand nicht KanAm Grund das von dieser Gesellschaft eingeleitete einstweilige Verfügungsverfahren verloren hat, sondern Sie die von KanAm Grund geforderte strafbewerte Unterlassungserklärung vom 16. Juli 2003 letztlich abgegeben haben. Ein nach unserem Rechtsverständnis eindeutiger Sieg der KanAm Grund."

Ich legte den Fall mit einem Zitatenschwank zu meinen persönlichen Erfahrungsakten: Viel Feind, viel Ehr', sagte der Junge und schlug in einen Schwarm Mücken.

Fragwürdiger Renditeturbo: Einwertungsgewinne bei offenen Immobilienfonds

Dass nach diesem Foul mein sportlicher Ehrgeiz geweckt war, recht massiv sogar, wird jeder nachvollziehen können. Zwar hatte KanAm durch eine Schwalbe einen Elfmeter geschunden, doch damit war das Spiel noch lange nicht aus. Vor allem, weil mich bei der wochenlangen Beschäftigung mit dem Thema weitere dicke Fragezeichen ansprangen. Dabei ging es mir vor allem um die wundersamen Bewertungsgewinne, die eine überdurchschnittliche Performance des KanAm-Fonds ermöglichten. Wie kann es denn sein, dass gerade gekaufte Immobilien kurz darauf angeblich schon so viel mehr wert sind? Das war mir eine aufwändige Recherche wert. Zu welchen Preisen wurde gekauft? Wie standen die Objekte wenige Wochen später in den Büchern? Mit Hilfe meiner Mitarbeiterin Beatrix Boutonnet, die perfekt Französisch spricht und gut zu den in Paris gekauften Objekten recherchieren konnte, angelte ich mir das erste Teilstück des Puzzles. Weitere fand ich dann selbst. Kurz darauf pfiff ich mit Markus Gotzi von Capital die zweite Halbzeit an. Einer der besten Berichte entstand: „Virtuelle Zahlenspiele". Darin wurde gezeigt, dass KanAm ihre ersten drei Immobilien für 46,8 Millionen Euro einkaufte. Wenige Wochen später standen sie bereits für 56,3 Millionen Euro in den Büchern. 9,5 Millionen Euro oder 20 Prozent hatten die Sachverständigen also auf die Kaufpreise draufgeledert! In der Stellungnahme, für KanAm-Verhältnisse sehr zahm formuliert, wurde später erklärt, dass sie „deutlich unter den üblichen Marktpreisen einkaufen konnten". Welch ein Unsinn! Bei Objekten dieser Größenordnung handeln Profis miteinander. Und die wissen genau, was ein Objekt wert ist. Außerdem konnte ich den Kaufpreis für zwei Objekte in Paris durch eine Presseinformation von CB Richard Ellis, eines der weltweit führenden Dienstleistungsunternehmen auf dem gewerblichen Immobiliensektor, nachweisen. Die kennen den Markt und sind normalerweise nicht daran interessiert, Transaktionen „unter Marktpreisen" abzuwickeln.

Das nächste Puzzleteil, den Kaufpreis für das Luxemburger Objekt, konnte ich durch eine Kuchengrafik im Rechenschaftsbericht und eine Herleitung über die Objektankaufsgebühren an Land ziehen. Doch das war längst nicht alles. Schließlich können außergewöhnliche Veränderungen bei einem offenen Immobilienfonds auch an dessen Tageskurs abgelesen werden. Es kam heraus, dass die Immobilien nicht am Ende des Geschäftsjahres von den Sachverständigen als Schnäppchen ausgewiesen worden waren, sondern sogar schon am Tag ihrer Einbuchung. Capital kommentierte drei auffällige Kursentwicklungen so: „Treppenstufen sind charakteristisch für die Charts junger Immobilienfonds. Hinter dem plötzlichen Anstieg steckt in der Regel ein Immobilienkauf mit sofortigem Einwertungsgewinn." Abgebildet waren neben dem KanAm Grundinvest auch der Westinvest Interselect und der AXA Immoselect. Bei dem damals noch zur Allianz Dresdner Immobiliengruppe gehörenden

Eine nachhaltige Miete ist die aktuelle Marktmiete unter Berücksichtigung der Historie und Kaffeesatzleserei.

Grundwertfonds wurde ein fragwürdiger Einwertungsgewinn von 22 Millionen Euro beim Space-Park in Bremen nachgewiesen. Als dieser dann aber böse floppte und aus den Büchern genommen werden musste, verloren die Anleger den bis dahin verbuchten „Scheingewinn" prompt wieder. Noch höhere Verluste ersparte den Fondsanlegern die Allianz, die diese den Aktionären oder vielleicht sogar den Versicherungskunden aufbürdete. Genaueres ist aufgrund der fehlenden Transparenz nicht bekannt.

Da reibt man sich die Augen. Die Sachverständigen ermitteln den Buchwert der Immobilien anhand der nachhaltigen Miete. Laut Definition des damaligen Deka-Chefs Willi Alda ist das „die aktuelle Marktmiete unter Berücksichtigung der Historie und Kaffeesatzleserei". Also ein Freibrief für unabhängige

Gutachter, die gerne weiter vom Fondsmanagement beschäftigt werden wollen. Lief die Aufsichtsbehörde jetzt Amok? Eher weniger. Volckmar Bartels, damals Abteilungspräsident im Bundesaufsichtsamt für Kreditwesen, erklärte nur schlapp: „Da wir uns – wie in der Branche bekannt – aus Kapazitätsgründen jedoch nur in Einzelfällen Gutachten zusenden lassen, erwarte ich von den anderen Genannten [gemeint sind die Kapitalanlagegesellschaft, Depotbank und die Wirtschaftsprüfer], dass sie sich in jedem Einzelfall intensiv mit dem Gutachten auseinander setzen. Insgesamt erachte ich das Sachverständigensystem als durchaus geeignet, die Interessen der Anleger in dieser zentralen Frage in ausreichendem Maße zu gewährleisten." In Kurzdeutsch: Die Aufsichtsbehörde outete sich offiziell wegen Untätigkeit! Nicht allein in diesem Fall zu beobachten – jahrelang deckte die Aufsichtsbehörde einen anderen beliebten Trick, nämlich die Performance offener Immobilienfonds fit zu frisieren, statt sie abzustellen.

„Verdunklungsgefahr", so wurde in einer ebenfalls zusammen mit Markus Gotzi von Capital recherchierten Veröffentlichung die zweifelhafte Praxis offener Immobilienfonds in Bezug auf latente Steuern gebrandmarkt. Latente Steuern? Das sind anfallende Steuerzahlungen, wenn eine Immobilie zum Buchwert verkauft werden würde. Um die Performance hoch zu puschen, haben eine Reihe Fondsmanager zwar die Buchgewinne bilanziert. Die Steuern auf diese Gewinne sind aber „vergessen" oder nur anteilig berücksichtigt worden. Schließlich käme es erfahrungsgemäß kaum zu einem gleichzeitigen Verkauf aller Immobilien, rechtfertigten sich Fondsmanager und Bundesverband BVI. Ein täppisches Argument. Buchgewinne werden sehr wohl voll eingerechnet, obwohl auch sie nicht alle gleichzeitig realisiert werden. Meines Erachtens ein Skandal, der bei einem normalen Wirtschaftsunternehmen vermutlich als Bilanzbetrug geahndet würde, weil Vorsatz vorlag. Denn laut Paragraph 274 Handelsgesetzbuch muss ein Unternehmen zu erwartende Steueraufwendungen aus einer Differenz zwischen Handelsbilanz und Steuerbilanz in Höhe der voraussichtlichen Steuerbelastung als Rückstellung berücksichtigen. Ich will nicht mit den Details langweilen, die mir der Steuerberater Stephan Bartlsperger dazu erklärte. Auf alle Fälle ist es bezeichnend, wenn mit Wissen und Zustimmung einer Aufsichtsbehörde allgemein gültige Vorschriften aus dem Handelsgesetzbuch übergangen werden. Auch die Wirtschaftsprüfer, die die Berichte der Fonds regelmäßig testieren, störte das nicht weiter. Und selbst wenn spitzfindige „Rechtsgelehrte" irgendwelche Begründungen finden, warum hier das Handelsgesetzbuch nicht greife, am Ende bleibt einem noch der gesunde Menschenverstand. Und der sagt, dass ein Käufer einen zu hohen Preis für einen Fondsanteil zahlen musste, weil im Kaufpreis die Buchgewinne voll berücksichtigt sind und die Steuern darauf nicht oder nur teilweise. Mit anderen Worten: Er muss später an Steuern zahlen, was ein anderer vorher in Form des Buchgewinns steuerfrei bekommen hat.

Übrigens: KanAm hat in diesem Bericht gut abgeschnitten, weil sie auf Anfrage geradezu vollmundig-offensiv erklärten, sie würden latente Steuern vollständig einrechnen. Aber offensichtlich wohl nicht immer. Jedenfalls nicht auf Dauer. Gut ein halbes Jahr später stellte sich nämlich heraus, dass KanAm doch nicht alle latenten Steuern ausweist. Diese Ausweise-Erleichterung, zweifellos eine Art Großlizenz zum Mogeln, bezeichnete sogar BVI-Geschäftsführer Rüdiger Päsler als unzulässig. Offensichtlich hat der Drang, die Performance zu puschen, aber doch die Oberhand behalten.

Einmal mehr bleibt es jedem Einzelnen überlassen, seine Schlüsse über die Aufsichtsbehörde und die Branche der offenen Immobilienfonds zu ziehen. Falls dazu die bisher geschilderten Anekdoten und Merkwürdigkeiten nicht reichen, ich lege gerne noch eine nach...

Auch am Ende geht immer noch was: Bundesaufsicht BaFin rettet Fonds-Zocker

November 2003. Kein goldener Spätherbst, jedenfalls nicht für Anleger. Denn intensive Recherchen führten zur Veröffentlichung weiterer Fakten. Punkt eins war der Nachweis, dass die KanAm-Argumentation für die hohen Gebühren mit dem Rumpfjahr und dem geringen Volumen nur ein Ablenkungsmanöver war. Im zweiten Jahr betrug nämlich die Quote aller Gebühren zu den Nettoeinnahmen immer noch unglaubliche 97 Prozent! In Euro verdiente der Fonds vor Gebühren in dem Jahr 12,3 Millionen und musste 11,9 Millionen für die Verwaltung bezahlen. Anmerkung für Juristen: Dabei wurden bei den Gebühren wieder die in diesem Jahr angefallenen Objektankaufsgebühren eingerechnet, natürlich. Bei den Nettoeinnahmen wurden von den Mieten, Zinsen und Beteiligungserträgen die direkt zuordenbaren Ausgaben wie Zinsen, ausländische Steuern und Bewirtschaftungskosten abgezogen.

Punkt zwei betraf eine Änderung der Vertragsbedingungen, durch die sich KanAm zukünftig noch höhere Gebühren aus dem Fonds zapfen kann. Das Trickkistenspiel lohnte sich. Durch die Veränderung kann man den Anlegern teilweise mehr als das Doppelte der bisherigen Gebühren unterjubeln. Darüber schrieb auch Christoph Pauly im Spiegel. KanAm behauptete anschließend, es entspreche „nicht den Tatsachen“, dass die Gebühren erhöht wurden: „Vielmehr ist es so, dass lediglich der Gebührenrahmen erhöht wurde...“ Wohlweislich ließen die juristisch spitzfindigen Fondsgeschäftsführer offen, warum der Rahmen erhöht wurde – wenn man ihn ohnehin nicht ausschöpfen will... Gleiches gilt für die erwähnte Höhe der Gebühren: „Die Berechnungsmethode von Herrn Loipfinger ist unrichtig. Richtig ist dagegen, dass die Ankaufsgebühr ein einmaliger Kostenfaktor ist...“, schallte es mir entgegen. Auch hier wurde stillschweigend offen gelassen, dass die einmaligen Gebühren für Käufe und Verkäufe jedes Jahr erneut anfallen, weil ständig gekauft und verkauft wird.

Ein dritter Punkt betraf einen Verstoß gegen die mit dem Bundesverband abgestimmte Praxis, welche grafischen Elemente die Berichte der offenen Fonds enthalten sollten. Dazu der BVI: „Bei der von Ihnen angeführten Darstellung eines Kuchendiagramms sind

Äpfel mit Birnen vergleichen, das kennt man. Diesmal lagen auch noch saure Gurken in der Waagschale.

selbstverständlich die Bruttowerte der Immobilien anzusetzen, um ein zutreffendes Bild der verhältnismäßigen Objektgrößen zum Gesamtimmobilienbestand zu ermitteln." Da daraus aber, wie für die Capital-Geschichte „Virtuelle Zahlenspiele" geschehen, fragwürdige Einwertungsgewinne nachgewiesen werden konnten, warf KanAm eine neue Nebelkerze aufs Spielfeld. Um Rückschlüsse zu verhindern, wurde im nächsten Bericht einfach eine neue Gewichtungsgröße eingewechselt.

Was im Fußball der Joker, hier hieß er Quadratmeter. Damit wurde die vom BVI als „zutreffendes Bild" bezeichnete Information des Anlegers ad absurdum geführt. Äpfel mit Birnen vergleichen, das kennt man. Diesmal lagen auch noch saure Gurken in der Waagschale.

Am heftigsten aber knallte Punkt vier gegen die Hutschnur. Er spiegelte deutlich die Aggressivität des KanAm-Managements in der Anlagestrategie wieder. Es ging darum, ob das Unternehmen die gesetzlichen Grenzen bei der Kreditaufnahme überschritten habe. Wieso dies überhaupt als Frage im Raum stand, liegt an der völlig unklaren Formulierung des Gesetzestextes, die verschiedenste Interpretationen zulässt. Bis dahin war das nie ein Problem, die anderen Fondsmanager gingen im Sinne einer konservativen Anlagestrategie mit den Fremdfinanzierungsrisiken nie bis an die Grenze. Doch die KanAm-Leute wollten Rendite um jeden Preis. Um möglichst gut im Rennen um die höchste

Performance abzuschneiden, sind sie quasi mit 200 Stundenkilometern über die Landstraße geprescht.

Ich befragte verschiedenste Fondsmanager, wie denn nun die Kredithöchstgrenze genau berechnet werde. Nahezu jeder servierte mir eine andere Version. Deshalb fragte ich offiziell bei KanAm und deren Wirtschaftsprüfer an und auch beim Bundesverband BVI und der Aufsichtsbehörde BaFin. Eigentlich eine einfache Anfrage. Eine Kopie aus einer Richtlinie, einer Vorschrift oder ähnlichem hätte genügt. Irgendwo musste doch definiert sein, wie die Beamten der Aufsichtsbehörde die Einhaltung des Gesetzes in diesem Punkt überprüfen sollen. Oder konnte das jeder machen wie er wollte?

Anscheinend ja. Denn die Antworten dauerten zwischen vier und sechs Wochen, fielen zudem unterschiedlich aus. KanAm hat einfach nur behauptet, sich gesetzeskonform verhalten zu haben. Konkrete Berechnungen dafür rückten sie nicht heraus. Als erster teilte mir der Bundesverband BVI seine Definition mit. Die sah allerdings komplett anders aus als die BaFin-Definition. Die erhielt ich einige Wochen später, genauer gesagt, sechs Wochen nach Briefeinwurf. Ich will Sie nicht damit langweilen, wo im Detail die Unterschiede lagen. Nur so viel noch dazu: Die wohl richtige Definition der BaFin ergab mit 49,7 Prozent einen sehr knapp unter der gesetzlichen Höchstgrenze von 50 Prozent liegenden Wert. Und das nur, weil die BaFin den gesetzlichen Begriff „Belastungen“ großzügig auslegt – die im Rechenschaftsbericht als „Verbindlichkeiten“ bezeichneten Positionen müssen nicht alle einbezogen werden.

Welch kläglicher Hintergrund: Kein einziger Fondsmanager hatte die BaFin-Definition auf dem Zettel. Dabei wären alle verpflichtet, eventuelle Verstöße gegen die ihnen offensichtlich nicht im Detail bekannte Vorschrift selbst anzuzeigen: „Etwaige Grenzverletzungen müssen aber der BaFin und der Deutschen Bundesbank gemäß §26 i.V.m. §8m KAGG nach jedem Kalendervierteljahr unverzüglich gemeldet werden. Gegebenenfalls kann die BaFin aufsichtliche Mittel ergreifen." Ist das noch zu glauben? Seither fordere ich, dass Autofahrer wie Fondsmanager Verstöße gegen nicht klar definierte Geschwindigkeitshöchstgrenzen ebenfalls selber anzeigen müssen. Die Polizei hat dann darüber zu entscheiden, ob aufsichtliche Mittel ergriffen werden...

Übrigens: Ein Anleger, Analyst oder sonst wie Interessierter kann Verstöße nicht überprüfen, selbst wenn er sich mit den Details auskennen würde. Sogar im Rechenschaftsbericht, nur ein Mal pro Jahr vorgelegt, fehlten die notwendigen Angaben zur Finanzierungshöhe. Dazu die BaFin in ihrem damaligen Antwortschreiben: „Aus den Rechenschaftsberichten können aufgrund des gesetzlich geforderten Netto-Ausweises, der die Angabe des Verkehrswertes der in den Grundstücks-Gesellschaften enthaltenen Liegenschaften nicht vorsieht, keine Rückschlüsse auf die Verletzung der 50%-Grenze gezogen werden." Wo sind wir hier eigentlich? In einem Paragrafen-Irrgarten, in dem gerade eine fröhliche Inkompetenzorgie abläuft? Vielleicht sollte man eine spezielle Intensivstation einrichten. Damit endlich einmal geklärt werden kann, welche Ursachen für die vielen Krankheiten wirklich verantwortlich sind.

Russisch Roulette und anderes: Von Carmina Burana bis zur Dorint-Hotelkette

Nach so viel harter Kost wieder zurück zu vergleichsweise verdaulichen Themen. Den wenigsten dürfte bekannt sein, dass die Aufführungen des berühmten Musikstücks Carmina Burana von Carl Orff über einen Fonds finanziert werden sollten. „Kapitale Kultur. Pur", knallte der Werbeböller, mit dem Investoren gelockt wurden. Offenbar war der Veranstalter Art Entertainment GmbH nicht mehr damit zufrieden, weiterhin nur die Eintrittskarten zu verkaufen. Das begeisterte sogar die Feuilleton-Redaktion der Süddeutschen Zeitung für ein Wirtschaftsthema. Vermutlich, weil man sich nicht lange mit Details wie bei den offenen Immobilienfonds aufhalten musste. Für mich aber waren die Schwachpunkte an dem geradezu anfängerhaft erstellten Konzept zu offensichtlich. Und dass sieben Millionen Euro für Bühnenanlage, Dekoration und Kostüme nur für den Verkäufer ein gutes Geschäft sind, erkennt jeder Kulturprofi auf den ersten Blick. Natürlich auch die SZ-Redaktion, die bisher aus kultureller Sicht über Carmina Burana voll des Lobes war. So stellten wohl auch die im Emissionsprospekt erwähnten Verluste bei Produktionen vergangener Jahre einen neuen Aspekt für die Feuilletonisten dar. Allerdings ließen sie sich rasch davon überzeugen, dass das Angebot vielleicht zur Erhaltung und Förderung einer kulturellen Veranstaltung taugte, aber aus Anlegersicht völlig inakzeptabel war.

Unangenehm aufgefallen ist damals auch ein Immobilienfonds, der das nahe dem Kreml gelegene „Haus Berlin" in Moskau finanzieren sollte. Das Emissionshaus Dr. Görlich, vorher nur mit Milliardeninvestitionen in den geförderten und sozialen Wohnungsbau in Berlin in Erscheinung getreten, suchte dafür Investoren mit Risikobereitschaft. Also gewissermaßen „Russisches Roulette mit Immobilienanlagen". Genau so war dann auch eine Besprechung des Fonds in „Die Welt" betitelt. Später stellte sich das Projekt sogar als real-tödliche Variante des russischstämmigen Spiels mit der unberechenbaren Kugel heraus: Ein hochrangiger Politiker in Russland, der mit dem Projekt näher betraut war, kam in der Sauna ums Leben. Die Tür ließ sich aus ungeklärten Gründen nicht mehr von innen öffnen. Fürwahr ein selten schlechtes Ohmen; der Fonds konnte dann auch tatsächlich nicht bei Anlegern platziert werden. Mitschuld trug das innovative Gebührenmodell, das der Initiator mit dem Angebot etablieren wollte. Statt Provisionen im zweistelligen Prozentbereich sollte der Vertrieb nur einen einstelligen Provisionssatz erhalten und dafür später zusätzlich am Erfolg partizipieren. Doch daran glaubte offenbar niemand. Das Fondskonzept scheiterte, im Mai 2003 musste der Berliner Initiator Insolvenzantrag stellen. 320 Immobilienfonds mit einem Volumen von vier Milliarden Euro wurden in den 30 Jahren davor realisiert. Mietgarantien und sonstige Verpflichtungen standen nicht mehr im Verhältnis zu den massiv eingebrochenen Platzierungsumsätzen. Für Letzteres machte Emissionshaus-Gründer und Chef Wolfgang Görlich die Einführung des Fallenstellerparagraphen 2b durch Oscar Lafontaine verantwortlich. Natürlich Unsinn. Schließlich hätte er wie andere Anbieter auch auf die Marktveränderungen reagieren können. Ob ihn das aber auf Dauer über Wasser gehalten hätte, darf zutiefst bezweifelt werden. Denn eines bringt in jeder Branche die Totenglocken in Gang – wenn die Kunden scharenweise unzufrieden werden. Die Fonds von Görlich lebten nämlich in der Vergangenheit vorwiegend von staatlichen Förderungen für den Wohnungsbau. Um dabei immer hohe Quadratmeterpreise rechtfertigen zu können, wurden Fonds nicht nur für 15 Jahre mit den staatlichen Mietzuschüssen kalkuliert, sondern gleich für 30 Jahre. Es mag zwar zutreffen, dass die Erstförderung lange Zeit regelmäßig durch eine Anschlussförderung verlängert wurde. Doch als Berlin zunehmend das Geld ausging, ist es von dieser Praxis abgewichen. Meines Erachtens hier zu Recht, anders als bei den Garantiezusagen für die LBB/IBV-Fonds. Wäre von Anfang an immer eine 30-jährige Förderung beabsichtigt

Laufende Zuschüsse in wertlose Fonds, das schafft nicht gerade zufriedene Kunden, denen man neue Fonds verkaufen kann.

gewesen, hätte man logischerweise die Zusage gleich über diesen Zeitraum festgezurrt. Weil das nicht der Fall war, traf es die Anleger von vielen Görlich-Fonds hart im monetären Mark. Schließlich hatten die in der Regel eine Beteiligung an einer Gesellschaft bürgerlichen Rechts unterschrieben. So müssen sie mit ihrem gesamten privaten Vermögen haften. Bitter, da die Fonds zur Erzielung von möglichst hohen Verlustzuweisungen – nicht selten 200 Prozent und mehr – eine Menge Fremdkapital bei Banken aufnahmen. Ohne die staatlichen Mietzuschüsse können aber teilweise nicht einmal die Zinsen für die Kredite bedient werden. Laufende Zuschüsse in wertlose Fonds, das schafft nicht gerade zufriedene Kunden, denen neue Fonds verkauft werden können. Dabei wussten viele damals längst nicht, wie schlimm es wirklich um sie bestellt war. So wurde ich zum Beispiel von einem Görlich-Anleger angerufen, der einen ganz bestimmten Fonds loswerden wollte. An mich ging die Frage, wie hoch ich als Experte den Wert des Anteils einschätzte. Meine Antwort muss im ersten Moment ein Schock für ihn gewesen sein: „Ich würde Ihre Fondsanteile nicht einmal nehmen, wenn Sie sie mir schenken würden." Erst als ich ihm erklärte, was er eigentlich unterschrieben hatte, wurde ihm die Situation bewusst.

Offensichtlich hat der unaufgeklärte Kunde seinem Berater blind vertraut. Dazu könnte auch der Branchendienst kmi kapital-markt intern beigetragen haben. In Ausgabe 50 von 1999 stand zum Beispiel: „Finanzdienstleistern empfehlen wir, sich schleunigst vor Jahresschluss mit qualifizierten Offerten einzudecken, um ihre Kunden bedarfsgerecht zu beraten. Der Countdown läuft!" Einige Absätze vorher wird neben anderen Fonds auch ein Görlich-Angebot besprochen. Natürlich lobend. Und damit diese unabhängige journalistische Äußerung nicht nur die normalen Abonnenten lesen können, hat Görlich eine „Kostenbeteiligung an der Zusatzversendung der k-mi-Ausgabe 50/99 an rund 20.000 Finandienstleister und zusätzlich 20.000 Steuerberater" übernommen. 34.800 Mark inklusive Umsatzsteuer wurden dafür an den Verlag überwiesen. Übrigens der gleiche Betrag, wie schon fünf Wochen vorher, als die Dr. Görlich GmbH sich an den Kosten der „Aussendung der kapital-markt intern-Ausgabe 45/99 an 40.000 Steuerberater und Wirtschaftsprüfer" beteiligte. Natürlich nur Zufall, dass darin ein anderer Görlich-Fonds positiv erwähnt wurde. Im k-mi-Zwischenfazit hieß es: „Jetzt liegt es an Ihnen, Geschäft zu machen!"

Die genauen Hintergründe für Vorgänge dieser Art kenne ich nicht. Der Bundesverbandsvorstand Görlich hat aber anscheinend später die Nase davon voll gehabt. Im Juli 2001 hat der VGI Verband Geschlossene Immobilienfonds-Geschäftsführer Rolf Sandbaumhüter offiziell erklärt: „Diese Usancen widersprechen den guten Sitten und sind als unfairer Wettbewerb anzusehen; sie stellen letztlich auch eine Täuschung der Anleger, der Anlagevermittler und der Presse dar. Sie schaden dem Image der Fondsinitiatoren und der Fondsbranche." Leider hat er seine darin auch angekündigte Drohung meines Wissens nie wahr gemacht, künftige Fälle und Versuche „zur Markthygiene" zu ahnden und zu veröffentlichen. Außerdem will das heute in VGF Verband Geschlossene Fonds umbenannte Bundesorgan davon nichts mehr wissen.

Nicht bekannt ist mir, ob der größte Initiator geschlossener Immobilienfonds solche Versandkostenzuschüsse bezahlt hat. Um wen es hierbei geht? Wenn Ihnen die Dorint-Hotels bekannt sind, dann kennen Sie indirekt auch den Mann, der Deutschlands größte Hotelkette aufgebaut hat und diese regelmäßig mit eigenen Fonds finanzierte. 4,7 Milliarden Euro Anlegerkapital und 9,1 Milliarden Euro realisiertes Investitionsvolumen. Nie hat jemand bei Privatinvestoren mehr Geld mit geschlossenen Immobilienfonds eingesammelt.

Sein Erfolgsrezept: Hotels zu bauen, in einen Fonds einzubringen und gleichzeitig die bis zum Verkauf an Accor mehrheitlich beherrschte Dorint als Pächterin einzusetzen. Was denken Sie nun, nachdem Sie schon über mehrere Fälle mit derartigen Verflechtungen gelesen haben? Logisch – je höher die Pacht, umso höher der Verdienst aus dem Bau der Hotels. Natürlich ist Herbert Ebertz bis heute überzeugt, dass seine Pachten nie durch diesen Interessenkonflikt beeinflusst wurden. Ich war anderer Meinung. „Härtere Zeiten – Die Krise der Hotelkette Dorint gefährdet den Fondsinitiator Herbert Ebertz und seine Anleger“ lautete der Titel für einen Beitrag in der WirtschaftsWoche, 2002 zusammen mit Harald Schumacher veröffentlicht. Zum Hintergrund: Der Hotelkette drohte die Zahlungsunfähigkeit. Man ahnt es schon – weil sie die Pachtzahlungen nicht mehr erwirtschaften konnte. Vertreter der Kreditgeber bei Dorint forderten Ebertz auf, diese zu reduzieren. Das aber wollte er unbedingt verhindern. Wie sagte er doch: Sonst „bin ich mein Image los“. Angesichts der späteren Entwicklung mitsamt ihren Unerfreulichkeiten wie Pachtverzichte und Pachtreduzierungen müsste er heute wohl hart zu seinen Ungunsten umformulieren. Hierbei könnte ein Weisheiten-Klassiker behilflich sein: „Ist der Ruf erst ruiniert, lebt sich's gänzlich ungeniert.“ Jedenfalls ist der ehemalige Dorint-Dompteur weiter als Initiator von geschlossenen Immobilienfonds aktiv. Daran änderten auch Affären über ungenehmigte Kredite an eine eigene Gesellschaft, unvollständige Prospekte und sogar Vorwürfe von angeblichem Kapitalanlagebetrug nichts. Auch sein alter Weggefährte, der bekannte Steuerberater Fritz Salditt, wurde als Mittelverwendungskontrolleur bei einem Ebertz-Fonds beschuldigt, seine Aufgaben nicht ordnungsgemäß erfüllt zu haben.

Und heute? Neben Immobilienfonds mit unterschiedlichsten Nutzungsarten können Anleger bei Ebertz & Partner auch Angebote mit Sozialimmobilien zeichnen. Zum Beispiel in 2007 mit einem Seniorenzentrum im bayerischen Ruhpolding. Initiator und Generalübernehmer waren E&P-Gesellschaften. Als Pächter fungiert eine SenVital, die, welch Zufall, zur Unternehmensgruppe Ebertz & Partner gehört. Ein unverbesserlicher Negativling, wer hier den bösen Gedanken schmiedet, die Höhe der Pacht und damit die Gesamtkosten der Fondsanleger könne durch den Interessenkonflikt mit dem eigenen Generalübernehmer beeinflusst worden sein...

Viel Filz, zeitweise Zwielicht und eine massive Medienwalze: Kritik kann tödlich sein

Was ist leichter – einen Anleger mit geschlossenen Fonds über den Tisch zu ziehen oder mit Aktien? Nun, für einen Einzelunternehmer finsterer Gesinnung sind sicherlich geschlossene Fonds hilfreicher. Nichts ist einfacher als das: Sogar ein frisch aus dem Knast Entlassener ohne Ausbildung und nur mit einem bescheidenen Startkapital für den Druck eines Emissionsprospektes ausgerüstet, kann – und darf – mit geschlossenen Fonds Geld einsammeln. Bei Einhaltung primitiver formaler Kriterien zum Vertrieb wird die Bundesaufsicht BaFin diesen Fonds freigeben. Die Platzierung von Aktien an der Börse ist etwas schwieriger. Ist aber der aufgeblasene Luftballon voluminös genug, kann damit noch einfacher abgesahnt werden. Man muss nur eine Bank oder ein Bankenkonsortium finden, die – schließlich locken Provisionen von teils zehn Prozent – den Börsengang „begleitet". Mit einer solchen Platzierungszusage ist praktisch die Gelddruckmaschine schon am laufen.

Wem die Hürde eines Börsengangs zu hoch ist, der kann sogar ohne Millionenvermögen ins Lager der Profi-Großabsahner wechseln. Dazu kauft man einfach einen leeren Börsenmantel. So machte es Peter Zimmermann mit der Realtos Grund- und Beteiligungs AG. Er kaufte fast alle Aktien zum Preis von 40 Cent pro Stück, bei einer Million Aktien kostete ihn das nicht einmal eine halbe Million Euro. Mit etwas zusätzlichem Taschengeld versuchte er, die wenigen restlichen Stücke an der Börse zu kaufen. In dieser Treibhausatmosphäre stieg der Kurs zeitweise auf über 40 Euro, der Börsenwert der von ihm beherrschten Aktien schoss auf rund 40 Millionen Euro hoch. Mit solch einem Depot im Verhandlungsgepäck kann man sich wiederum spielend Geld bei der Bank leihen. Als „Sicherheit" verweist man einfach auf die künstlich gedüngten Aktien.

Aber zum großen Coup ist etwas mehr Liquidität erforderlich

als bei geschlossenen Fonds. Schließlich will man sich fachlich hoch qualifizierte „Dienstgeister“ ins Boot holen. So hat Zimmermann einen Wirtschaftsprüfer engagiert, der den Wert der Realtos auf 53 Millionen Euro taxierte. Was daran so ungewöhnlich ist? Realtos war zu diesem Zeitpunkt ein börsennotierter Firmenmantel ohne operative Geschäfte und ohne nennenswertes Vermögen. Und weil es so praktisch war, und für die Kursphantasie von Realtos wegen der geplanten Verschmelzung hilfreich, hat Zimmermann die Münchner Wirtschaftsprüfungsgesellschaft mbH auch gleich beauftragt, eine andere von ihm gehaltene Firma zu schätzen. Die Starnberger 5-Seen-Land Vermögensbetreuungs AG (SV). 35 Millionen Euro ergab die Bewertung durch die Wirtschaftsprüfungsgesellschaft, die zur Münchener Steuerrevisions- und Treuhand GmbH gehörte. Deren Partner Klaus Senft hat mit seiner Rechtsanwaltskanzlei jahrelang mit der SV und Zimmermann zusammen gearbeitet. Bei Realtos war er

Mit einem Minus von 80 Prozent klappte der Kurs in sich zusammen wie ein 5.000-Euro-Auto beim Crashtest.

Aufsichtsratsvorsitzender, Stellvertreter sein Sozius Ronald Gundlach, gleichzeitig Aufsichtsratsvorsitzender bei der SV. Kein potenzieller Interessenkonflikt, erklärten die Beteiligten auf Nachfrage. Etwas anderes war auch nicht zu erwarten gewesen. Die Telefongebühren hätte man sich sparen können.

Doch damit nicht genug. Um dem Ganzen noch mehr gedopte Glaubwürdigkeit zu verpassen, wurde bei der GSC Research GmbH eine Studie in Auftrag gegeben. Nach eigenen Aussagen ist GSC „ein führendes unabhängiges Research-Haus mit Fokus Small und Mid Caps aus dem deutschsprachigen Raum. Erklärtes Ziel von GSC ist eine Erhöhung der Transparenz im Aktienmarkt durch umfassende, unabhängige und wahrheitsgetreue Berichterstattung“. Als Ergebnis dieser Studie für den

Börsenmantel Realtos wurde großmundig verkündet, dass es selbst nach der Kursexplosion „langfristig noch deutliches Kurspotenzial" gäbe. Deshalb gab GSC-Geschäftsführer Matthias Schrade eine Kaufempfehlung in der Anlagezeitschrift „Nebenwerte Insider" ab. Praktischerweise war er dort auch Chefredakteur. Das Finanzmagazin „Mein Geld" bezeichnete 2003 die Realtos-Aktie als „Geheimtipp des Jahres". Natürlich war nur zufällig eine Nathalie Kalac als Mitglied des Redaktionsteams benannt, die laut SV-Chef Zimmermann „ausschließlich und zu 100 Prozent" als Anlageberaterin in seiner Firma arbeitete.

Vermutlich werden Sie mir nach diesen Ausführungen zustimmen, dass das Ganze ein riesiger Luftballon war, den Peter Zimmermann, Fahrer eines 1000 PS starken Bugatti, aufgeblasen hatte. Am 13. Februar 2004 musste er allerdings mit ansehen, wie der Kurs seiner Realtos mit einem Minus von 80 Prozent in sich zusammenklappte wie ein 5.000-Euro-Auto beim Crashtest. Grund war ein mit „Filz, Tipps und eine Kursexplosion" überschriebener Artikel in der Süddeutschen Zeitung. Zimmermann unterstellte den Autoren Hannes Nickl und mir, dass eine bewusste Manipulation des Aktienkurses nicht ausgeschlossen werden könne. Unsere Motive seien „unklar" und der Artikel „unzureichend recherchiert". Auch meinte er, mit starker Brüderschaft drohen zu müssen: „Wegen der gesamten Vorgänge hat sich insbesondere die Handelsüberwachung der Börse Stuttgart (HüSt) bereits eingeschaltet." Reine Panikmache, mit der man vielleicht den neuen Volontär für eine Viertelstunde beeindruckt. Darüber hinaus ein schönes Exempel, wie leicht Stellungnahmen zu durchschauen sind. Wenn Sie einmal vor der Frage stehen, ob Sie dem Artikel eines Journalisten glauben sollen oder den Dementis, Beschwichtigungen, Drohungen und Scheinangriffen eines betroffenen Unternehmens – suchen Sie immer nach konkreten Fakten. Sowohl in dem Artikel als auch in der Stellungnahme. Sind in dem Artikel Fakten genannt, die in der Stellungnahme nicht angesprochen werden, geschweige denn konkret widerlegt, dann wissen Sie, auf welcher Seite die Münchhausen-Fraktion zu finden ist.

In Sachen Zimmermann ist die weitere Entwicklung schnell erklärt. Nach dem Kurssturz, den der Beitrag in der Süddeutschen und die folgende Berichtswalze anderer Medien verursacht hatten, wackelte das gesamte „Firmenimperium". Bei uns gingen zahlreiche weitere Informationen ein, entsprechende Recherchen brachten noch vieles andere zum Vorschein. Zum Beispiel die Sache mit dem angeblich fünf Millionen Euro teurem Grundstück in der Nähe von München, das bei näherer Hinschau statt 600 Euro am Ende nur fünf pro Quadratmeter wert war. Oder die Ermittlungen der Bezirksstaatsanwaltschaft Zürich anlässlich zweifelhafter Geschäfte von Zimmermann in der Schweiz. Ein halbes Jahr hat es dann noch gedauert, bis die ersten Insolvenzanträge einen vorläufigen Schlussstrich unter die Angelegenheit zogen. Dachte man. Denn – in diesem Zusammenhang muss ich leider sagen –, es war eben doch nicht der Schlussstrich: Im November 2004 wurde Zimmermann erschossen im Keller seiner Villa am Starnberger See aufgefunden. Neben ihm lag eine Pistole. Die Staatsanwaltschaft ging davon aus, dass er sich die Verletzungen selbst zugefügt hat, Selbstmord durch Kopfschuss. Ein Ereignis, dessen Ursachen mich noch einige Zeit beschäftigten. War es die Untersuchungshaft, in der sich Zimmermann zwischendurch befunden hatte? Die ihm unterstellten Kontakte zu zwielichtigen Kreisen, in denen er sich Geld geliehen haben soll? Oder verkraftete er einfach den Misserfolg nicht? Jedenfalls blieb ein Faktum: Der Auslöser für all diese Probleme war der Artikel in der Süddeutschen Zeitung. Das beschrieb auch die Schutzgemeinschaft der Kapitalanleger in ihrem „Schwarzbuch Börse" so. Nach langen Überlegungen habe ich später doch noch meinen persönlichen Schlussstrich unter die traurige Geschichte ziehen können. Indem ich mir die Frage, ob ich den Beitrag trotzdem noch einmal veröffentlichen würde, mit einem festen „ja" beantwortete. Bis heute blieb es, Gott sei Dank, aber das einzige Erlebnis dieser Art. Allerdings, auch das möchte ich relativierend hinzufügen, haben sich weitaus mehr Anleger, nachdem sie durch skrupellose Fondsinitiatoren ihr gesamtes Vermögen verloren, das Leben genommen als umgekehrt.

Kritisch, kritischer, fondstelegramm: Der neue Online-Branchendienst

Nach dem Ausstiegsbeschluss beim ImmobilienBrief suchte ich fast ein Jahr nach der Lösung für ein eigenes Medium, das die entstandene Lücke ausfüllen konnte. Allerdings wollte ich nicht viel Geld für Druck und Versandkosten investieren. Und an der kostenlosen pdf-Variante beim Immobilien-Brief störte mich der Aufwand an Layout mitsamt den ganzen Fotos, Grafiken und Tabellen. Außerdem entsprach es nicht meinen journalistischen Grundsätzen, als verantwortlicher Redakteur und Herausgeber gleichzeitig auch die Anzeigen verkaufen zu müssen. Selbst die besten Vorsätze könnten ins Wanken kommen, wenn kurz vor den Gehaltszahlungen an Mitarbeiter das Konto leer ist und ein potenzieller Anzeigenkunde versucht, auf redaktionelle Belange Einfluss zu nehmen. Zur Vermeidung dieses Konfliktpotenzials auf eine Fremdvergabe der Anzeigenakquise auszuweichen, war mir zu unsicher. Kein so besonders berauschendes Gefühl, wenn an der einzigen Einnahmequelle jemand anderes sitzt...

Die Lösung hieß Harald Müller-Delius. Ihn lernte ich Anfang 2004 kennen, und er konnte mir eine Internetlösung anbieten, die für ein Abonnentensystem tauglich war. Von nun an war alles einfach, fondstelegramm.de war innerhalb von drei Monaten startbereit. Harald programmierte die Homepage nach meinen Spezialwünschen. Damit wir nicht zum Geburtsdatum 1. Juni 2004 mit einer leeren Homepage beginnen mussten, schrieb ich schon vor dem offiziellen Stapellauf einige Beiträge. Dazu der Positionierungsberater Rainer Zitelmann in seinen wöchentlichen Immobilien-News: „Die vorliegenden Ausgaben enthalten zwar auch einige positive Besprechungen, jedoch sind die meisten Besprechungen geschlossener Immobilienfonds eher kritisch oder auch äußerst kritisch formuliert: So heißt es zum Beispiel über den Deutschland 1 Fonds von Wölbern: ‚Vor diesem Angebot kann nur dringend gewarnt werden. (...) Ein haftungsrechtlich nicht vertretbares Angebot' oder über den Wölbern Holland 52: ‚Ein dem Bankhaus Wölbern unwürdiges Angebot.'"

Wenige Tage vor dem 1. Juni hatte ich auch schon die erste Exklusivstory auf dem Tisch. Es ging um das Luxushotel Four Seasons in Berlin. Das massive Problem für die Anleger: Die Nobelherberge wurde von einem Immobilienfonds der HGA Capital finanziert. Auch das Verhalten der HSH Nordbank-Tochter war in diesem Zusammenhang nicht gerade lobenswert. Natürlich interessierte so etwas auch die Publikumsmedien. Das wiederum ermöglichte mir eine schöne Win-Win-Situation. Robert Ummen, damals Ressortleiter von Die Welt, wollte die Story haben. Er bekam sie exklusiv vorab und veröffentlichte parallel mit dem fondstelegramm am 3. Juni 2004 einen Beitrag dazu. Als Quelle für die Informationen in dem Tageszeitungsbeitrag war das fondstelegramm angegeben. Für mich willkommene Kostenlos-Werbung.

Später habe ich das System der Parallelveröffentlichung mit anderen Medien häufiger praktiziert. Manche Geschichten waren aber so außergewöhnlich, dass ich sie nur im fondstelegramm brachte und dann auf Zitate in den Publikumsmedien baute. Ähnlich wie bei einer auf Beteiligungsmodelle

Raffgier-Richtschnur: Wenn ein Produkt auch nur einen Provisionspunkt mehr bietet oder ein besonders tolles Event, wird es verkauft.

spezialisierten Nachrichtenagentur hat das auch regelmäßig funktioniert. So schwollen die Zugriffszahlen stetig an, ohne dass ich auch nur einen Euro für Anzeigenwerbung ausgeben musste. Dafür blieb auch gar kein Geld über, die Einnahmen investierte ich viel lieber in Recherchen. Doch ganz so geschmiert, wie es sich hier anhört, lief es allerdings auch wieder nicht. Ein Internetportal mit Abonnentensystem von Beginn an ohne Werbung mit einer schwarzen Null zu betreiben, ist außergewöhnlich, aber nicht befriedigend. Bis heute leidet das fondstelegramm am meisten darunter, dass bei Vielen das Unrechtsbewusstsein für Urheberrechtsverletzungen fehlt. So werden Beiträge einfach kopiert und anderweitig veröffentlicht. In manchem Internetforum las ich sogar Einträge wie: „Das fondstelegramm hat dazu gerade etwas veröffentlicht. Wer kann das hier schnell einstellen?“ Will man Forumsbetreiber auf solche „Diebstähle“ aufmerksam machen, scheitert das meist an deren Ignoranz für das Problem. Klar, sie profitieren ja davon. Dann langwierige Rechtsstreite zu führen, war nicht mein Fall. Wenn ich heute von der Musik- und Video-Branche immer wieder lese, wie rabiat diese gegen Verstöße vorgeht – ich kann das durchaus verstehen. Es kann doch nicht sein, dass geistiges Eigentum anders behandelt wird als dingliches. In einigen besonders dreisten Fällen habe ich es dann auch mal ausprobiert, durch Abmahnungen zumindest weitere Verstöße einzudämmen. Denn sogar betroffene Unternehmen haben, nicht selten ohne ein Nachdruckrecht zu erwerben, fondstelegramm-Berichte auf ihrer Homepage veröffentlicht. Bis heute begreife ich nicht, warum große Verlage nicht längst eigene Abteilungen geschaffen haben, die gegen diesen Datenklau vorgehen. Als kleiner Verlag damit anzufangen, ist jedoch aus meiner Sicht ähnlich sinnvoll, als wenn man Wasser in eine leere Bierkiste gießt.

Wenn ich schon dabei bin: Die allergrößte Ernüchterung hinsichtlich urheberrechtlichem Rechtsverständnis ergab sich im Hinblick auf die Beratergilde. Bis auf leider viel zu wenige Ausnahmen, das sei ausdrücklich erwähnt, habe ich eine derartige Schmarotzereinstellung noch nie erlebt. Für die Damen und Herren, die sich schamlos an fremdem Geisteseigentum vergreifen, sind Provisionen von 15 Prozent und mehr das Mindeste, was ein Emissionshaus bieten muss. Dazu schöne Reisen, Bürokostenzuschüsse und jede erdenkliche Hilfestellung, um erfolgreich verkaufen zu können. Raffgier-Richtschnur: Wenn ein Produkt auch nur einen Provisionspunkt mehr bietet als ein Gleichartiges oder wenn ein besonders tolles Event winkt, wird es verkauft. Auch wenn es inhaltlich völliger Mist ist. An unabhängigen Recherchen und Analysen sind diese „Berater" deshalb überhaupt nicht interessiert. Auch wenn die Rechtsprechung, sogar höchstrichterlich, von ihnen fordert, maßgebliche Branchendienste zu lesen, wen juckt das schon? Schließlich ist man es gewohnt, positive Artikel und Ratings kostenlos in werbetechnisch aufbereiteter Form geliefert zu bekommen. Das ist allemal bequemer, und Negatives will man gar nicht erst nicht hören, dadurch könnte ja die eigene Motivation leiden. Und so etwas behindert nur den Vertrieb. Das gilt übrigens längst nicht nur für freie Finanzdienstleister. Vor allem Genossenschaftsbanken und Sparkassen waren nicht an einem Abonnement interessiert, obwohl die meisten davon sehr wohl geschlossene Fonds verkauften. Bei Großbanken gibt es häufig ein einziges Abonnement. Das versorgt dann gleich 10.000 Berater. Natürlich ist es dem Verfolgungswahn des zehntausendfach kopierten Autors geschuldet, dass mitunter der Gedanke aufkommt, seine Berichte seien illegal im firmeneigenen Intranet veröffentlicht worden... Was ich damit ausdrücken will: Natürlich muss niemand das fondstelegramm lesen. Wer es aber tut, der soll auch dafür bezahlen. Leider lesen sich aber geklaute Beiträge nicht anders als regulär erworbene...

Zurück zu den erfreulichen Aspekten eines eigenen Publikumorgans. Es brachte unheimlichen Spaß, ganz allein zu entscheiden, was wann veröffentlicht wird und auf welche Weise. Zwar waren die meist heftigen Telefonate und Gespräche im Nachgang zu kritischen Geschichten anstrengend, aber sie waren auch sehr lehrreich. Außerdem häufig auch konfliktklärend, weil unterstellte Fehler in den Berichten am Ende regelmäßig keine waren. Und in den Fällen, in denen der Betroffene gleich mit der Aufforderung zur Abgabe einer Unterlassungserklärung wedelte, blieb ich immer hart. Bis auf einen einzigen Fall, in dem ich in einem von vier Punkten eine Behauptung untersagt bekam, habe ich vor Gericht immer gewonnen.

Auf einige der außergewöhnlichsten Ereignisse in dieser Phase werde ich noch eingehen. Das Ende meiner Zeit mit dem fondstelegramm möchte ich an dieser Stelle aber schon vorweg nehmen. Am 1. Februar 2007 wurde es an die Welther Verlag GmbH in Berlin übergeben. Seit dem verantwortet Tilman Welther, bis dahin Herausgeber der Fondszeitung, zwei Publikationen für diese brisante Branche. Durch die Synergien aus einem Print- und einem Online-Medium ist es gelungen, beides profitabler und trotzdem inhaltsreicher zu gestalten. Für mich war dieser Entschluss neben einigen beruflichen Aspekten vor allem persönlich begründet. Am Ende des Buches werde ich das noch etwas ausführen.

Von Lustreisen, geistigem Diebstahl und Korruption: Die spektakulärste Initiatorenpleite

Erst vor kurzem holte mich die ImmobilienBrief-Vergangenheit wieder ein. Zufällig landete eine Recherche auf meinem Tisch, wer in den letzten Jahren positive Beiträge über Falk-Fonds veröffentlicht hatte. Mit Abstand am häufigsten tauchte die Ratingagentur Scope auf, die ihre Zuckerguss-Bewertungen von Falk-Fonds in verschiedensten Publikationen vermarktete. Zu meinem höchsten Erstaunen las ich im Direkten Anlegerschutz meinen Namen und den von Susanna Berndt unter einem Artikel. Im Immobilien-Brief Nummer 28 aus dem Jahre 2002 sollten wir eine Besprechung des Falk-Fonds 77 mit empfehlendem Charakter abgegeben haben. Mein erster Gedanke: „Waren wir damals denn betrunken?" Nachdem ich diesen Gedanken gleich wieder verwarf, suchte ich die zitierte Ausgabe hervor. Und siehe da, es stellte sich heraus, dass Susanna und ich nichts damit zu tun hatten. Hintergrund: Der Beitrag war ohne Nennung eines Autors abgedruckt worden. Kurz davor stand ein anderer Bericht, der tatsächlich von uns beiden war. Deshalb hatte Heinz Gerlach als Herausgeber vom Direkten Anlegerschutz wohl angenommen, dass auch die Falk-Besprechung von uns wäre. Falsch gedacht. Hier hatte Werner Rohmert als Autor fungiert, damals noch Partner in der Research Medien AG und Blattmacher beim ImmobilienBrief. Ganz zufällig muss er wohl bei seinem Unternehmensberatungskunden Falk Capital „vergessen" haben, seinen Namen als Autor der Veröffentlichung anzugeben.

Brisant wurde dieser Vorfall durch eine fatale Entwicklung. Zwei Jahre später brachte ich im fondstelegramm die bis heute spektakulärste Meldung heraus. Aufgrund zahlreicher Gerüchte hatte ich schon Monate lang zu den vorgeblichen wirtschaftlichen Problemen der Falk Capital AG recherchiert. Im Sommer 2004 vereinbarte ich ein persönliches Gespräch mit dem

Gründer Helmut Falk. Ausdrücklich allein wollte ich ihn sprechen, weil ich von seinem Vorstand Thomas Engels keine besonders gute Meinung hatte. Allerdings war am Ende Engels dann doch in dem Gespräch dabei; beide konnten mich zu diesem Zeitpunkt noch erfolgreich verkohlen. Aber nicht mehr lange, die Sanduhr lief bereits auf Reserve. Im Dezember 2004 war es dann soweit. Weil er einem Bericht von mir zuvorzukommen wollte, bot Engels ein Interview an. Er wollte exklusiv seine wirtschaftlichen Probleme eingestehen. Klar, dass ich das freiwillige Geständnis gerne angenommen habe. Die Überschrift des Berichtes ließ dann auch kaum noch Fragen offen: „Falk Capital Gruppe vor Existenz bedrohender Situation". Neben den Gründen und Auswirkungen sprach Engels auch über Lösungsansätze. Allerdings halfen diese am Ende nicht, ein Vierteljahr später folgte der Insolvenzantrag. Angeblich waren Mietgarantiezahlungen und die laut Engels „schwerste Immobilienkrise in Deutschland seit dem Zweiten Weltkrieg" die wesentlichen Ursachen. Ich glaube aber eher, dass es vor allem an Managementfehlern und zu hohen Kosten gelegen hat. Die Staatsanwaltschaft vermutet sogar, dass auch betrügerische Absichten dabei waren (Rechtlicher Hinweis: eine Vorverurteilung der derzeit vor Gericht stehenden Verantwortlichen soll an dieser Stelle nicht erfolgen).

Wieder einmal sei die systemkritische Frage erlaubt, ob das alles vorhersehbar war. Meines Erachtens ja, zumindest ab der Auflage des Zinsfonds. Mit diesem sehr erfolgreich verkauften Modell hat sich Falk quasi Geld bei Privatanlegern gepumpt. Als Sicherheit wurden den Investoren Grundschulden auf den damit finanzierten Immobilien angeboten, wodurch der angebliche Festgeldersatz mit acht Prozent Rendite besonders sicher erscheinen sollte. Der Kreditnehmer Falk musste allerdings neben der Verzinsung auch Vertriebsprovisionen, Gebühren und eine Art von Bereitstellungskosten bezahlen. Zusammen bis zu 15 Prozent. Wer sich zu diesen Kosten Geld ausleiht, der bekommt nichts mehr von den Banken. Die hatten die löchrige Bonität schon zu diesem Zeitpunkt richtig eingeschätzt. Und für eine „Junk-Bond-Anleihe“, also einer Anleihe eines bonitätsmäßig zweifelhaften Emittenten, war die Verzinsung längst nicht ausreichend.

Ratingagenturen wie Scope, TKL und GUB störte das nicht im Geringsten. Ganz unverdrossen empfahlen sie weiter die Falk-Fondsangebote. Auch die Vermittler waren weiterhin treu ergeben und verkauften emsig. Sie überzeugten viele gutgläubige Anleger, ihre Festgelder in den Zinsfonds umzuschichten. Mitunter allerdings sollen die notwendigen Risikohinweise unter den Tisch gefallen sein – über den Tisch ziehen kann auch so funktionieren. An einen Fall kann ich mich noch gut erinnern. Ein Anleger hatte fast eine halbe Million Euro angelegt, weil eine Lebensversicherung fällig wurde. Die Auszahlung war aber zur Tilgung eines Kredites vorgesehen. Da der Kredit erst später zurückzuzahlen war, sollte das Geld zwecks Vermehrung in komfortabler Umgebung geparkt werden. Laut Berater wäre angeblich der Zinsfonds das richtige Ambiente. Natürlich Unsinn. Das hatte auch der Anleger bald begriffen, als er mir, zu Tränen bewegt, am Telefon seine Geschichte erzählte. Als ich ihm reinen Wein eingeschenkt hatte, ging für ihn eine Welt unter. Verständlich.

Ein anderes Erlebnis der Marke haarsträubend. Hauptdarstellerin: die Ehefrau von Helmut Falk. Die Journalistin Beatrix Boutonnet, die regelmäßig die Verhandlungen vor dem Landgericht München besucht, hat die stets elegant gewandete Frau Falk beobachtet, als einmal ein geprellter Anleger der Verhandlung bewohnte. Er sprach die häufig anwesende Ehefrau an und erklärte, wie er bei einem finanziellen Falk-Engagement alles verloren hat. Durchaus glaubwürdig angesichts der mitgeführten Einkaufstüte von einem Lebensmitteldiscounter und seiner bescheidenen Kleidung. „Das ist aber schade“, so der bissige Kurzkommentar von Eisenlady Falk, bevor sie sich umdrehte und von hinnen rauschte. Menschlich völlig desolat, der Kurzauftritt einer aufgestylten Lady gegenüber einem abgebrannten Opfer ihres Ehemannes.

Zurück in die Zeit, als ein Sanierungskonzept Falks wirtschaftliche Probleme wegzaubern sollte. Ein Genussrecht sollte es richten. Dessen Ausgestaltung war aus Anlegersicht allerdings eine pralle Unverschämtheit. Deshalb habe ich massiv davor gewarnt, in zahlreichen Beiträgen über den Verlauf der Sanierungsbemühungen berichtet. Meist hochkritisch, was mir gelegentlich den Vorwurf einbrachte, ich hätte Falk damit ruiniert. Natürlich ist das Quatsch. Die Problemursachen waren ganz andere. Bezogen auf das Scheitern der Sanierung mag es aber durchaus gelten. Aber ganz ehrlich: Ich bin froh, dass ich so gehandelt habe. Alles war ein weiteres Mal auf das Abzocken von Anlegern ausgerichtet. Und das musste verhindert werden. Wenn sich das zu unglaublich anhört – ich empfehle eine ausführliche Lektüre der Anklageschrift, die die Staatsanwaltschaft zur Prozesseröffnung präsentierte. Auch liegt mir eine voluminöse Sammlung zusätzlicher Ermittlungsakten vor, die einem serienweise kalte Schauer über den Rücken jagen. Aber warum wird eigentlich nur den vier Vorständen Falk, Engels, Suk und Köhler der Prozess gemacht? Was ist mit dem Wirtschaftsprüfer Horst Freiheit? Was ist mit den Banken, die mit angesehen haben, wie Kreditrisiken eines bonitätsschwachen Kunden auf die Anleger des Zinsfonds umgeladen wurden? Nicht zu vergessen die Börsenpläne von Falk, anlässlich derer mal eben Grundstücke ausgebucht und später wieder eingebucht wurden. Alles um die Zahlen auf Schönwetter zu frisieren.

Eigentlich könnte man ein Buch nur über Falk schreiben. Das würde sich wahrscheinlich bestens als Trainingsobjekt für angehende Staatsanwälte eignen. Hier aber sei zum Abschluss nur noch eine kleine Anekdote aus den Ermittlungsakten herausgegriffen. Es ging um die jährlichen Incentive-Reisen – gerne auch als Lustreisen tituliert – mit denen Falk seine Top-Verkaufsverführer bis über das moralische Limit motivierte.

Bis hierher noch nichts Ungewöhnliches. Doch natürlich wollten die Vermittler ihren Trip, im März 2004 ging es beispielsweise nach Südafrika, nicht als geldwerten Vorteil versteuern. Also versuchten Mitarbeiter der Firma Falk, die Reisen von ihrer Tochterfirma in Kanada aus organisieren zu lassen. So sollte verhindert werden, dass bei einer Betriebsprüfung in Deutschland die nicht versteuerten Reisen durch Kontrollmitteilungen auffliegen. Das hätte vielleicht auch funktioniert. Wäre Falk nicht in die Pleite geschlittert. Hätte die Staatsanwaltschaft nicht mit Ermittlungen begonnen. Wäre man dabei nicht auf entlarvenden Schriftverkehr gestoßen. Dumm gelaufen. Jetzt bekamen die betroffenen Vermittler nämlich neugierigen Besuch von der Steuerfahndung. Offenbar gewarnt, gaben alle ähnliche Aussagen zu Protokoll, und alle waren sofort bereit, die teuren Reisen nachträglich zu versteuern. So gelangten die geänderten Steuerbescheide der teils üppig verdienenden Vermittler in die Ermittlungsakten von Falk. Bei selbstständigen Vermittlern sicher nur unangenehm. Bei fest angestellten Mitarbeitern einer Bank dagegen möglicherweise mit arbeitsrechtlichen Konsequenzen. Falls beispielsweise der Arbeitgeber nicht über die Lustreise informiert war oder vielleicht ein Teil der Provision nebenher direkt auf ein Konto des Falk-treuen Mitarbeiters floss.

All das sprach sich herum, deshalb ist es bei größeren Banken mittlerweile Standard, zumindest offiziell, dass Mitarbeiter nicht mehr an solchen Einladungsreisen teilnehmen dürfen. Doch bei kleineren Instituten oder freien Vermittlern wird noch viel zu wenig über mögliche Folgen nachgedacht. Oder hat sich diesbezüglich mittlerweile eine Kavaliersdeliktmentalität breit gemacht? Schließlich fliegt auch Ver.di-Chef Bsirske nebst Ehefrau auf Kosten der Lufthansa First-Class in Urlaub. Pikanterweise das Unternehmen, das er eigentlich kontrollieren soll. Auch die bezahlten Lustreisen beim Volkswagen-Führungspersonal beschäftigten wochenlang die empörte Öffentlichkeit. Und Ärzte werden häufig kritisiert, wenn sie offiziell, hier auf Einladung der

Pharmaindustrie, zu Fachvorträgen reisen, die wundersamer Weise ausgerechnet an den schönsten Flecken dieser Welt stattfinden. Selbstverständlich unter noblen Rahmenbedingungen und ebenso selbstverständlich ohne Sanktionen, wenn der Vortrag wegen eines Ausfluges „programmgemäß versäumt" werden sollte. Ähnliches gilt – so viel Selbstkritik muss sein – auch für Journalisten. Nur die wenigsten Verlage bestehen aus Neutralitätsgründen darauf, die anteiligen Kosten einer Pressereise für die eigenen teilnehmenden Journalisten zu übernehmen. Außerdem stellt sich auch hier regelmäßig die Frage, was wirklich beruflich und was eher privaten Zwecken dient. Denn nicht jede Pressereise kommt völlig ohne Randprogramm aus. Ein Abendessen mit Hintergrundgesprächen wird wohl niemand beanstanden. Aber was ist, wenn der Initiator einlädt, mit Quads über Schneepisten in Neufundland zu düsen? Ich habe mir erzählen lassen, es sei phantastisch gewesen. Aber war es in Ordnung? Und wo sind die Grenzen? Ich habe mal an einer Journalisteninformationsreise nach Chicago teilgenommen. Dort besichtigten wir verschiedene Immobilien, hörten diverse anstrengende Vorträge. Doch an einem Tag flogen wir mit dem Lear-Jet zu den Amish People, die bis heute ohne Strom und Autos leben, weil sie den Fortschritt ablehnen. Klar war das interessant, aber für meine Arbeit unwichtig. Schon immer habe ich abgelehnt, anlässlich solcher Reisen oder im Zusammenhang damit Beiträge zu schreiben; heute denke ich noch viel strenger darüber. Auch angesichts der aktuellen globalen Finanzkrise. Oder finden Sie eine Einladung der Fondstochter der Bayerischen Landesbank nach Singapur und Australien in Ordnung, während gleichzeitig die Mutter Milliardenhilfen des Staates zum Überleben benötigt? Wir werden sehen, ob die für Anfang 2009 geplante Informationsreise für Journalisten, institutionelle Investoren und wichtige Vermittler wirklich stattfindet.

Ich finde es außerdem nicht in Ordnung, dass hierzulande anlässlich der Fußballweltmeisterschaft in Deutschland die

Regelungen zur Besteuerung geldwerter Vorteile so verändert wurden, dass nun eine Pauschalversteuerung durch das einladende Unternehmen möglich ist. Absolut merkwürdig, dass der Staat hierdurch auf Einnahmen verzichtet, denn die Pauschalbesteuerung ist in der Regel deutlich günstiger als die persönliche Versteuerung durch den Begünstigten. Liegt es daran, dass auch Politiker und leitende Ministerialbeamte dem Staat Einnahmen vorenthalten, weil sie immer wieder mal auf Einladung irgendwo hin reisen und dafür natürlich nicht selbst geldwerte Vorteile versteuern wollen?

Noch eines zum Schluss: Mir geht es dabei nicht darum, Schnee von gestern aufzuwärmen, sprich: alte Fälle zu kritisieren, vielleicht sogar zu kriminalisieren. Noch vor wenigen Jahren war auf diesem Gebiet einfach noch nicht die nötige Sensibilität vorhanden. Doch seit Siemens – ja, ich ziehe hier bewusst Parallelen zu Korruption – sollte jeder ernster darüber nachdenken. Eine wertvolle Reise, die goldene Rolex zu Weihnachten oder von Siemens bezahltes Schmiergeld, all das ist schließlich vergleichbar. Immer geht es um die verschleierte Beeinflussung anderer. Die Betonung liegt auf „verschleiert". Würde das auf transparente Weise geschehen, wäre keine Beeinflussung mehr zu befürchten. Und genau aus diesem Grund plädiere ich nicht nur bei Ratingagenturen dafür, dass sie alle Zahlungen – egal mit welcher offiziellen Bezeichnung – auch in ihrer Höhe offen legen müssen.

Spiel mir das Lied vom frühen Tod: Das makaberste Produkt

Ende 2003 erfanden einige schlitzohrige Initiatoren die Eier legende Wollmilch-Sau. Das Anlegermärchen dahinter ging etwa so: Dort drüben über dem großen Teich, dort wo die Menschen Amerikaner heißen, gibt es einen Markt, der braucht dringend deutsches Geld. Dort lebt eine gute Fee, die sorgt dafür, dass alle Anleger aus Deutschland beschenkt werden – mit 20 bis 30 Prozent Rendite, ohne große Risiken, noch dazu steuerfrei (!!!). Nicht mit bösen ominösen Filmbeteiligungen, nein, mit seriösen Lebensversicherungen Marke supersicher. Eine wahre Goldesel-Anlage! So weit der unglaubliche PR-Trailer zum Wintermärchen 2003. Aber die gute Fee musste etwas übersehen haben. Das mit den Steuer-Sterntalern hatte sich nämlich schnell erledigt. Schon in 2004 machten die „bösen" Einkommensteuerreferenten des Bundes und der Länder unmissverständlich klar, dass steuerfreie Auszahlungen von Renditen nicht zu erwarten seien. Die Initiatoren, mal wieder einen Eingriff des Staates proklamierend, gründeten einen Verband, der dagegen angehen sollte. Auch gegen die „Bedenkenträger", die moralische Zweifel an der Anlageform anmeldeten. Selber sah man das mit der Moral weniger eng. Weil die Rendite aus den Policen erst mit dem Tod des Versicherten und der damit fälligen Versicherungssumme rollt, wurde gern über „polnische oder russische Killertruppen" gefrotzelt, die im Zweifelsfall nachhelfen könnten. Schließlich ging es bei den ganzen Kalkulationen immer nur um die erwartete „Restlebenszeit" der Versicherten. Ist diese kürzer als angenommen, steigt die Rendite des Anlegers. Lebt der Versicherte hingegen länger, fällt die Rendite, weil der Auszahlungsbetrag immer gleich bleibt. Dagegen argumentierte die Lobby, dass nur der Verkauf der Policen an die Fonds sinnvoll für die Versicherten sei. So könne sich ein alter oder kranker Mensch noch vor seinem Tod Wünsche erfüllen. Alles kein Märchen, sondern, vielleicht etwas überspitzt, die ganze Wahrheit über die Entstehung der Beteiligungsmodelle mit gebrauchten Lebensversicherungen. In Capital 9/2004 erschien dazu eine Geschichte mit der Überschrift „Rendite bedroht“. Ruth Bohnenkamp und Ingrid Herden schrieben über die Auswirkungen einer Steuerpflicht, ich lieferte einige Berechnungen dazu. Auch die hohen Gebühren und die nicht ganz glaubwürdige Story wurden kritisiert.

Wer würde hier schon Geld anlegen wollen, fragt man sich angesichts dieses aufgepumpten Märchens vom schnellen Dollarregen? Nun, in 2004 und 2005 zahlten immerhin rund 60.000 Anleger in solche US-Policen-Fonds ein, umgerechnet rund eine Milliarde Euro. Mit so viel Leichtgläubigkeit hatte offenbar niemand gerechnet. So wollte die HVB Fonds-Finance ursprünglich 50 Millionen US-Dollar mit ihrem Angebot einsammeln. Monate vor dem geplanten Platzierungsende war die Hypo-Vereinsbank-Tochter ausverkauft, hatte mit 180 Millionen Dollar viel zu viel Geld in der Kasse. Das musste nun in einem extrem engen Markt Erfolg versprechend investiert werden. Wie und ob das gelang, ist bisher nicht bekannt. Woher auch? Die Leistungsbilanz, Ende August 2008 auf der Homepage der nun zur Unicredit-Gruppe gehörenden WealthCap veröffentlicht, ist vom 31. Dezember 2005. Nicht gerade Vertrauen erweckend für die aktuellen Fondsverkäufe. Doch welcher Kunde schaut schon auf die Leistungsbilanz einer Banktochter, wenn ihm

Wie ruft ein Hütchenspieler, nachdem er seine Opfer über den Tisch gezogen hat? „Neues Spiel, neues Glück!“

der langjährig bekannte und vertraute Berater – Vertriebsmitarbeiter würde besser passen – das neueste Angebot wärmstens ans Herz legt?

Vorne mit dabei beim Geschäft mit US-Policen-Fonds war die Münchner BVT, bei vielen Fondstrends anfänglich als

Expertin aufgetreten, bis später die Modellreihe mit ihren Sünden möglichst schnell wieder in die Vergessenheit gewünscht wurde. An der Überschrift zum Artikel in EURO am Sonntag vom 2. Mai 2004 musste ich jedenfalls nicht lange knobeln, sie sprang mir regelrecht auf die Tastatur: „Spiel mir das Lied vom Tod". Dabei half auch nicht, dass laut BVT ein Investitionskriterium für die zu kaufenden Versicherungspolicen ein gutes Rating der Versicherungsgesellschaft war. Weiterhin musste der Versicherungsnehmer entweder „alt oder krank genug sein, dass für ihn spätestens in neun Jahren die letzte Stunde schlägt". Wer bei Kapitalanlagen moralische Aspekte vermutet, dem lieferte der Beitrag aber ein schlagendes wirtschaftliches Gegenargument. BVT kalkulierte aus den Policen schon nach einigen Gebühren eine utopische Rendite von 23 Prozent. Von mir herausgerechnet, weil das so nicht im Prospekt stand. Nach Abzug der Kosten für Vertrieb, BVT und anderer sowie der von mir angenommenen Versteuerung blieben dem Anleger nur magere sieben Prozent. Keine wirklich faire Verteilung von Chancen und Risiken.

Von hohen Kosten und Risiken sprach auch Finanztest in Ausgabe 9/2004: „Beteiligt am Fonds sind außer dem Management, den Finanzmathematikern und den amerikanischen Partnern auch Wirtschaftsprüfer, Treuhänder und oft auch Berater – die alle bezahlt werden wollen. Das geht ins Geld." Ich wurde anschließend mit der Aussage zitiert, dass ungefähr die Hälfte aller geplanten Erträge in anfängliche und laufende Kosten fließt. Sogar von gefälschten medizinischen Gutachten wurde gemunkelt, was später tatsächlich mehrfach vorkam. Finanztest stellte zudem in Frage, warum eine Ratingagentur wie Scope über einen damals angebotenen Fonds verbreiten konnte, dass die Prognosen mit einer „sehr hohen" Wahrscheinlichkeit zutreffen würden.

Am frechsten fand ich allerdings die Angebote der VCH Investment. Christian Angermayer und seine Kollegen glaubten ernsthaft, mit US-Policen für die Anleger des VCH Expert US-Life eine Rendite von 30 Prozent erwirtschaften zu können.

Dabei sollte der smarten Investmentgang ein Versicherungsexperte beistehen: Ausgerechnet der nicht unumstrittene Professor Jörg Finsinger. Von Anfang an Hirngespinste! Wenn es irgendwo 30 Prozent Rendite mit einer hohen Sicherheit gäbe, würden davon keinesfalls kleine Privatanleger eines geschlossenen Fonds profitieren. Doch Angermayer blieb stur und behauptete das weiterhin. Der eher noch junge Mann verstand es außerdem sehr gut, das Investmenthaus VCH nicht nur als angeblich tollen Produktlieferanten zu positionieren. Er kaufte sich auch bei Vertrieben ein, über Private-Equity-Gelder, die aus verschiedenen Fondsprodukten zur Verfügung standen. Zuerst bei DMS Deutsche Maklerservice AG und der Finanzplan Fondsmarketing. Dann wurden die beiden Unternehmen mit Dr. Jung & Partner zur Jung, DMS & Cie. fusioniert, wodurch eine der größten Einkaufsgemeinschaften für Finanzprodukte in Europa entstand. 6.000 Vertriebspartner mit 18.000 Mitarbeitern waren in dem Vertriebspool zusammen gefasst. Die empfahlen, natürlich „völlig unabhängig", auch die VCH-Produkte. Schwer zu sagen, ob sie nicht merkten oder nicht merken wollten, dass von den utopischen 30 Prozent aus den US-Policen, wenn sie denn realisierbar gewesen wären, durch Gebühren gerade mal 12,8 Prozent für den Anleger blieben, die durch Steuern auf schäbige 7,4 Prozent abschmolzen? „Unrealistische Renditeversprechen in einem unbefriedigendem Prospekt verpackt" entkleidete das fondstelegramm den ganzen Mummenschanz.

Und heute? Nach einem weiteren Versuch mit einer Schiffsbeteiligung hat sich die Angermayer, Brumm & Lange Unternehmensgruppe vollständig vom Geschäft mit geschlossenen Fonds verabschiedet. Bei Wallstreet-Online diskutieren die geschassten Fondszeichner mittlerweile heftig über Probleme in ihren Fonds. Ein offensichtlich sehr Enttäuschter schrieb vor kurzem: „Ist Ihnen auch aufgefallen, dass der diesjährigen Einladung zur Gesellschafterversammlung nur ein Entwurf der Bilanz beigefügt ist? Abstimmen sollen wir allerdings über den von der

PWC „geprüften“ Jahresabschluss! Auf der außerordentlichen Gesellschafterversammlung wurden Anträge von Frau Klingen und einem weiteren Gesellschafter nicht zur Abstimmung zugelassen, da sie in der Tagesordnung nicht aufgeführt waren. Das ist soweit korrekt – allerdings beschloss die Versammlung daraufhin eben diese Anträge zur GV als TOP anzuführen. Das ist unterblieben! Ob VCH oder GFS - vom Regen in die Traufe.“ Ein anderer schrieb Mitte 2008: „Ich tendiere auf jeden Fall für einen schnellstmöglichen Verkauf der Policen, um noch mehr Schaden zu vermeiden. Des Weiteren überlege ich mir rechtliche Schritte gegen die Fa. VCH. Das eingesetzte Kapital sollte innerhalb von 3 Jahren zurück gezahlt sein. Ich habe Mitte 2004 gezeichnet und bis jetzt eine Ausschüttung von cirka fünf Prozent bekommen.“

Auch wenn ich die Aussagen nicht abschließend beurteilen kann, sie sind ein sicheres Zeichen, dass VCH offenbar nichts mehr mit den Fonds zu tun haben will, weil sie nicht gerade gut für die eigene Reputation sind. Heute macht man dort lieber in Investmentfonds und Zertifikate. Doch das Fondsgeschäft wurde nicht völlig eingestellt. Angermayer und seine Kollegen beteiligten sich nämlich am Immobilienfondsinitiator SHB aus Oberhaching. „Neues Spiel, neues Glück!“, ruft der Hütchenspieler, nachdem er sein Opfer über den Tisch gezogen hat. Warum glaubt man ihm eigentlich jedes Mal aufs Neue?

Durch den TÜV gerauscht: Die HypoVereinsbank und ihr Problem iii-Investment

Zwischendurch wieder eine kleine Anekdote aus dem Bereich der offenen Immobilienfonds: In Anlehnung an den Duplo-Werbeslogan von der „längsten Praline der Welt“ muss ich über die iii-Fonds Nummer 1 und 2 (später zu Euro Immo-Profil fusioniert) ganz klar feststellen: die wohl schlechtesten Immobilienfonds Deutschlands. Das war zumindest das Ergebnis von zwei völlig unabhängigen, aber doch sehr vergleichbaren Erlebnissen.

Aber von vorne: In 2003 fragte mich der Geschäftsführer eines Tochterunternehmens einer großen deutschen Landesbank, ob ich denn schon ihre fantastische Bewertungssoftware für Immobilien kennen würde. Kannte ich nicht, und so wollte er mir das hausgemachte Ei des Kolumbus unbedingt demonstrieren. Kein großer Aufwand, denn das Unternehmen sitzt nebenan in München, und so vereinbarten wir einen Termin. Und jetzt kommt es: Ich konnte den Geschäftsführer davon überzeugen, dass er eine Testbewertung für ein von mir bestimmtes Immobilienportfolio durchführt. Voll überzeugt von seiner Wunderwaffe, schreckte ihn auch der Aufwand nicht ab, gleich 45 Objekte aus einem iii-Fonds zu bewerten. Wohl in freudiger Aussicht auf das Medieninteresse, das ich ihm angekündigt hatte. Schließlich war ich fest wie ein Felsen davon überzeugt, dass damit meine These der Fehlbewertung belegt werden würde.

Nach einigen Wochen Arbeit von mehreren Mitarbeitern wurde mir das Ergebnis präsentiert. Und es belegte meinen Verdacht: Statt 1,05 Milliarden Euro laut der iii-Sachverständigen waren die Immobilien gemäß der Landesbankentochter nur 784 Millionen Euro wert. Das in Ratingnoten ausgedrückte Qualitätsurteil über die

Man wollte mir verbale Handschellen anlegen. Dringende Maßgabe: Keinesfalls irgendetwas davon an die Öffentlichkeit bringen!

Objekte fiel in 42 von 45 Fällen mit einem C+ oder C vernichtend aus. Für mich nicht überraschend. Doch bei der Landesbankentochter war man über die Fehlbewertung in Höhe von 25 Prozent völlig erstaunt. Das verstand ich wiederum nicht. Warum, so fragte ich mich, haben sie die Bewertung dann überhaupt erstellt? Ich glaube, anfangs war es Naivität, die dann aber einem Schock mittlerer Güte wich. Doch die Komplett-Ernüchterung blieb nicht beim Geschäftsführer der Bewertungstochter stecken. Er informierte seinen Vorgesetzten, der die Verantwortung nicht übernehmen wollte. Er pumpte sie auf die nächste Hierarchiestufe hoch. Das Ende der Kolumbus-Mär: Die Untersuchung verschwand in irgendeiner Schublade. Dunkelhaft sozusagen. Mir wollte man verbale Handschellen anlegen, mit der dringenden Maßgabe, keinesfalls irgendetwas davon an die Öffentlichkeit zu bringen. Der voreilige Geschäftsführer flehte mich regelrecht an, die ausgehändigten Unterlagen zurückzugeben. Schließlich stand seine berufliche Karriere auf dem Spiel. Wie handelt ein gewissenhafter Journalist in so einem Fall? Eine schwierige Gedankenzwickmühle. Aber nach langem Abwägen legte auch ich die Unterlagen in eine Schublade und versprach, sie vorerst nicht zu verwenden. Schließlich hatte ich aufgrund eigener Vergleichsrechnungen schon vorher eine ähnliche Fehlbewertung öffentlich angeprangert. Also eine korrekte Information, welche nun durch die Arbeit der Landesbankentochter eine weitere Bestätigung erfahren hatte.

Einige Wochen später passierte dann etwas Vergleichbares. Es gibt schon merkwürdige Zufälle im Leben. Diesmal fragte mich der Geschäftsführer einer TÜV-Tochter, wie sie denn im Markt deutlicher als unabhängige Immobilienbewerter wahrgenommen werden könnten. Schon merkwürdig, warum ich häufig zu Marketingaspekten befragt wurde. War mein Eigenmarketing so beeindruckend, dass viele mich als Experten darin wahrnahmen? Egal. Ich wüsste sehr wohl, machte ich ihm Hoffnungen, wie das mit der besseren Wahrnehmung gelingen könnte. Es gäbe da ein Immobilienportfolio, das testweise bewertet werden könne... Natürlich erwähnte ich das peinliche Bewertungseigentor der Landesbankentochter nicht mit einer einzigen Silbe. Dem TÜV-Manager gefiel die raffinierte Marketingidee auf Anhieb. So eine Profilierungschance bekommt man schließlich nicht jeden Tag. Er schickte also seine bundesweit präsenten Gutachter los und ließ sie die Immobilien von beiden iii-Fonds einzeln besichtigten, fotografierten und bewerteten. Je nach Möglichkeit wurden sogar die Innenräume besichtigt, zudem größtenteils die örtlichen Gutachterausschüsse und/oder Makler zu Standort und nachhaltiger Miete befragt und alle Bodenrichtwerte eingeholt. Der Aufwand war noch erheblicher, als vorher für die Landesbankentochter. Normalerweise wäre dafür ein sechsstelliges Honorar fällig gewesen. Aber es wurde ja quasi aus dem Marketingtopf bezahlt.

Und das Ergebnis? Der „indikative Marktwert" für alle Objekte von zwei Fonds lag bei 842 Millionen Euro. Das bedeutete gegenüber den Wertfeststellungen der Sachverständigen, die vom Fonds für ihre Arbeit bezahlt werden, eine Abweichung von 38,7 Prozent! Schier unglaublich, da wohl niemand ernsthaft an der Kompetenz und Unabhängigkeit einer TÜV-Tochter zweifeln würde.

Was anschließend hinter den Kulissen ablief, kann ich nur vermuten. Aber wie schon vorher die Landesbankentochter hat auch der TÜV-Geschäftsführer angesichts des Ergebnisses sicher eiskalte Füße bekommen. Er involvierte seinen Chef, der angeblich Kontakt mit den Fondsmanagern aufnahm. Auch hier war die Verwendung der ausgehändigten Unterlagen ein möglicher Tsunami-Auslöser. Hätte ich sie veröffentlicht, TÜV-Tochter wie die Landesbankentochter hätten eine Beteiligung glatt abgestritten. Außerdem bat mich auch hier der etwas zu forsch vorgepreschte Geschäftsführer dringlichst, auf seine Karriere Rücksicht zu nehmen. Damals tat ich es. Angesichts der verstrichenen Zeit und der personellen Veränderungen gibt es dafür heute keinen Grund mehr. Außerdem möchte ich damit letztendlich dokumentieren, dass meine Fehlbewertungsvorwürfe nicht nur auf eigenen Recherchen basierten. Ob die Aufsichtsbehörde BaFin oder die Politik angesichts solcher Fakten anfangen, über die Missstände ernsthaft nachzudenken? Oder die Staatsanwaltschaft, die 1999 trotz einer Beschwerde gegen die Einstellungsverfügung nicht begonnen hat in diesem Zusammenhang zu ermitteln? Beides darf bezweifelt werden. Jedenfalls werde ich die Unterlagen weiter verwahren. Und nicht gerade in der heimischen Schublade, falls jemand unrechtmäßig danach suchen sollte ...

Ein Hinkelstein kommt ins Rollen: Die erste große Krise der offenen Immobilienfonds

Leicht vorstellbar, wie unbefriedigend die Erlebnisse mit den seinerzeit nicht verwendbaren Fehlbewertungen für mich waren. Einige Monate später kam aber dann ein Stein ins Rollen, dessen Dimensionen noch niemand abschätzen konnte. Im Spätsommer 2004 wurde bekannt, dass die Frankfurter Staatsanwaltschaft gegen einige Manager der Immobilienszene ermittelt. Mitten drin im Sumpf dieser Korruptionsaffäre auch Manager offener Immobilienfonds. Der Spiegel schrieb: „Blanke Angst – Selbstanzeigen, immer neue Namen, aussagewillige Manager – die Schmiergeld-Affäre in der Frankfurter Immobilienszene nimmt von Tag zu Tag größere Dimensionen an." Ich dachte noch, jetzt werden endlich die vielen Gerüchte um Luxus-Weihnachtspräsente in Form einer goldenen Rolex, eines kostenlosen Penthouse in Frankfurt oder die „ganz normalen" Provisionen an Verwandte der Fondsmanager überprüft. Schließlich war der ermittelnde Oberstaatsanwalt Wolfgang Schaupensteiner als Korruptionsexperte bekannt und gefürchtet. Er machte seinem Ruf alle Ehre, und bald war eine Reihe von Managern ihren Job los. Bei der Deka wurde später sogar das komplette Management ausgetauscht, deren Immobilienfonds schlitterten in eine dramatische Krise hinein. Damit bekam das Ganze eine Eigendynamik, die mit den Ermittlungen direkt nichts mehr zu tun hatte. Vielleicht war gerade das der Grund, warum zu den staatsanwaltschaftlichen Recherchen bis heute nicht viel bekannt wurde. Ganz anders als in einem fast zeitgleich von der Münchner Staatsanwaltschaft ins Rollen gebrachten Fall. Schon im Sommer 2004 war über Schwarze Kassen bei Siemens berichtet worden. Durch die bis heute andauernden Ermittlungen ist ein massiver Umdenkprozess hinsichtlich Schmiergeldzahlungen in der gesamten Managerwelt entstanden. Hoffentlich ist dieser auch in der Immobilien- und der Fondsbranche angekommen.

Aber zurück zu den offenen Immobilienfonds. Durch die autonome Struktur in der S-Finanzgruppe, die jeder Sparkasse eigene Entscheidungen zu Empfehlungen an Kunden ermöglicht, stürzte die Deka in eine tiefe Krise. Obwohl sie den Anlegern zusicherte, eventuelle Schäden durch korruptes Verhalten von Mitarbeitern der offenen Immobilienfonds, vollständig auszugleichen, rieten die Sparkassen ihren Kunden massiv zum Verkauf der Deka-Immobilienfonds. Irgendwann konnten die Mittelabflüsse aber nicht mehr durch vorhandene liquide Mittel in den Fonds beglichen werden. Deshalb sollte im Oktober 2004 beschlossen werden, dass Sparkassen und Landesbanken zurück gegebene Anteile in den Eigenbestand nehmen. Die Notbremsung durch eine vorübergehende Fondsschließung sollte unbedingt vermieden werden. Aber die Sparkassen und Landesbanken weigerten sich, die Fondsanteile in die eigenen Bücher zu nehmen. Offenbar glaubten sie nicht recht an deren Werthaltigkeit. Also musste am Ende die Deka-Bank einspringen.

Der Grund für die Weigerung der Sparkassen und Landesbanken wurde schnell bekannt. Eine Sonderprüfung über die Werthaltigkeit der Deka-Immobilien von Deloitte & Touche kam zu dem Ergebnis, diese seien „deutlich weniger wert". Gernot Archer vom BIIS Bundesverband der Immobilien-Investment-Sachverständigen – der Verband wurde nach der Anhörung im Finanzausschuss des Bundestages gegründet – wies Fehler in der Bewertung wie immer zurück.

Für mich die geniale Chance, ganz offensiv Politik in Sachen Transparenz zu machen. Ohne verbohrte Manager wie Alda an der Spitze bestand die Chance, das neue Management von der Beruhigungspille durch deutlich mehr Informationen zu überzeugen. Also vereinbarte ich einen Termin mit dem damaligen Vorstandschef der Deka-Bank, Axel Weber. Zusammen mit den Interimsvorständen der Deka Immobilien, Rainer Mach und Fritz Oelrich, war eine voll entscheidungsfähige Führungsriege anwesend. Und tatsächlich, sie akzeptierten die kurz vorher von mir erarbeiteten „10 Gebote für mehr Transparenz" vollständig. Weil ich vermeiden wollte, dass das Gespräch nach Einflussnahme des Bundesverbandes oder anderer Fondsmanager plötzlich von mir falsch verstanden worden war, faxte ich meinen im Zug auf der Rückfahrt verfassten Beitrag sogar zur Freigabe an die Deka. Nach Rücksprache gab deren Pressesprecher die Geschichte mit unwesentlichen Anmerkungen dann auch frei. Eine Sensationsmeldung für das fondstelegramm und der Durchbruch für die Fondsbranche! Mit der Deutschen Bank und der Deka als Transparenz-Lokomotiven würden die Gegenargumente der übrigen Fondsmanager künftig noch unglaubwürdiger als bisher.

Doch der Einfluss von außen war noch größer als erwartet. Die Frankfurter Allgemeine meldete zwei Tage später, dass der Entscheidungsprozess über die zukünftig zu veröffentlichenden Informationen noch nicht abgeschlossen sei. Deka-Kommunikationschef Ulrich Kater, der meinen Beitrag doch per Fax frei gegeben hatte, erklärte im Hinblick auf meine Transparenzgebote plötzlich, die Deka überlege noch, „was von diesem Maßnahmenkatalog" umgesetzt werden solle. Gut für das fondstelegramm, weil nun die mir gegenüber abgegebenen und sogar bestätigten Aussagen der Deka in verschiedenen großen Zeitungen diskutiert wurden. Schlecht für das Management, das damit bewies, dass es weder Ahnung hatte noch Rückgrat. Vor allem Oberboss Axel Weber war der Krisensituation absolut nicht gewachsen. Lange hat er sich auf seinem Stuhl dann auch nicht mehr halten können.

Zwei Wochen später kam die endgültige Bestätigung, dass die fondstelegramm-Transparenzgebote von der Deka nicht eingehalten werden. Zusammen mit der Commerz Grundbesitz (Commerzbank), der

Dass das alles noch getoppt werden könnte,
glaubte selbst ich damals nicht.
Ich sollte mich getäuscht haben.

DEGI (damals Allianz/Dresdner Bank) und der DIFA (Genossenschaftsbereich) wurde zwar eine „Transparenzinitiative“ angekündigt. Die aber versprach eben nur eingeschränkt Informationen. Um es abzukürzen, erwartungsgemäß wurde auch dieses Versprechen später gebrochen. Aber die Anleger der offenen Immobilienfonds waren vorerst beruhigt.

Die nächsten Monate ging es dann ereignisreich weiter. Massive Abflüsse von Mitteln bei offenen Immobilienfonds insgesamt bereiteten einigen Managern derbes Kopfzerbrechen. Eigentlich ohne Grund, weil bei einer korrekten Bewertung der Immobilien und einem planbaren Abfluss über viele Monate problemlos Objekte verkauft werden könnten. Oder waren die Fondsmanager nur zum Einkaufen zu gebrauchen? Zumindest drängte sich wegen deren Untätigkeit dieser Verdacht auf. Bei der DIFA zum Beispiel sollte eine Sonderprüfung mit Abwertungen alle Bewertungsprobleme auf einen Schlag gelöst haben. Wie unglaubwürdig, wo doch die Abwertung „zufällig“ genau so hoch ausfiel, dass der DIFA-Fonds Nummer 1 mit 0,3 Prozent haarscharf an einer negativen Jahresperformance vorbeischrammte. Das war allerdings nicht der einzige Grund, warum ich der DIFA eine „kreative Buchführung“ attestierte. Denn bei Projektentwicklungen wie den Riem Arcaden in München oder dem CityQuartier DomAquarée in Berlin entdeckte ich einige Hinweise für fragwürdige Bewertungen. Hinzu kamen Widersprüche in den von Wirtschaftprüfern beanstandungsfrei testierten Jahresberichten.

Die Krönung der Recherchen war dann Mitte 2005 die neueste Ausgabe meiner schon öfter veröffentlichten „Studie der offenen Immobilienfonds“. Überschrift der 800 Seiten umfassenden Ausarbeitung: „Die ruhigen Zeiten sind vorbei“. Unglaubwürdige Bewertungen, steigende Gebühren und vernachlässigte Instandhaltungen waren nur einige der vorgestellten und mit Zahlen betonierten Thesen. Auch gab es wieder konkrete Anlageurteile zu einzelnen Fonds von mir. Bei einer ganzen Reihe wurden auch konkrete Verkaufsempfehlungen ausgesprochen. Das brachte die Branche regelrecht in Rage. Wie immer haben die meisten vermutlich die Studie gelesen, aber nur die wenigsten haben sie offiziell gekauft. Mein Trostpflaster: Die Auswertung wurde von der Presse besonders häufig aufgegriffen. Sogar die Nachrichtenagentur dpa-AFX brachte eine Meldung dazu heraus, die von zahllosen Tageszeitungen übernommen wurde. Die Überschrift passte eben zu gut ins Bild: „Satte Rendite war gestern – Offene Immobilienfonds in der Krise“. Dass das alles noch zu toppen war, glaube selbst ich damals nicht. Ich sollte mich getäuscht haben. Aber dazu später noch mehr ...

Gefundenes Fressen für Anlage-Akrobaten: Das Anlegerschutzverbesserungsgesetz

Mancher mag bei diesen Ausführungen gedacht haben: Da gibt es doch eine Bundesaufsicht namens BaFin. Was hat die denn wohl die ganze Zeit getan? Berechtigte Frage, aber ich weiß es auch nicht. Eine solche Untätigkeit ist wohl schwer nachvollziehbar. Und mit personellen Engpässen längst nicht zu erklären. Aber es kommt noch besser. Denn am 1. Juli 2004 verabschiedete der Bundestag das Anlegerschutzverbesserungsgesetz. Erklärtes Ziel: Die Stärkung des Finanzplatzes Deutschland. Ein Baustein zur Erreichung dieser Zielsetzung ist die bessere Funktionsfähigkeit des Marktes durch erhöhte Transparenz. Dabei ging es allerdings nicht um offene Immobilienfonds. Dort ist doch alles in Ordnung, oder? Jedenfalls schien der Gesetzgeber das angenommen zu haben. Ihm ging es bei den neuen Vorschriften auch um den grauen Kapitalmarkt. Für den wurde jetzt eine Prospektpflicht vorgeschrieben. Seit dem 1. Juli 2005 dürfen Beteiligungsmodelle nur noch verkauft werden, wenn der Verkaufsprospekt vorher von der BaFin, der Bundesanstalt für Finanzdienstleistungsaufsicht, geprüft und gestattet wurde. Die Übergangsfrist von einem Jahr sollte der Aufsichtsbehörde genug Zeit geben, notwendige Kriterien für die Erteilung der Verkaufserlaubnis zu definieren.

In einem Kommentar schlug ich damals vor, dass auch Verbraucherschützer und andere Vertreter der Anlegerseite zu Kriterien einer sinnvollen Ausgrenzung von Betrügern befragt werden sollten. Außerdem warnte ich, dass das BaFin-Siegel von unseriösen Marktteilnehmern als Qualitätskriterium benutzt werden könnte. Trotz aller Erfahrungen vermutlich immer noch zu gutgläubig, dachte ich, die BaFin könne nach einem gewissen Lernprozess tatsächlich zu einer Marktbereinigung beitragen. Wie man sich doch täuschen kann! Ein Beispiel: Die VL Premium Fonds der Bonus GmbH. Ab 40 Euro monatlich konnten sich

Anleger beteiligen. Reichlich Renditen für Schmalspuranleger? Wohl kaum, denn Mitte 2006 stellte die Staatsanwaltschaft bei einer Großrazzia in sieben Bundesländern umfangreiches Beweismaterial in 30 Büros und Privaträumen sicher. Rund 2.000 Anleger sollen um ihr Geld geprellt worden sein. Den beiden Hauptbeschuldigten, damals vorübergehend festgenommen, wurde gewerbsmäßiger und bandenmäßiger Betrug vorgeworfen. Laut LKA-Sprecher Toralf Reinhardt war nämlich nicht mal eine Besenkammer erworben worden. Vielmehr schufen die Hauptverdächtigen ein Netz von Firmen, in dem das Geld der Anleger versickerte. Durch Kontenpfändungen und die Sicherstellung von Sachwerten, so erklärte ein Sprecher der Staatsanwaltschaft Potsdam, habe zumindest ein Teil der Gelder für die Anleger gerettet werden können. Und der andere Teil? Dabei hatten doch die obersten Finanzaufseher den Fonds im Oktober 2005 zum Vertrieb frei gegeben ...

Zweites Beispiel: Im März 2006 wurde das Insolvenzverfahren über das Vermögen der Süddeutschen Sachwert GmbH eröffnet. Die Stuttgarter Staatsanwaltschaft ermittelte wegen Steuerhinterziehung, Insolvenzverschleppung und Betrug. Gar so neu war das nicht gerade. Laut Oberstaatsanwalt Hans Richter war der Geschäftsführer Temel Tas bereits seit Jahren bei der Staatsanwaltschaft einschlägig bekannt. Zu dem Zeitpunkt waren sogar noch ältere Verfahren offen. Richter sprach deshalb von umfangreichen und komplexen Sachverhalten. Die BaFin störte das aber nicht, als sie im November 2005 Temel Tas gestattete, mit der Gesellschaft bei Anlegern Geld in Form von stillen Beteiligungen einzusammeln. Da ich für die Berichterstattung gerne den BaFin-geprüften Verkaufsprospekt gehabt hätte, bat ich dort um Übersendung einer Kopie. Leider vergeblich. Dazu später mehr. In diesem Zusammenhang kam aber schon die Frage auf, wer damit eigentlich geschützt werden sollte. Temel Tas, der vorwiegend türkische Anleger um ihr sauer erspartes Geld brachte? Oder der zuständige BaFin-Beamte, der den Fonds eines staatsanwaltschaftlich gut bekannten Mannes das offizielle Sauber-Siegel verliehen hatte?

Noch ein Beispiel: Im März 2007 berichtete das fondstelegramm von staatsanwaltschaftlichen Ermittlungen bei der R+W Vermögensmanagement AG. Von denen wurden Kleinstanleger mit Beträgen ab 50 Euro im Monat regelrecht abgezockt. Schon 2003 liefen strafrechtliche Ermittlungen. Laut einem Sachverständigengutachten des Bayerischen Landeskriminalamts verdampften 90 Prozent der Anlegergelder in Akquise- und Marketingaufwendungen, in Gehältern und Vorstandsvergütungen. Laut einem mir vorliegenden Briefkopf gehörte das Unternehmen zur Global Investment Group, an der Frank André Audilet beteiligt ist. Der ist – mit Erlaubnis der BaFin – weiter aktiv und akquiriert fleißig Anlegerkapital. Mit den laut fondstelegramm „inakzeptablen" DSW Deutscher Sachwertfonds I und II. Zur Unternehmensgruppe gehörten auch die Global Money Management, des weiteren GRE Global Real Estate AG, TGA Deutsche Treuhand GmbH, GRE VC GmbH und die Mega Trust Customer Services GmbH, alle in unterschiedlichste Anlagemodelle verwickelt. Audilet und sein Kompagnon Stefan Oehlerking sind in unterschiedlichsten Funktionen aktiv. Auch beim Global Premium Rendite Fonds – von der BaFin genehmigt. Zu diesem Angebot schrieb das fondstelegramm im Oktober 2007: „Ein Skandal, mit welcher Produkt- und Prospektqualität Geld eingesammelt werden darf." Postwendend beschwerten sich Audilet und Oehlerking zusammen mit ihrem PR-Berater Michael Oehme darüber. Rechtliche Schritte eingeleitet haben sie aber nur mit ihrer HDW Deutschland AG im Falle des Ersten Hauptstadtfonds von B&P Bauträger. Die Formulierung „der Gipfel an Dreistigkeit" war ihnen offenbar zu viel. Schließlich hatten sie den Freibrief der BaFin, um nicht zu sagen, die Lizenz zum Linken. 2.440 Euro wollte die Kanzlei Mettenheim Gautier aus Hamburg, nicht gerade positiv in Erscheinung getreten, für den Brief mit der Unterlassungsverpflichtungserklärung von mir haben. Dagegen habe ich mich erfolgreich gewehrt. Ich darf also weiterhin schreiben, dass die Namen Stefan Oehlerking, Frank André Audilet und Jens Roloff nicht zum ersten Mal in Zusammenhang mit zweifelhaften Fondsmodellen auftauchten. Damit gemeint war zum Beispiel der Deutsche Grundwertfonds I, von mir als „Selbstbedienungsladen BE Berliner Emissionshaus“ versinnbildlicht. Auch der von der BaFin zugelassen. Außerdem gibt es zum Beispiel für den Global Premium Rendite Fonds von dem seit 2003 als Analyst auftretenden Philip Nerb ein Prädikat „einwandfrei“ von seiner Firma Werteanalysen. Dabei werden bei dem einen oder der anderen wohl einzweideutige Gedankenassoziationen aufbrechen ...

Ich bitte um Nachsicht für das verwirrende Gestrüpp von Firmennamen und Personen. Ob das beabsichtigt ist – wenngleich nicht von mir – das sei der Phantasie jedes Einzelnen überlassen. Bei der BaFin hat das offenbar einen bestimmten Effekt. Wegen der alphabetischen Zuordnung sind immer wieder andere Mitarbeiter zuständig. Ob die nicht miteinander reden oder einfach nicht merken, was hier passiert – wer kann das schon sagen? Auf alle Fälle schauen sie dem Treiben untätig zu. Sie finden auch nichts dabei, dass auf der Homepage des Global Premium Rendite Fonds ein Link zur BaFin Datenbank angegeben ist. Wer es anklickt, kommt zu den offiziellen Vertriebsfreigaben der Bundesanstalt für Finanzdienstleistungsaufsicht. Da kann ein unbedarfter Anleger schon mal meinen, dass es sich wohl um ein seriöses und geprüftes Anlagemodell handeln muss.

Die Liste der mehr als zweifelhaften BaFin-Gestattungen ließe sich noch ellenlang fortführen. Ich beschränke mich auf ein abschließendes Beispiel: Die kritisch sezierte Firma namens Avima versuchte, gegen meine Berichterstattung rechtlich vorzugehen, wie viele andere vorher am Ende ohne Erfolg. Dabei hatte ich nur geschrieben, was ohnehin im Prospekt zu lesen war. Dort aber natürlich nicht so direkt. Zum Beispiel müssen die Anleger beim Sachwertplan 6 acht Jahre lang einzahlen, bevor mit ihrem

Geld Gewinne erwirtschaftet werden. Die Kosten sind einfach unverschämt hoch. Unternehmensverstrickungen, vor allem beim Treuhänder, „lassen den Fonds äußerst unseriös erscheinen“. Außerdem monierte ich: „Die im Prospekt angegebene Umfirmierung hängt wohl damit zusammen, dass die Bundesanstalt für Finanzdienstleistungsaufsicht (BaFin) die Geschäfte der Vorgängergesellschaften als genehmigungspflichtige Finanzkommissionsgeschäfte eingestuft hat. Eigentlich sollte sich für diesen Fonds die Staatsanwaltschaft interessieren. Eine BaFin-Gestattung hat er aber erhalten.“ Was war der Hintergrund? Die Geschäftsführer der Komplementärin sowie der Treuhandkommanditistin Klaus-Jürgen Pitter-Kilfitt und Anouschka Wittke hatten mit Vorgängerprodukten gewissermaßen kontrollierte Bauchlandungen hingelegt. Ich

Offenbar ist die Bundesaufsicht nicht gewillt, ihren Auftrag nach dem Anlegerschutzverbesserungsgesetz ernsthaft in Angriff zu nehmen.

recherchierte damals: „Aufgrund der Hereinnahme von Anlegergeldern für Vorgängerfonds wurden die beiden wegen unerlaubter Bankgeschäfte zu acht beziehungsweise sechs Monaten Haft verurteilt.“ Für die BaFin längst kein Grund, ein mit neuem Namen umgetauftes Produkt gleichen Stammbaums nicht mehr zu gestatten.

Nun aber das letzte Beispiel – auch wenn ich am liebsten gleich zum nächsten übergehen würde. Aber das würde wohl auch nichts daran ändern, dass die BaFin offenbar nicht gewillt oder in der Lage ist, ihren Auftrag nach dem „Anlegerschutzverbesserungsgesetz“ ernsthaft in Angriff zu nehmen. Natürlich würden deren Vertreter sofort dagegenhalten, dass sie die Wirtschaftlichkeit von Anlagemodellen nicht überprüfen dürfen. Das sollen sie auch nicht. Es geht um einfache formale Dinge. Wozu muss man überprüfen, ob die Seitennummerierung korrekt ist?

Es gäbe doch Effektiveres zu tun. So könnte man vorschreiben, dass die maßgeblichen Macher im Prospekt einen lückenlosen Lebenslauf herausrücken, mitsamt all ihren Tätigkeiten und Aktionen im Kapitalanlagebereich. Hilfreich wären auch klare Kriterien für die Verträge, damit die Rechte der Anleger nicht völlig ausgehebelt werden können. Oder die generelle Einführung eines Prospektgutachtens durch einen Wirtschaftsprüfer, das einem Anleger unter Hinweis auf eventuelle Beanstandungen zwingend ausgehändigt werden muss. Nein, dafür muss eine Eröffnungsbilanz der Fondsgesellschaft rein. Eine reine Überflüssigkeit, weil dort in der Regel links und rechts ein einziger Betrag von 100 oder 1.000 Euro ausgewiesen wird. Eine kleine Auswahl aus dem umfangreichen Kuriositätenkabinett der BaFin, beispielhaft dafür, wie beamtenhaft und unzweckmäßig die BaFin heute arbeitet. Wie einfach wäre es, mit den gleichen Mitteln deutlich mehr zu bewegen. Aber Bewegung, das ist offensichtlich der Allergieauslöser Nummer eins im Behördentiefschlafparadies der BaFin.

Dienstwegsackgassen-Marathon: Bundesbehörde schützt Abzocker vor Verbraucherschützer

Die Überschrift mag hart klingen. Ob sie es tatsächlich ist, kann nach den folgenden Schilderungen jeder selbst beurteilen. Wieder einmal ging es um das Anlegerschutzverbesserungsgesetz. Das verpflichtet Anbieter zur Erstellung eines Verkaufsprospektes, der dann von der BaFin zum Vertrieb freigegeben werden muss. Zudem ist eine Veröffentlichungspflicht des Angebots vorgeschrieben und eine Möglichkeit zur Einsichtnahme in den Prospekt. Eine Reihe von Initiatoren weigerte sich jedoch, ihren Prospekt herauszurücken. Vermutlich, weil die Angst vor einem journalistischen Verriss zu tief saß. Was kann man als Journalist tun, wenn ein Anbieter sich nicht an das Gesetz hält? Anzeige erstatten, das bringt nicht viel. Ich entschloss mich für einen anderen Rechercheweg, den über die BaFin, denn der liegen alle Prospekte vor. Ich fragte in der Pressestelle nach, ob ich in Ausnahmefällen eine Kopie bekommen könnte. Um keine Kosten zu verursachen, würde mir auch ein per Mail übersandtes pdf-Dokument reichen. Ich versuchte es vergeblich, sowohl der kleine wie auch der große Dienstweg endeten im Nichts. Unschwer vorstellbar, was ich in diesem Moment über die Damen und Herren in Frankfurt und Bonn dachte.

Aber ich blieb am Ball, jetzt erst recht! Die Herausgabe der Prospekte auf ein ganz offizielles Begehren nach dem Informationsfreiheitsgesetz (IFG) konnte die BaFin nur unter Angabe einer Begründung verweigern. Laut Gesetz blieben ihr dafür 30 Tage Zeit. Offenbar gelten Gesetze für die BaFin nicht, denn ich hörte fast zwei Monate nichts. Dann sollte ich plötzlich Nachweise erbringen, dass ich die Prospekte vom Anbieter nicht,

Die BaFin mit ihrer Informationsblockade verschaffte einigen Vertrieben Monate Zeit, weiter ungestört ihre ominösen Angebote zu vertreiben.

wie gesetzlich vorgesehen, bekomme. Genau dieses Gesetz, auch das schien sich in BaFin-Kreisen noch nicht herumgesprochen zu haben, sieht allerdings eine Begründung nicht vor. Als ich dennoch per Mail auf die Informationsverweigerung der Anbieter eingehen wollte, kam eine Abwesenheitsnotiz zurück. Es hieß, der Mitarbeiter sei für zwei Wochen in Urlaub. Jetzt reichte es mir! Ich schrieb an den Journalistenverband und den Bundesbeauftragten für Datenschutz und Informationsfreiheit. Peter Schaar mit seinen Mitarbeitern war schließlich auch dafür zuständig, die Einhaltung des IFG zu überwachen. Erst jetzt kam Bewegung in die Angelegenheit, wenige Tage später hatte ich die Prospektkopien auf dem Tisch – zusammen mit einem Gebührenbescheid. 162,80 Euro für zwei Prospektkopien! Ein stolzer Preis mit integriertem Abschreckfaktor. Da ich zu diesem Zeitpunkt bereits auf weitere fünf Prospekte von Initiatoren vergeblich wartete, und auch diese bei der BaFin bestellen wollte, wäre ich einen runden Tausender los gewesen. Für eine Informationsanfrage, die gesetzlich geregelt ist. Von derart überdrehten Kosten konnte ich allerdings nirgendwo einen Paragrafen entdecken. Also legte ich Widerspruch gegen den Gebührenbescheid ein. Wieder half mir der Journalistenverband und Susanne Bohn aus dem Büro des Datenschutzbeauftragten. Am Ende wurde die Gebühr auf 97,50 Euro „reduziert“. Immer noch ein rechter Amtsschimmelpreis für zwei läppische Prospektkopien, aber immerhin deutlich weniger.

Apropos Amtsschimmel: Dieser Vorgang ist am Ende sogar in den 1. Tätigkeitsbericht zur Informationsfreiheit eingegangen. Als „wichtiger Einzelfall“ herausgestellt, wurde er zusammen mit anderen Fällen dem Deutschen Bundestag vorgelegt. Das Besondere, was ich vorher auch nicht wusste: Die BaFin rechtfertigte die hohen Gebühren gegenüber dem Bundesbeauftragten damit, dass „der Antragsteller erst im Laufe des Verfahrens wichtige Sachverhaltsteile vorgetragen habe.“ Und wieder hörte ich etwas Weißes lautstark wiehern. Fundamentaler Nonsens, diese

Rechtfertigung der Behördenleute, denn ich wollte von Anfang an nur die Kopien der Prospekte haben. Aber der Amtschimmel hatte noch mehr für mich parat: Als Begründung für die Gebühren wurde von der BaFin erklärt, „man habe die Einschlägigkeit des IFG prüfen müssen". Die Gegenargumentation des Bundesbeauftragten für Datenschutz: „Dabei handelte es sich jedoch nicht um einen Gebührentatbestand, sondern um ein normales Verwaltungshandeln." Sein Fazit: „Eine solche Herangehensweise ist nicht gerade geeignet, das Vertrauen der Bürgerinnen und Bürger zu stärken. Eine Behörde sollte vielmehr eingehende Anfragen im Sinne der Bürgernähe bearbeiten und bei offenen Fragen auf den Antragsteller zugehen." Ein dicker Rüffel für die Behörde, die doch dem Anlegerschutzverbesserungsgesetz verpflichtet ist.

Apropos Anlegerschutz. Die beiden Fonds, um die es mir in der ersten Anfrage ging, hatten zweifellos das Prädikat „absolut anlegerunfreundlich" verdient. Beide erwähnte ich bereits im Zusammenhang mit Frank Audilet. Der müsste sich eigentlich bei der BaFin bedanken. Immerhin hat die ihm zumindest einige Monate Zeit verschafft, weiter ungestört seine ominösen Angebote zu vertreiben. Durch die anfängliche Blockadehaltung waren die kritischen Berichte letztlich um Monate verzögert worden.

Letzter Punkt in dem Zusammenhang: Im Falle des Ersten Hauptstadtfonds fand nach deren erfolglosen rechtlichen Schritten ein persönliches Gespräch mit den Initiatoren, Vermittlern und deren PR-Berater Oehme statt. In diesem Gespräch fragte ich beiläufig, ob die BaFin wegen des nicht erfolgten Prospektversands durch den Initiator eigentlich etwas unternommen habe. Schließlich handele es sich meines Erachtens um einen Verstoß gegen das Anlegerschutzverbesserungsgesetz. Das war rund drei Monate nach meiner IFG-Anfrage. Einen bösen Brief oder lautstarke Telefonate gab es zumindest bis dahin aber nicht. Ich bezweifle auch, dass die BaFin irgendetwas unternommen hat. Denn später habe ich noch oft Prospekte bei der BaFin bestellt, gebührenpflichtig natürlich. Nicht selten betraf es dieselben Anbieter vorheriger Anfragen. Die hatte die BaFin offenbar nicht motivieren können, die Vorgaben des Anlegerschutzverbesserungsgesetzes einzuhalten. Untätigkeit im Amt? Verbraucherschutz sieht jedenfalls deutlich anders aus. Jedenfalls nicht das letzte Mal, dass ich in meiner Eigenschaft als „Journalist in Sachen Verbraucherschutz“ von der BaFin im Dauerregen stehen gelassen wurde.

Damit aber die BaFin nicht ganz allein als untätige Behörde stehen bleibt – auch andere beherrschen dieses Metier – noch eine kurze Episode mit der Deutschen Bundesbank. An die muss gemäß einer Anordnung vom Januar 2004 jeder offene Immobilienfonds eine monatliche Meldung über die Zusammensetzung des Fondsvermögens, Anteilumlauf und Mittelaufkommen übermitteln. Sicherlich nicht unbedingt geheime Daten, weil jeder Rechenschaftsbericht die Werte auf Jahresbasis enthält. Um aber auf Monatsbasis informiert zu sein, startete ich am 3. Januar 2006 nach Einführung des Informationsfreiheitsgesetzes eine Anfrage bei den Bundesbankern. Über einen Monat später fragte ich nach. Niemand kannte meine Anfrage. Also schickte ich sie erneut. Mit gleichem Ergebnis: Nichts. Weder der gesetzlich geforderte Ablehnungsbescheid noch die gewünschten Informationen habe ich erhalten. Also auch die Bundesbank stellt sich über das Gesetz. Indem sie kritische Anfragen einfach im unternehmensinternen Orkus namens Ignoranz versickern lässt. Denkbar aber auch, dass dort der beamtete Schimmel dem hohen Ross Platz gemacht hat ...

Enttäuschende Galionsfiguren: Ex-Politiker posieren als Fondsköder

Prominente Zeitgenossen, die mit ihrem bekannten Namen für Fonds werben und damit viele in Sicherheit wiegen, die sich vor der Zeichnung besser näher informiert hätten, das war bereits bei gewissen Medienfonds und Fußballfonds kritisiert worden. Umso enttäuschender, dass sich auch ehemalige Politiker vor den Werbekarren spannten, in diesem Fall vor den der Deutschen Anlagen AG. So ließ sich Ex-Verteidigungsminister Rupert Scholz unter einem Kristallkronleuchter ablichten, die ehemaligen Staatssekretäre Michael-Andreas Buth, Wighard Härdtl und Helmut Holl posierten auf ledernen Ohrensesseln, beziehungsweise einem Villenaufgang. Vertrauen streuende Maßnahmen sozusagen. Dabei streuten die ehemaligen Volksvertreter nichts als Sand in die Augen Gutgläubiger. Ihre Funktionen bei der Deutschen Anlagen oder deren Tochter Deutsche Portfolio Management AG hätte aber hellhörig machen müssen: Sie saßen im Aufsichtsrat oder in wichtigen Beiräten.

Für viele offenbar kein Problem. Wer will schon einer Anlagemöglichkeit misstrauen, für die ein ehemaliger Verteidigungsminister einladend in die Kamera lächelt? Kaum verwunderlich, dass der umstrittene Vertriebsmann Michael Turgut schon nach sechs Monaten stolz verkündete, für den „Politikerfonds" seien Zeichnungen im Volumen von 100 Millionen Euro zusammengekommen. Aber nicht nur Turguts Vertriebsmethoden waren berüchtigt, auch der im Verborgenen agierende Urheber des Deutschen Vermögensfonds I bediente sich unlauterer Rattenfängermethoden. Jürgen Rinnewitz war unter anderem der Kopf der Göttinger Gruppe, aus der heraus zwischenzeitlich einer der größten Anlageskandale Deutschlands entstand.

Zurück zum Fonds: Dessen Gebührenstruktur verdient nur die Bezeichnung absolut indiskutabel. Den Prospekt konnten selbst die versierteren Anleger nicht richtig kapieren, das

Anlagekonzept war wirr und unkonkret, die Anlegerrechte stark beschnitten. Im fondstelegramm habe ich wahre Warnraketen auf das Angebot abgeschossen. Zeitgleich mit meinen Recherchen veröffentlichte Capital einen massiv warnenden Beitrag, und auch Finanztest ist völlig unabhängig davon zu einem Desaster-Urteil gekommen. Trotzdem gelang es dem damaligen Fondsgeschäftsführer

Der Fonds wurde von der BaFin wegen unerlaubter Finanzkommissionsgeschäfte geschlossen – von der selben Behörde also, die dafür vorher die Vertriebsfreigabe erteilt hatten.

Walter Rasch, GUB zu einem positiven Rating zu bewegen. Die damals noch ganz frisch als Agentur für geschlossene Fonds auftretende Rating Services AG aus München hatte sich sogar zu einer noch besseren Bewertung hinreißen lassen. Immer wieder schade, dass Eigenlob nicht nach faulen Eiern riecht, denn Raschs PR-Agentur BrunoMedia Communication triumphierte in einer Konfetti-Pressemitteilung: „Damit hat das erste Produkt der DA AG auf Anhieb die höchste Benotung erreicht, die bislang von RS an mittelständische Emittenten vergeben wurde." Der prall mit Anlegerkapital gefüllte Marketingtopf wurde also großzügig verteilt. Auch an den prominenten Unternehmensberater Roland Berger wurde später medienwirksam ein lukrativer Auftrag vergeben.

Wie fragwürdig diese Rating-Urteile waren, zeigte sich allerdings sehr schnell. Im Juni 2005 hat die BaFin, ich darf sagen ausnahmsweise, mal richtig durchgegriffen. Der Fonds wurde wegen unerlaubter Finanzkommissionsgeschäfte geschlossen – obwohl die BaFin ihm anfänglich die Vertriebsfreigabe erteilte. Im September wurde dann das Insolvenzverfahren eröffnet. Damit hatten die Anleger ihr Geld weitgehend verloren. Dazu beigetragen haben auch erhebliche Gebühren, die die BaFin für den von ihr eingesetzten Abwickler Georg Henningsmeier festsetzte. Stolze 1,57 Millionen Euro Vorschuss wurden ihm zugebilligt. Der Hamburger Professor für Zivilprozessrecht Reinhard Bork bezeichnete damals diese Gebühr als völlig überhöht. Seines Erachtens hätte der von der BaFin eingesetzte Rechtsanwalt Henningsmeier lediglich 220.000 Euro erhalten dürfen. Für manche Megamanager bekanntlich nur Peanuts, für einfache Anleger hingegen eine dramatische Differenz.

Nur am Rande: Der damalige Fondsgeschäftsführer Walter Rasch war lange Jahre als FDP-Politiker tätig, brachte es in Berlin sogar zum Senator für das Schulwesen. Laut Internet-Lexikon Wikipedia ist er heute Geschäftsführer bei anderen Immobilienunternehmen und auch Vorsitzender des BFW Bundesverband Freier Immobilien- und Wohnungsunternehmen e.V., dem Spitzenverband der unternehmerischen Wohnungs- und Immobilienwirtschaft. Seiner Karriere in der Immobilienbranche hat die Millionenpleite offenbar nicht geschadet.

Die Steuerkeule 15b trifft: Knock-out für die Verlustzuweisungen

Über den dilettantischen Versuch von Oskar Lafontaine, mit der Einführung des Fallenstellerparagraphen 2b den Steuermodellen den Garaus zu machen, wurde hier schon berichtet. Da machte es Hans Eichel 2005 schon besser. Ein erster Gesetzentwurf zur Abschaffung von Verlustzuweisungen bei Beteiligungsmodellen wurde im April vorgelegt. Wenige Tage später ist dann das Datum 5. Mai bekannt geworden. Bis dahin sollten noch die alten Regeln gelten. Absolute Sonderkonjunktur für die Branche war angesagt! Durch das Wahldebakel der damaligen Bundesregierung bei der Landtagswahl in Nordrhein-Westfalen kam aber dann doch alles anders. Bundeskanzler Gerhard Schröder stellte die Vertrauensfrage und es kam im Herbst zu vorzeitigen Bundestagswahlen. Die geplanten Gesetzesänderungen, die auch die Neuregelung für

Indirekt hat der linke Flügel der SPD, der immer über die Verlustzuweisungsmodelle schimpfte, den Weg frei gemacht, dass es sie weiterhin gab.

steuerorientierte Fondsmodelle enthielten, wurden nicht mehr umgesetzt. Indirekt hat deshalb der linke Flügel der SPD, der schon immer über die Verlustzuweisungsmodelle schimpfte, den Weg frei gemacht, dass es sie noch weiter gab.

Das Chaos nach der Wahl ist längst Geschichte. Den Initiatoren von Steuermodellen ermöglichte es aber noch so manches Geschäft. Erst zum 10. November 2005 sollte dann der neue Paragraph 15b ins Einkommensteuergesetz eingefügt werden. Dann kamen aber die Grünen, und die wollten dem „Eisernen Hans aus Hessen“ in ihren letzten Tagen als Regierungspartei noch in die Suppe spucken. Der damalige Umweltminister Jürgen Trittin stimmte dem Kabinettsbeschluss nicht zu und verhinderte damit zunächst die Einführung, die er im Mai noch hatte mittragen wollte. Angeblich wegen der Windkraftfonds, die durch die Reglung deutlich an Attraktivität verloren. Man munkelt aber, es könne auch am Einfluss seines Bruders Uwe Trittin gelegen haben. Der war seinerzeit Direktor bei der Vermögensberatung Cortal Consors Select, die ebenfalls im Steuerfonds-Geschäft mitmischte. Oder es war einfach nur Zufall. Genau werden wir es wohl nie erfahren, weil auch der Widerstand von Trittin die Einführung des Paragraphen 15b am Ende nicht verhindern konnte.

Was hat das Ganze mit mir zu tun, außer dass damals das fondstelegramm ständig mit den neuesten Steuernachrichten von der Publikumspresse zitiert wurde? Das war so: Im Vorfeld zur Einführung der Verlustabzugsbeschränkung musste das Bundesministerium für Finanzen eine genaue Steuerschätzung über die Auswirkungen der geplanten Änderung abgeben. In einer Hintergrundinformation wurde genau aufgegliedert, wie sich die geplanten jährlichen Steuermehreinnahmen von 2,5 Milliarden Euro errechneten. Von geschlossenen Immobilienfonds über Medienfonds bis hin zu Videogamefonds wurden einzelne Fondsgattungen aufgeführt und das Steuermehraufkommen daraus berechnet. Quelle-Notiz unter den Tabellen: „Die Berechnungen greifen auf Ergebnisse der bekannten Loipfinger-Studie über Steuersparmodelle zurück." Gemeint war meine jährliche Gesamtmarktstudie, die offenbar eine bessere Quelle für die Steuerschätzungen darstellte als alle Zahlen der Finanzämter oder des Statistischen Bundesamtes. Zweifellos eine tolle Sache für mich. Auf der anderen Seite muss man sich fragen, was passiert wäre, wenn ich mich verrechnet hätte ...

Bis des Richters Robe raucht: Unseren täglichen Streit gib uns heute!

Große Verlage haben eigene Abteilungen für Rechtsstreitigkeiten. Meist sogar spezialisiert, nämlich einmal auf die Angelegenheiten der Geschäftsführung und zum anderen auf redaktionelle Belange. Bei mir hingegen liefen alle Streitfälle auf einem einzigen Schreibtisch zusammen. In puncto Redaktion und Verlag weniger aufreibend, dafür umso mehr im Zusammenhang mit rechtlichen Zwistigkeiten. Es gab viel zu tun! Weil im fondstelegramm fast täglich ein kritischer Bericht veröffentlicht wurde, mutierten die Telefonhörer mindestens jeden zweiten Tag zu rauchenden Colts. Das gipfelte durchaus nicht selten in Gesprächen der Marke lautstark. Dennoch bot ich den Beschwerdeführern fast immer an, ihre konträre Position im fondstelegramm kund zu tun. Eine eigens dafür eingeführte „Lesermeinung" bot jedem Abonnenten die Gelegenheit dazu. Schließlich kann jeder Leser sich am Ende seine eigene Meinung bilden. Allerdings reichte das nicht jedem Kritisierten. Durchaus häufiger wurde mir gleich der Fehdehandschuh entgegen geschleudert, sprich: der Kriegspfad Richtung Richter beschritten.

So auch bei dem einzigen Fall, bei dem ich wegen einer einstweiligen Verfügung am Ende nicht als 100-prozentiger Sieger vom Platz ging. Drei von vier Aussagen darf ich weiter tätigen. Nur eine blieb mir versagt. Und diese ärgert mich noch heute, weil sie für den kritischen Tenor des Beitrags völlig unnötig war. Es ging um die Rechtsanwaltsgesellschaft Thieler. Mein Vorwurf in der Überschrift, den ich im Übrigen weiter so formulieren darf, war sicherlich hartes Kaliber: „Die Abzocke der Rechtsanwaltskanzlei Thieler – Mit zweifelhaften Anschreiben werden Mandanten akquiriert". Worum ging es? Offensichtlich wurden von der Kanzlei systematisch Einträge im Handelsregister ausgewertet. Den so ermittelten Anlegern wurde dann „angezeigt“, dass Thielers Kanzlei von Mitgesellschaftern mandatiert worden war, Schadensersatzansprüche zu prüfen. Die mögliche Anspruchsgrundlage wurde so verklausuliert, dass der Leser des Briefs fast zwangsläufig an der Seriosität des Initiators und/ oder der Werthaltigkeit seiner Fondszeichnung zweifeln musste. Besonders perfide dann aber die Einflüsterung, es sei notwenig, dass der Anleger mithelfen müsse, die Ansprüche seiner klagenden Mitgesellschafter durchzusetzen. Dazu wurde ein Fragebogen verschickt, den der Anleger ausgefüllt an die Kanzlei zurücksenden sollte. Um noch mehr Druck zu erzeugen, schreckte man sogar vor einer Terminsetzung nicht zurück. Im fondstelegramm bezeichnete ich diese Form der „Mandantengewinnung“ als unseriös. Klar, dass ich von einer Mandatierung Thielers dringend abriet.

Ein halbes Jahr später ging es dann um fragwürdige Umstände bei der Deutschen Anleger Stiftung. Hört sich doch seriös an, oder? Deren Masche war es, Fondsanleger in bundesweit organisierten

Die Masche ist üblich geworden, dass selbst bei geringsten Unstimmigkeiten ganze Heerscharen von Anwälten auf Mandantenfang ziehen. Teilweise unterstützt von Rechtsschutzversicherungen.

Veranstaltungen über drohende Schädigungen aufzuklären. Angeblich um den künstlich Aufgeschreckten zu helfen. Schließlich ist die Organisation gemeinnützig und verlangt keinerlei Entlohnung für ihre Tätigkeiten, die, jedenfalls nach eigenen Aussagen, absolut unabhängig erfolgen. Ausdrücklich will sich diese Stiftung laut ihrer Homepage von „fragwürdigen Schutzvereinen etc. abgrenzen, die versuchen, aus der Not der Menschen Kapital zu schlagen“. Ob man im Finanzbereich an soviel Selbstlosigkeit glauben kann, sei jedem einzelnen überlassen. Ich fand damals aber einige Fakten heraus, die einen sehr engen Kontakt zu Thieler erkennen lassen. Deshalb konnte mein Fazit nur lauten: „Einige Indizien sprechen stark für einen Zusammenhang zwischen der Deutschen Anleger Stiftung und der Rechtsanwaltskanzlei Thieler."

Warum ist das alles so wichtig? Nun, inzwischen ist diese Masche üblich geworden. Selbst bei den geringsten Unstimmigkeiten ziehen sofort ganze Heerscharen von Anwälten auf Mandantenfang, anders kann man es wirklich nicht ausdrücken. Das wird teilweise auch noch unterstützt von Rechtsschutzversicherungen, die oft das Prozesskostenrisiko übernehmen. Bei einem solchen Kompetenz-Duo ist die Entscheidung für einen Anleger im ersten Moment oft einfach. Doch damit wird logischerweise jeder Nährboden für konstruktive Lösungen vernichtet. Fonds, bei denen Probleme vorliegen, die eigentlich lösbar sind, können dadurch regelrecht abgefackelt werden. Denn die Anwälte haben meist nur ein Interesse: Klagen auf Teufel komm raus. Daran verdienen sie in der Regel prächtig. Und ökonomisch ist es auch noch. Häufig wird eine Klageschrift nämlich für ganze Hundertschaften von Mandanten verwendet – selbstverständlich in jedem einzelnen Fall erneut gemäß Honorarordnung abgerechnet. So bedeutet jeder neue Mandant raschen Reibach. Vor diesem Background ist leicht nachvollziehbar, dass die angeblich unabhängigen Anlegerschutzvereine und/oder Interessengemeinschaften vorwiegend deswegen initiiert und unterstützt werden, weil damit hervorragend massenhaft Mandanten akquiriert werden können. Oder sollte man besser von Kundenfang per Schleppnetz reden? Wer das nicht glaubt, sollte einfach mal „Immobilienfonds" googeln. Neben zahlreichen Vermittlern wirft die Suchmaschine praktischerweise auch gleich Anlegervereine und Rechtsanwaltskanzleien aus. Noch deutlicher wird das Ergebnis, wenn man nach großen Initiatoren sucht. Zum Beispiel die Doba-Fonds von Doblinger, hier reicht die Trefferliste vom Forum für geschädigte Doba-Gesellschafter über Schutzvereinigungen bis hin zu verschiedensten Rechtsanwaltskanzleien.

Es wird über Urteile informiert und natürlich auch gleich eine Rechtsberatung angepriesen. Dabei ist Doblinger kein Einzelfall. Als ich es mit „Fundus“ probierte, waren vier von fünf Anzeigen von Rechtsanwaltskanzleien. Zugegeben, die Headlines waren geschickt formuliert – „Neu: Fonds-Rückabwicklung“, „Fundusfonds Schadenersatz“, „Wir setzen Ihre Ansprüche durch!“ und „Soforthilfe für geschädigte Anleger“. Letztere führte übrigens zur Homepage von Rechtsanwalt Thieler.

Aber man sollte sich nichts vormachen: Das Schöne am Anwaltsberuf ist, dass er auch verdient, wenn sein Mandant verliert. Und selbst wenn man am Ende gewinnt – bei insolventen Initiatorenunternehmen können die Ansprüche häufig nicht mehr in echtes Geld umgemünzt werden. Das soll kein Abraten von Schadenersatzklagen sein. Häufig verdient es ein Emissionshaus nicht anders, wenn nämlich bei dem verkauften Anlage-Mogelpaket von vornherein nur eine Pleiteinvestition für die Anleger herauskommen konnte. Doch Obacht bei der Wahl des Anwalts ist mindestens genau so angebracht wie Vorsicht bei der Auswahl des Produkts. Auf Nachsicht hingegen sollte man verzichten und stattdessen prinzipiell eine Leistungsbilanz verlangen. Beim Fondsanbieter ist das ein Soll-Ist-Vergleich all seiner in der Vergangenheit platzierten Kapitalanlageprodukte. Ein Anwalt sollte eine ähnliche „Leistungsbilanz“ vorweisen können: Wie viele Prozesse hat er gewonnen, wie viele gingen verloren? Beschäftigt sich der Anwalt mit meinen spezifischen Problemen oder sammelt er nur Serienbriefmandanten? Was hat er in dem betreffenden Fall bereits konkret recherchiert, um Ansprüche anzumelden? Wer soll überhaupt verklagt werden? Standardmäßig nur der Initiator oder wurden auch Fakten für Ansprüche gegen andere Prospektbeteiligte gesammelt? Gerade Letzteres ist aufwändig, aber gerade deshalb vielversprechender. Denn der Initiator ist bis zum Prozess nicht selten pleite. Der Treuhänder, der Mittelverwendungskontrolleur, der Prospektgutachter oder der Berater sind die besseren Haftungsadressen, ebenso vielleicht das unlautere Ratingunternehmen mit den honigsüßen Gefälligkeitsanalysen.

Aber wieder zurück zu meinem Schreibtisch mit den gestapelten Rechtstreitigkeiten. Darunter war auch mal ein ganz exotisch klingender Fall, der Bericht „Dubai Opportunity Fund mit dubiosem Partner". Eigentlich hätte ich diese Überschrift fast standardmäßig für jeden Dubai-Fonds verwenden können. Denn bis heute habe ich keinen Fonds gesehen, der auch nur im Ansatz eine Zeichnung gerechtfertigt hätte. Doch die Anleger standen offenbar darauf, bei dieser Exoten-Seifenblase dabei zu sein. Dabei ist das noch höflich formuliert. Ich sagte oft, „Dubai ist für mich wie neue Bundesländer hoch zehn". Mit anderen Worten: Es wird völlig am Bedarf vorbei gebaut und spekuliert, immer in der Hoffnung, dass die Nachfrage später, wenn erst genug Angebot da ist, aufblüht wie eine Wüstenlilie. Aber das war natürlich nicht der Grund, warum nach diesem Artikel gleich zwei Unterlassungserklärungen hereinflatterten. Eine davon kam von Rechtsanwälten im Auftrag des Initiators InvestCon. Deren Geschäftsführer Peter Fey wollte mir unter anderem untersagen, die InvestCon GmbH als Unternehmen der Akzenta-Gruppe zu bezeichnen. Ein komplett hoffnungsloses Unterfangen für ihn, schließlich garantierte die Akzenta die Platzierung des Fonds, zudem waren die Macher bei Akzenta indirekt zu 74 Prozent an der InvestCon beteiligt.

Noch dreister war die Unterlassungsaufforderung durch Akzenta-Boss Ulrich Chmiel. Er hat nicht einmal moniert, dass etwas falsch sei an meiner Berichterstattung. Ihm ging es nur darum, dass seine Gefängnisstrafe wegen Betruges und Veruntreuung aus den 90er-Jahren nicht mehr erwähnt werden dürfte. Seine „Persönlichkeitsentfaltung" sei dadurch „erheblich beeinträchtigt", warf er sich ins Geschirr. Und anders als Peter Fey bemühte er wegen meinem No zur Unterzeichnung der Verpflichtungserklärung umgehend die Richter. Allerdings hat das Landgericht Traunstein der einstweiligen Verfügung nicht stattgegeben und gleich einen Termin für das Hauptsacheverfahren anberaumt. Für den 19. Juni 2006 wurde mein „persönliches Erscheinen zum Termin“ angeordnet. Eine kluge Entscheidung. Ob der Richter schon etwas wusste von der Großrazzia und der Festnahme mehrerer Vorstände? Letztendlich hat dieses Ereignis rund drei Wochen vor dem Termin den Fall vorzeitig entschieden. Irgendwie dumm gelaufen, könnte man sagen. Da Herrn Chmiel dabei gewerbsmäßiger Bandenbetrug vorgeworfen wurde, hatte er wenig Chancen, dem Gericht eine Beeinträchtigung seiner Persönlichkeitsentfaltung aufgrund alter Vorfälle plausibel zu machen. Außerdem: Hätte er zum Termin erscheinen können, wo er doch zu diesem Zeitpunkt doch in Untersuchungshaft brummte? Jedenfalls zogen seine Anwälte den Antrag zurück, schließlich hatte er inzwischen andere Sorgen. Die führten dann im Sommer 2008 zur Verurteilung vor dem Landgericht München II. Die Ex-Vorstände der Akzenta wurden zu hohen Haftstrafen verurteilt. Der ehemalige Vorstandsvorsitzende bekam mit sechs Jahren und neun Monaten die höchste Strafe verpasst, sein 32-jähriger Sohn erhielt, ebenso wie ein Partner, eine Freiheitsstrafe von fünf Jahren. Nur der jüngere Sohn, der zu Beginn der Betrügereien das 21. Lebensjahr noch nicht vollendet hatte, wurde zu einer Jugendstrafe von zwei Jahren auf Bewährung verurteilt.

Und die Moral von der Geschicht? Abgesehen von dem zweifelhaften Unterhaltungswert wurde wieder einmal eine Erkenntnis bestätigt: Die größten Abzocker geben am meisten Geld für Anwälte aus. Vor allem deshalb gibt es in Deutschland fast niemandem, der sich wirklich von Beginn an um solche Fälle kümmert. Ist der Millionenversenker später pleite, haben es schon immer alle gewusst und hauen und stechen fleißig drauf ein. So lange er aber noch steht und sich wehrt, trauen sich das die wenigsten. Oder ganz anders: Da der Abzocker nicht nur von kleinen Margen lebt, sondern ohnehin einen erheblichen Teil des Anlegergeldes nicht nur für Investitionen verwendet, wird auch gerne auf käufliche Angebote zurückgegriffen. Vornehmer ausgedrückt: freundschaftlich verbundene Organisationen/

Unternehmen werden unterstützt. Bei meinen Recherchen zu Akzenta bin ich zum Beispiel auf einen Hinweis gestoßen, dass Herr Chmiel von der Akzenta etwa zwei Jahre vor seiner Verhaftung 30.000 Aktien der Cash Medien AG erworben hat. Häufig – wie es in deren offiziellen Geschäftsberichten nachzulesen ist – wurden diese deutlich über dem Börsenkurs gekauft. Ob auch im Fall Chmiel, kann ich nicht sagen. Aber dafür in einigen anderen. Das passt sehr gut in dieses Kapitel, weil auch Cash – allerdings in einem anderen Zusammenhang – einmal, allerdings vergeblich, versuchte eine Unterlassungserklärung von mir einzufordern. Aber nicht nur Akzenta/Chmiel war großer Cash-Aktionär. Mir liegt ein Schreiben aus 2002 vor, das Zeichnungszusagen zu 5,75 Euro und 6,75 Euro pro Aktie auflistet. Namentlich genannt werden darin zu 5,75 Euro pro Stück (in Klammern die Anzahl der Aktien): Norddeutsche Vermögen (20.000), DCM (15.000), BVT (20.000), RWB (10.000), Albis (20.000), P&R Container (10.000), Falk Capital (10.000), GHF (10.000), Dr. Ebertz (45.000) und zu jeweils 6,75 Euro pro Aktie für jeweils 10.000 Stück: Lloyd Fonds, Dr. Peters und Cinerenta.

Wer wird denn dabei gleich auf den Gedanken kommen, diese Transaktionen hätten irgendeinen Einfluss auf die Berichterstattung im Cash-Magazin oder den Ratingurteilen von GUB gehabt. Und wenn doch? Zumindest im Fall des später von der Cash Medien AG gekauften DFI-reports ist ein Zusammenhang herstellbar. Das DFI, einst von Bertelsmann aufgebaut als kritischer und unabhängiger Branchendienst wurde später abgestoßen – wegen zu hoher Prozesskosten. Später landete der Report dann eben bei Cash, die den „guten Namen“ nutzen wollten. Ab dann waren Prozesskostenrisiken eher unbedeutend. Mit verantwortlich war die initiatorenfreundliche Gesinnung. Einem Chefredakteur wurde sogar vorsorglich eine Liste aufs Auge gedrückt, über welche Unternehmen er nur nach Rücksprache mit der Cash-Geschäftsleitung kritisch berichten durfte. Bei jedem der 59 Namen auf der mir vorliegenden Version war jeweils ein

Gefahren-Status angegeben: Von A für Aktionär bis VIP für guter Anzeigenkunde und sonstiger Umsatzbringer. Von Banken- und Versicherungstöchtern bis zu börsennotierten Unternehmen ist alles dabei. Falls sich für diese Unterlagen die BaFin, der Presserat oder die Staatsanwaltschaft interessieren sollten: Alle wissen, wie sie mich erreichen können – das Warum wird später nachgereicht.

Bleibt die Frage nach den Konsequenzen? Moralisch handeln meines Erachtens sowohl der „Bestochene" als auch der „Bestecher" verwerflich. Aber rechtlich? Wenn ein Kapitalanlageunternehmen direkt oder indirekt für positive Berichterstattung oder lobende Produktanalysen Geld bezahlt, wenn es dies bewusst nicht öffentlich macht und damit den Anleger vorsätzlich täuscht – mein Standpunkt hierzu ist klar: schuldig im Sinne der Anklage. Irgendwann wird es dazu auch ordentliche Urteile von Gerichten geben. Und zu Recht, denn Cash ist längst kein Einzelfall. Bis dahin bleibt mir die Hoffnung, dass Korruptionsvorwürfe wie etwa bei Siemens so intensiv in der Öffentlichkeit diskutiert werden, dass auch die Manager in anderen Branchen endlich anfangen müssen, darüber nachzudenken, und das längst nicht nur im Kapitalanlagebereich. Gründe genug, dass ich zu den überzeugten Verfechtern für strengere Gesetze gegen Korruption gehöre.

Live in n-tv und Tagesschau, dann Panik und Drohbriefe: Die Seifenblase der offenen Immobilienfonds platzt

Dass es auch im Bereich der offenen Immobilienfonds Korruption gibt, zeigten sehr deutlich die Ermittlungen des Frankfurter Staatsanwalts Schaupensteiner. So etwas kann, wenn es an die Öffentlichkeit kommt, unabhängig vom echten Ausmaß, extremen Image-Schaden anrichten. Das liegt am Systemfehler innerhalb der offenen Immobilienfonds: Denn solche Produkte, dem Anleger als „jederzeit liquide" untergejubelt, investieren in nur schwer verkaufbare Immobilien. Wenn dann die Anleger ihr Geld zurück haben wollen, müssen theoretisch Immobilien verkauft werden, es sei denn, es handelt sich um Einzelfälle, die aus der Liquidität bedient werden können. Kommt es aber zur „Massenpanik", gibt es bald kein Halten mehr. Und dann kracht es richtig im morschen Anlagegebälk.

Und genau das geschah nach über 40-jähriger Pannenfreiheit am 13. Dezember 2005 erstmals bei einem offenen Immobilienfonds. Auslöser war die Fondsgesellschaft selbst. Sie hatte am 9. Dezember einen Brief an ihre Vertriebspartner verschickt. Darin beschrieb sie die schwierige Situation am deutschen Immobilienmarkt. Von den bereits getätigten Abschreibungen seit Jahresanfang wurde berichtet, außerdem gab es die Ankündigung einer „außerplanmäßige Neubewertung aller Immobilien". Angesichts des Grundtons der Formulierung war abzusehen, was dabei herauskommen würde: weitere Abschreibungen. So wirkte der Brief auf die Anleger des grundbesitz-invest, die vermutlich massenweise von den Beratern der Deutschen Bank darüber informiert wurden, wie eine dringende Verkaufsempfehlung. Dieser folgten denn auch die Anleger in Scharen. Prompt wurde die weitere Rücknahme von Anteilen – wie es die Anlagebedingungen für alle Fonds und auch das Gesetz vorsehen – vorübergehend ausgesetzt. Geradezu skandalös, da es sich hierbei doch um einen

Fonds von Deutschlands größter Bank handelte. Sie hätte wie die Deka problemlos die Anteile in den Eigenbestand nehmen können. Doch dagegen sträubte sich Chefbanker Josef Ackermann. Es sei nicht zu vertreten, die Aktionäre der Bank für eventuelle Verluste in dem Fonds gerade stehen zu lassen. Sein Ziel einer Eigenkapitalverzinsung von über 25 Prozent sollte nicht gefährdet werden.

Insgesamt lässt sich die Situation bei allen, die mit offenen Immobilienfonds zu tun hatten, so beschreiben: blanke Panik und völlige Hektik. Meines Erachtens begünstigt, wenn nicht gar verursacht, durch eine falsche Informationspolitik der Deutschen Bank. Die Hintergründe kamen erst später ans Tageslicht – zumindest bruchstückhaft. Meines Erachtens war für das ganze Desaster die BaFin mitverantwortlich. Aber darauf komme später zurück. Zunächst wieder zum 13. Dezember. Nachdem ich meine Einschätzung im fondstelegramm kundgetan hatte, klingelte unentwegt das Telefon. Journalisten fast aller großen Zeitungen wollten eine Stellungnahme, Nachrichtenagenturen, Radiosender und Fernsehen ebenso. Noch am Abend gab es eine Live-Schaltung in n-tv. Längst nichts Besonderes mehr, weil ich bis dahin bestimmt 100 Interviews für verschiedenste Sender gegeben hatte. Einige Tage später verwirklichte sich sogar meine Vision, einmal in der von mir hoch geschätzten Tagesschau Stellung nehmen zu können. Doch das n-tv-Interview wurde durch nichts mehr getoppt, zog es doch nahezu erdbebenähnliche Konsequenzen nach sich. Zum Schluss fragte mich nämlich der Moderator live vor laufender Kamera, ob ich denn meine Anteile an offenen Immobilienfonds auch verkauft hätte. Er bekam ein spontanes Ja. Rechtlich eigentlich kein Problem, weil ich weder Insider war noch durch eine Verkaufsempfehlung die Kursbildung beeinflussen konnte (den Anteilswert von offenen Immobilienfonds bestimmen Sachverständige und nicht Angebot und Nachfrage wie bei Aktien). War ich einfach naiv – oder nur zu ehrlich? Dennoch hörte ich von verschiedenen Seiten, dass diese

Aussage von höheren Stellen unter die Lupe genommen wurde. Ob das so war, entzieht sich meiner Kenntnis, dabei herauskommen konnte eh nichts – wie schon im Fall Realtos, der von der Stuttgarter Börsenaufsicht überprüft worden war. Allerdings war es der erste Dominostein für andere Verfahren, auf die ich noch eingehen werde. Ich war in die Schusslinie staatlicher Stellen geraten.

Schließen wir zunächst den Fall grundbesitz-invest ab: In einem Gespräch Monate später erklärten mir dessen Fondsgeschäftsführer, warum sie so gehandelt haben. Sie erhielten nämlich nach eigenen Aussagen kurz vorher von der BaFin einen Brief, in dem ein Sondergutachten erwähnt wurde, das einen erheblichen Abwertungsbedarf bei den Fondsimmobilien festgestellt hatte. Die sofort informierte Rechtsabteilung – wer die Bank näher kennt, weiß, wer dort das Sagen hat – nahm die Sache in die Hand. Klare juristische Einschätzung: Neuanleger müssten ab sofort von einem Engagement zurück gehalten werden, da sie sonst bei späteren Abwertungen Haftungsansprüche anmelden könnten – und das mit guten Erfolgsaussichten. Also stoppte man sofort die Neuausgabe von Anteilen. Dies geschah in dem mit der Rechtsabteilung abgestimmten Brief an die Anlageberater. Eigentlich korrekt, aber im Hinblick auf die Altanleger natürlich fatal. Bei Aktien würde der Kurs nach solch einer Ad-hoc-Meldung einbrechen und die Zukunft sofort einpreisen. Ein Verkauf ist damit für einen Anleger nur noch dann sinnvoll, wenn er noch Schlimmeres erwartet. Bei offenen Immobilienfonds bleibt der Kurs aufgrund der Preisbildungssystematik über die Gutachter aber so lange gleich, bis diese vielleicht Monate später neue Werte ermittelt haben. Informierte Investoren verkaufen dann natürlich vorher. Den Verlust müssten die Verbliebenen dann überproportional tragen (eine bestimmte Abschreibung verteilt sich auf weniger Anlegerkapital). Logisch, dass keiner als letzter die Tür zumachen wollte und der Systemfehler der offenen Immobilienfonds nur noch durch eine

Notbremsung eingedämmt werden konnte.

Aber warum verschickt die BaFin einen so brisanten Brief zum Abwertungsbedarf mit der Post? Warum stimmt die Deutsche Bank ihr Handeln nicht mit der BaFin ab? In einer solchen Krise sollte man doch miteinander reden und erst über die Konsequenzen nachdenken, bevor man die Post bemüht. Gut, ich habe auch live im Fernsehen zum Verkauf geraten. Aber wäre ich richtig und umfangreich informiert gewesen, ich hätte anders gehandelt. Bei der Deutschen Bank war für mich aber niemand erreichbar. Und ganz ehrlich, auch wenn es ein wenig überheblich klingen mag: Zu dem Zeitpunkt gab es nur zwei Personen in Deutschland, die in diesem Zusammenhang kritische Meinungsbildner waren. Alexandra Merz und ich.

Das zeigte sich sehr deutlich auch in einem späteren Fall. Im Januar 2006 kam die milliardenschwere Rückgabelawine noch einmal richtig ins Rollen. Am Sonntag, dem 15. Januar stellte ich im fondstelegramm eine Meldung ein, für die ich das ganze Wochenende recherchiert hatte. Dabei ging es um den US-REIT Mills, der 1994 von KanAm mitgegründet wurde. Mit dieser börsennotierten Immobilienaktie arbeitete KanAm bis dahin sehr intensiv zusammen. Dietrich von Beotticher und Franz von Perfall hatten bei beiden Unternehmen tragende Rollen inne. Deshalb musste ich mir natürlich über die Auswirkungen der formlosen Ermittlungen durch die US-Börsenaufsicht SEC Gedanken machen. Hintergrund der SEC-Ermittlungen waren Buchführungsfehler in den Bilanzen, die neu aufgestellt werden mussten. Zudem wurden Baustopps, Personalveränderungen und eine notwendige Finanzspritze über 150 Millionen US-Dollar gemeldet. Für KanAm war Mills aber wichtig, weil 18 Mills-Shopping-Malls über geschlossene Fonds finanziert wurden, zwei weitere über den offenen Immobilienfonds KanAm US-grundinvest. Ein Drittel der Mieteinnahmen kam bei Letzterem von den Mills-Objekten. Den Anlegern habe ich einen Verkauf der Fondsanteile empfohlen. Nicht wirklich überraschend, weil ich den größeren

Schwesterfonds KanAm grundinvest schon Mitte Dezember zum Verkauf empfahl. Hintergrund war die schon jahrelang kritisierte aggressive Investitionsstrategie, die ich in Zusammenhang mit der vermuteten Überschreitung der Höchstkreditgrenze schon ausführte. Da der Fonds auch Ende 2005 die höchste Investitionsquote aller offenen Immobilienfonds aufwies, war er besonders anfällig für Mittelrückflüsse. Deshalb bin ich überzeugt, dass es zu der Fondsschließung vermutlich auch ohne den vorherigen Rückgabestopp bei der Deutschen Bank gekommen wäre. Wie dem auch sei, diesmal wirkte meine Verkaufsempfehlung, zusammen mit der erstmalig getätigten Verkaufsempfehlung durch Alexandra Merz von Scope, doppelt. Weil es eher ungewöhnlich war, dass wir meinungsgleich auftraten, wurde die Publikumspresse hellhörig und brachte entsprechende Berichte. Das Ende vom Lied war die Schließung beider KanAm-Fonds und noch mehr Panik im Gesamtmarkt.

Im Nachgang gab es unzählige Beschimpfungen für Alexandra Merz und mich. Wir seien an dem Debakel schuld gewesen, hieß es, nur unsere Verkaufsempfehlungen hätten alles ins Wanken gebracht. Ich bekam sogar Drohbriefe, später ermittelten BaFin und Staatsanwaltschaft gegen mich. Zu Details komme ich noch. Nach der Schuld des Managements fragte meines Wissens niemand. Dabei hatte ich im Dezember 2005 anlässlich des aggressiven Kaufverhaltens von KanAm noch gewarnt: „KanAm riskiert viel, um eine überdurchschnittliche Performance darstellen zu können. Vor allem die extreme Investitionsquote könnte im aktuellen Umfeld sehr schnell zu einem Problem werden.“ Einen Monat später passierte genau das. Ähnlich äußerte ich mich zu den Mills-Problemen: „Ob im Fall KanAm US-Grundinvest bei den zwei Ankäufen der Einkaufszentren für die Investoren ein Deal wie unter fremden Dritten ausgehandelt wurde, ist aufgrund der Intransparenz nicht zu beurteilen. Eine echte Kontrolle könnte nur über die BaFin Bundesanstalt für Finanzdienstleistungsaufsicht erfolgen. Deshalb sollten die

Unregelmäßigkeiten in der Mills-Buchführung, die nun die US-Börsenaufsicht SEC auf den Plan riefen, dazu führen, dass die BaFin endlich die problematischen Geschäfte zwischen Mills und dem US-Grundinvest genauer untersucht." Ich hatte warnend den Finger gehoben und sollte nun der Schuldige sein. Wenn die kritische Darstellung fragwürdiger Fakten, wenn die Nennung bedenklicher Zusammenhänge als Schuld gewertet wird, dann kann das aus meiner Sicht nur damit zusammen hängen, dass die Realität von einigen nur egoistisch-selektiv wahrgenommen wird. Oder ist es einfach nur das historisch öfter beobachtete Phänomen, dass der Überbringer der schlechten Nachricht dafür geköpft wird.

Das Imperium stichelt zurück: Die Nachwehen der Fondskrise

Am Ende kam es damals noch zu einem Happy-End. Alle drei Fonds konnten nach einigen Monaten wieder geöffnet werden. Da in diesem Zeitraum die spätere Blase auf den weltweiten Immobilienmärkten – Stichwort aktuelle Finanzmarktkrise – gerade so richtig aufgepumpt wurde, fanden sich genügend Abnehmer, die die geforderten Buchpreise bezahlten. Dazu könnte man noch einiges mehr anmerken, das würde hier aber zu sehr ins Detail abdriften.

Dafür schildere ich zwei persönliche Erlebnisse. Da wären zum einen die Ermittlungen der Staatsanwaltschaft Berlin, losgetreten durch mehrere Anzeigen gegen Florian Schoeller und Alexandra Merz von Scope sowie gegen mich. Von mangelnder Sorgfaltspflicht und unverantwortlichem Handeln aufgrund der „marktbeeinflussenden Stellung“ war die Rede. „Verstoß gegen das Wertpapierhandelsgesetz, Störung des Finanzplatzes Deutschland, Marktmanipulation, Schädigung von Kleinanlegern und institutionellen Anlegern in Milliardenhöhe“, wetterte der stellvertretende Leiter der Vermögensverwaltung einer deutschen Großbank in einer Strafanzeige. Harter Tobak, und ich wunderte mich nur, dass man uns nicht auch noch Landesverrat ans Bein binden wollte. Gut gebrüllt, Ihr beleidigten Finanzlöwen, aber alles völlig haltlos, wie der Schlussbericht der Kriminalpolizei Berlin feststellte. Etwas hängen blieb am Ende aber doch: „Die drei genannten Analysten beziehungsweise Verantwortlichen für die damaligen Bewertungen der hier in Rede stehenden KanAm-Fonds

Geblieben ist die Erkenntnis, dass die Bundesaufsicht vorwiegend dann aktiv wird, wenn die Kapitalanlagebranche, von der sie im Übrigen größtenteils finanziert wird, Ermittlungen einfordert.

wurden in dem polizeilichen System zu den beiden Strafanzeigen wegen Verstoß gegen das Wertpapierhandelsgesetz ohne Tatverdacht erfasst." Aha! Wenn man fundiert recherchiert und fehlerlos berichtet, gerät man, ohne Tatverdacht zwar und ohne Fingerabdrücke, geradezu zwangsweise in den Polizeicomputer. Aber immerhin, das Rechtssystem hatte funktioniert.

Nicht funktioniert hat es im zweiten Fall. Im März 2006 bekam ich einen „Bescheid" der BaFin, wonach ich eventuell gegen eine Anzeigepflicht nach Paragraph 34c Wertpapierhandelsgesetz verstoßen hätte. Ich kannte die Regelung, hatte mich schon eingehender mit der im Dezember 2004 in Kraft getretenen Finanzanalyseverordnung beschäftigt. Doch sie trifft auf mich nicht zu – dachte ich. Die BaFin sah das wohl anders. Innerhalb von drei Wochen sollte ich mich zu den Vorwürfen äußern. Kurz und knapp schrieb ich zurück, für mich greife die Ausnahmeregelung nach Paragraph 34b Absatz 4 Wertpapierhandelsgesetz. Weil ich Journalist sei und dem Presserecht sowie dem Pressekodex unterliege. Als Beleg zitierte ich einen Artikel aus der Welt, in dem die Pressesprecherin der BaFin zitiert wurde: „Als Herausgeber des Branchendienstes fondstelegramm genieße Loipfinger den weit reichenden Schutz der Pressefreiheit bei der Beurteilung, verlautet aus der Behörde." Doch mit dieser offiziellen Verlautbarung aus dem eigenen Hause gab sich die BaFin nicht zufrieden, das erfuhr ich durch einen Anruf des Geschäftsführers des Deutschen Presserates. Lutz Tillmanns, der sich normalerweise mit Bild-Zeitung, Spiegel und ähnlichen Großkalibern beschäftigt, fragte dann auch, wer ich denn eigentlich bin. Er habe so eine merkwürdige Anfrage der BaFin auf den Tisch bekommen, ob er für mich „zuständig" sei. Ich erklärte die Hintergründe und faxte ihm einige Unterlagen dazu. Ohne dass ich genau weiß, was anschließend passierte, vermute ich, dass er die BaFin über die Organisationsstruktur des Deutschen Presserates aufklärte. Eine solche Andeutung machte er zumindest am Telefon. Dazu passt auch, dass mich einen Monat später die BaFin per

Brief erneut anschoss. Darin stand: „Nach den mir vorliegenden Informationen des Deutschen Presserates findet der Pressekodex jedoch nicht per se auf jeden in Deutschland tätigen Journalisten Anwendung. Aus diesem Grund genügt die von Ihnen (...) übermittelte bloße Bezugnahme auf den Pressekodex nicht, um eine in Ihrem Hause etablierte vergleichbare journalistische Selbstregulierung im Sinne (...) hinreichend glaubhaft zu machen." Meines Erachtens an den Haaren herbeigezerrt. Dennoch schickte ich der BaFin eine Kopie meines Presseausweises. Mit dem Hinweis, dass ich seit über zehn Jahren Mitglied im Bayerischen Journalistenverband bin. Die Bemerkung, dass eigentlich schon Paragraph 19 Landespressegesetz genügt, konnte ich mir nicht verkneifen. Diese Regelung gibt mir ohnehin die Rechte und Pflichten von großen Zeitungen und Zeitschriften auf. Geblieben ist am Ende dieses absonderlichen Schattenboxens neben erheblichem bürokratischem Aufwand eine Erkenntnis: Die Bundesaufsicht wird offenbar vorwiegend dann aktiv, wenn die Kapitalanlagebranche, von der sie im Übrigen größtenteils finanziert wird, Ermittlungen einfordert. Ein anderer Grund, warum eine Reihe von gefälligkeitswilligen Analysehäusern nicht längst aus dem Verkehr gezogen worden ist, wo sie doch der Aufsicht der BaFin unterliegt, will mir partout nicht einfallen.

Nach diesen emotionalen und persönlichen Schilderungen darf ich abschließend noch ein paar Erlebnisse mit anderen Artisten im Zinsenzirkus zum Besten geben. Mitten in der Krise blies der Bundesverband BVI zu einer großen Transparenzoffensive – mal wieder. Endlich sollte das passieren, was jahrelang als unmöglich bezeichnet wurde: Die Nennung von Einzelverkehrswerten, Mieten pro Objekt und anderen Details. Doch mit zunehmender Beruhigung der Märkte, das hatte ich befürchtet, wurden die Versprechen Stück für Stück herunter gestutzt. Eine schon unzählige Male erfolgreich praktizierte Taktik, mit der sich die anfängliche Aufregung wieder beruhigen lässt und die ursprünglichen Forderungen im Vergessen versanden. Davon blieben mit einer Veröffentlichungspflicht der Einzelverkehrswerte am Ende auch herzlich wenig übrig. Eine Untersuchung aller Halbjahres- und Jahresberichte, nach der Krise veröffentlicht, ergab ein beschämendes Bild. Bei den Einzelmieten gibt es eine Ausnahmeregelung, die teilweise in über 50 Prozent der Fälle genutzt wird. Bei Käufen und Verkäufen werden häufig nicht die eigentlich notwendigen Preise und Nebenkosten bekannt gegeben. Zusammengefasst in einem Transparenzindex schafften die Halbjahresberichte gerade mal 33 Prozent der Maximalpunktzahl (diese orientierte sich an den anfänglichen BVI-Versprechen) und die Jahresberichte 61 Prozent.

Zum einjährigen „Jubiläum" der Krise musste ich dann feststellen, dass die Fondsmanager nicht bereit sind, strukturell irgendetwas zu verändern. Dabei geht es längst nicht nur um die notwenige Transparenz. Das Sachverständigenwesen ist immer noch ein massives Problem, das belegen auch zahlreiche nicht in diesem Buch aufgeführte Fälle. Im Zeitraffer: Der erste Fall betraf einen vor Jahren erfolgten Verkauf von Immobilien innerhalb zweier Schwesterfonds. Damals stieß die HVB-Tochter iii-Investments Objekte vom liquiditätsmäßig ausgebluteten Fonds Nummer 1 an den eigentlich auch liquiditätsschwachen Fonds Nummer 2 ab. Kein Dritter wäre bereit gewesen, sie zu den gegebenen Buchwerten zu kaufen. Ebenfalls vollkommen intransparent und massive Fragen aufwerfend gestaltete sich wenig später der Verkauf von Objekten aus dem Grundwert-Fonds der DEGI an die Allianz. Auch hier stellte sich die Frage, warum nur der Mutterkonzern bereit war, zu den Buchwerten zu kaufen und nicht ein fremder Dritter. Beim anschließenden Fall änderte sich zumindest die mangelhafte Kommunikation. Ausgelöst durch den Frankfurter Immobilienskandal, wurden beim Deka-Immobilienfonds ganz klar massive Fehlbewertungen eingeräumt. Nur durch Anteilskäufe in den Eigenbestand und durch die Übernahme von falsch bewerteten Immobilien konnte die Deka-Bank eine Anteilsaussetzung verhindern. Ähnliches gilt für den nächsten Rettungsanker, den Verkauf von Objekten des Fonds Euro ImmoProfil – entstanden aus der Zusammenlegung von iii-Fonds Nummer 1 und 2 – an das Mutterhaus. Nachdem die Objekte zum Buchwert übernommen worden waren, teilte die HVB ihren Aktionären mit, dass sie fast die Hälfte des Kaufpreises von rund einer halben Milliarde Euro abschreiben müsse. Der zeitlich letzte Fall vor der erstmaligen Rücknahmeaussetzung durch die Deutsche Bank betraf die DIFA. Hier kam es ebenfalls zu Stützungskäufen von Anteilen am DIFA-Fonds Nummer 1 durch die Genossenschaftsorganisation. Wären die Immobilien marktgerecht bewertet gewesen, hätte die notwendige Liquidität problemlos durch Liegenschaftsverkäufe geschaffen werden können. Vor allem, weil sich die Liquiditätsverknappung wegen des kontinuierlichen Mittelabflusses schon lange vorher abgezeichnet hatte. Diese Anhäufung von Nothilfemaßnahmen dürfte selbst Laien klar machen, dass etwas passieren muss.

Dennoch hierzu ein finales Argument: Offene Immobilienfonds sind vergleichbar mit festverzinslichen Wertpapieren. Es gibt einen jährlichen Ertrag (Zinsen und Mieten) und eine Wertveränderungskomponente (im Wesentlichen Immobilienpreisänderungen gemäß den Sachverständigengutachten). In schlechten Zeiten können Verluste aus der Anteilspreisänderung die laufenden Einnahmen übersteigen und ein Gesamtminus entstehen. Da ist Logik drin. Deshalb müsste ein offener Immobilienfonds in der Risikoeinstufung mit festverzinslichen Wertpapieren gleichgesetzt sein. Das aber sehen die Fondsmanager und die Vertriebskoordinatoren großer Banken anders. Häufig wird der offene Immobilienfonds in der niedrigsten Risikokategorie eingestuft. Ähnlich wie beim Sparbuch oder anderen Geldmarktanlagen besteht hier keinerlei Kursrisiko, was für einen offenen Immobilienfonds nicht zutrifft. Das ist fatal, weil jeder Anleger nach dem Wertpapierhandelsgesetz hinsichtlich seiner Risikobereitschaft befragt werden muss. Wird ihm aber ein offener Immobilienfonds mit einer falschen Risikoeinstufung angepriesen, provoziert das in der nächsten Krise zusätzliche Panikhandlungen. Es muss wohl kaum erneut erwähnt werden, dass hinter der falschen Risikoeinstufung wieder einmal der Hochmut von Fondsmanagern steckt.

Strapazieren wir die Details nicht zu sehr. Aufgrund der Entwicklungen durch die Finanzkrise sind diese ohnehin unbedeutend geworden. Bis zum Redaktionsschluss wurden 13 Fonds mit einem Gesamtvolumen von 34 Milliarden Euro geschlossen. Das heißt, für vorläufig drei Monate (bei zwei Fonds sogar für sechs Monate) wurde die Rücknahme der Fondsanteile ausgesetzt. Dabei wird es nicht bleiben. Vermutlich kamen bis zur Auslieferung des Buches weitere hinzu. Doch was heißt das nun für die Anleger, die rund 90 Milliarden Euro in offene Immobilienfonds investierten? Um das zu beantworten, muss zuerst noch einmal über die Ursache der Finanzkrise allgemein nachgedacht werden: Durch zu viel Geld im Markt sind die Preise für Investitionsgüter in noch nie da gewesene Höhen geklettert. Das betrifft längst nicht nur die US-Hauspreise, wie häufig falsch erwähnt. Diese waren nur die Nadel, die den zu weit aufgeblasenen Ballon zum Platzen brachte. Auch bei Gewerbeimmobilien, Schiffen und allem, was als Investitionsgut geeignet war, stiegen die Preise in ungeahnte Höhen. Risiken wurden dadurch nicht mehr angemessen bezahlt. Jetzt korrigiert der Markt, und in vielleicht einem Jahr gibt es wieder Investitionsmöglichkeiten mit viel versprechenden Chance-Risiko-Relationen. Gut für den, der dann investieren will. Schlecht für den, der zu teuer eingekauft hat – vor allem, wenn er wegen zu hoher Fremdfinanzierungen oder anderer Gründe nicht über die Zeit verfügt, auf wieder bessere Zeiten zu warten. In Massen wird es zu Zwangsverkäufen kommen, die bei den derzeit nicht liquiden Märkten besonders dramatische Übertreibungen nach unten bewirken. Das ist ganz normal, weil einem besonders ausgeprägten Anstieg immer eine ungewöhnlich starke Korrektur folgt.

Was bedeutet das nun für die offenen Immobilienfonds? Das nach wie vor nicht angepackte systematische Problem der Laufzeitenspreizung – investiert wird in nicht fungible Immobilien, und den Anlegern wird eine tägliche Verfügbarkeit versprochen – wirkt derzeit besonders fatal. Vor allem in Verbindung mit den zu langsamen Preisanpassungen durch die nicht ausreichend unabhängigen Sachverständigen. Denn dadurch können Anleger quasi mitten in der Krise zu den alten Höchstpreisen aussteigen – zumindest bis den Fonds das Geld dafür ausgeht. Stellen Sie sich vor, ein Aktienfonds würde heute anbieten, die Anteile auf Basis der Höchstkurse zurück zu nehmen. Jeder würde das sofort in Anspruch nehmen. Bei offenen Immobilienfonds sieht man aber aufgrund der nicht täglich nachlesbaren Preisveränderung nicht sofort, um wie viel die Sachverständigenbewertungen mittlerweile vom Markt entfernt sind. Profis haben das als nun auch erkannt und gehandelt.

Dazu kommt noch die Tatsache, dass offene Immobilienfonds häufig als Geldmarktersatz ohne Risiko angepriesen wurden. Das wird sich jetzt alles rächen. Sobald die Anleger Minusrenditen sehen, werden sie scharenweise davonlaufen, und die letzten bis dahin noch offenen offenen Fonds müssen schließen. Das verstärkt den Mittelabfluss, und am Ende wird es dieses Mal richtig wehtun. Warum? Die Immobiliengutachten können – wie die Bankmanager auch lange Zeit – Einbahnstraßen mit ausschließlich steigenden Preisen vorgaukeln. Wenn in dieser Marktphase aber wirklich verkauft werden muss, werden sich die jahrelang nur gestiegenen Buchpreise als schöne Phantasien aus Tausend und einer Nacht erweisen. Jetzt rächt sich zusätzlich die in den vergangenen Jahren von vielen Fondsmanagern verfolgte Strategie, aus Verwaltungsgesichtspunkten sehr stark in Großimmobilien mit hunderten von Millionen Euro Verkehrswert zu investieren. Für diese ist und wird der Markt besonders schwierig, weil die kleine potenzielle Käufergruppe derzeit nicht gerade besonders liquide ist.

Wer diese abstrakte Theorie nicht glaubt, der kann beispielhaft den ersten erneut geschlossenen KanAm US-Grundinvest heranziehen. Raten Sie mal, wie viele der im Fonds enthaltenen Liegenschaften im letzten Geschäftsjahr 1. April 2007 bis 31. März 2008 abgewertet wurden? Zur Erinnerung: Die Finanzkrise begann im Frühjahr 2007, was ungefähr auch der Zenit für die Immobilienpreise gewesen sein dürfte. Antwort: Keine Einzige! Im Gegenteil: In Summe wurden die gutachterlich festgestellten Verkehrswerte im Vergleich zum Vorjahr beziehungsweise bei Käufen im Geschäftsjahr im Vergleich zu den Kaufpreisen um mehr als 30 Millionen US-Dollar aufgewertet. Bei einem Fonds, der in dem Geschäftsjahr ein Volumen von etwa 600 bis 700 Millionen US-Dollar aufwies, eine bedeutende Performancespritze. Gut auch für das Management, weil dadurch eine erfolgsabhängige Vergütung floss. Und noch eine Zahl: Mehr als 40 Prozent der Anlegergelder kamen am Ende des letzten Geschäftsjahres von Investoren mit Einlagen von mehr als einer Million Euro. Ein Teil davon sind und waren Schnorrer, die ohne Ausgabeaufschlag ein Geldmarktersatzprodukt suchten – vom Management akzeptiert, da auch daran gut verdient wurde.

Bleibt noch das Argument, dass 2006 am Ende alles gut ausgegangen ist. Warum dieses Mal nicht auch? Als damals einige Monate nach der Schließung von drei Immobilienfonds der Rückgabestopp aufgehoben wurde, konnte durch die zwischenzeitlich getätigten Immobilienverkäufe genügend Liquidität beschafft werden, um jegliche Anteilsverkaufswünsche zu befriedigen. Da die Immobilienpreise weltweit in dieser Phase regelrecht explodierten, wurden auch die Gutachterwerte erzielt. Die Krise war gemeistert und die Kritiker zu Sündenböcken ohne Know-how gestempelt. Notwendige und versprochene Reformen für das Produkt blieben aus. Jetzt ist der Immobilienmarkt aber in einer rasanten Talfahrt, und fast niemand ist überhaupt bereit und in der Lage, Großimmobilien zu kaufen. Die noch nicht korrigierten Buchwerte sind deshalb doppelt von der Realität entfernt.

Das werden die Anleger bei ersten Objektverkäufen auch erkennen. Das verstärkt die Spirale weiter, bis vermutlich alle offenen Immobilienfonds geschlossen sind…

Ein düsteres Zukunftsszenario. Es bleibt Ihnen überlassen - nachdem Sie nun die Historie und Hintergründe aus meiner Sicht kennen – die Schuldfrage für sich zu beantworten. Für mich sind es fatale Untätigkeit der Bundesaufsicht BaFin, nicht ausreichend unabhängige Immobiliengutachter, unterlassene notwendige Reformen, die Gier nach Gebühren aus kurzfristigem Anlegerkapital und natürlich der Hochmut, sich für unfehlbare Fondsmanager zu halten ...

Anlegerrechte auf dem Abstellgleis: Schelte für die New-Energy-Fonds

Egal, in welcher Branche man arbeitet, fast überall gibt es einen Bundesverband, der die Interessen seiner Mitglieder vertritt und damit weitgehend die gesamten Branche. Wer etwas mit Neuen Energien zu tun hat, kennt den BWE Bundesverband WindEnergie. Deren Arbeit fand ich im Vergleich zu anderen Verbänden schon immer vorbildlich, weil es dort, trotz Widerständen aus den eigenen Reihen, immer um langfristige Ziele ging. Heute eine eher selten gewordene Einstellung, in erster Linie wohl wegen der Tantiemenverlockungen bei kurzfristigen Erfolgen. Beim BWE hingegen denkt man offenbar anders. So wird beispielsweise schon seit Jahren ein „Ratgeber für Windpark-Anleger" herausgegeben. Eigentlich nichts allzu Ungewöhnliches, wären die Empfehlungen darin nicht so formuliert gewesen, dass sie eine echte Hilfe für Investoren darstellten. Bitter für diejenigen Verbandmitglieder, und das waren nicht wenige, deren Produkte bei Anwendung der Checkliste im Ratgeber klar durch das Raster fielen. Mehr noch: Damit es nicht bei abstrakten Rügen blieb, wurden regelmäßig Fonds nach harten Kriterien geprüft und gegebenenfalls als nicht zeichnenswert

„Die Kommanditisten sind dumm, weil sie bei uns investierten, und frech, weil sie auch noch Ausschüttungen haben wollen."

deklariert. Bemerkenswert ungewöhnlich für eine Verbandszeitschrift.

Noch eins drauf setzt eine deutliche Schelte an verschiedene Mitglieder aus der Fraktion „Zweifelhaft". Der neueste Ratgeber soll Hilfen für Kommanditisten bereitstellen, „die sich für Ihre Beteiligung oder für den gesamten Windpark eine Veränderung wünschen". Richtig einordnen kann dies jeder,

der die Zeilen davor gelesen hat: „...wurden in Deutschland seit 1995 circa fünf Milliarden Euro an Eigenkapital in Windenergieprojekte mit der Rechtsform GmbH & Co. KG investiert. Viele dieser Windparkgesellschaften laufen schlecht für die Anleger: Ertragsprognosen waren zu optimistisch, Betriebskosten sind höher als geplant, das Management lässt lange Anlagenstillstände zu wegen fehlender Ersatzteile und behandelt seine Kommanditisten nach der Devise: sie sind dumm, weil sie bei uns investierten und frech, weil sie auch noch Ausschüttungen haben wollen." Doch damit immer noch nicht genug, es werden sogar Namen genannt: „Vielfach wurden schwache Windparks u.a. von GHF und UmaAG an dänische Investoren veräußert oder werden enttäusche Anleger von PROKON hinausgekauft und mit Genussrechten abgespeist."

Als dieser neue Anleger-Ratgeber als komplettes Heft verbreitet werden sollte, stieß die anlegerfreundliche Fraktion im BWE allerdings an die Grenzen ihrer Möglichkeiten: „Diesen Weg hat der Bundesvorstand des BWE am 1. August 2008 nach Protesten von Planern und Initiatorenunternehmen mehrheitlich abgelehnt. Stattdessen sollen die einzelnen Beiträge nach und nach in der Vereinszeitschrift neue energie erscheinen", das heißt, ein Abonnement für das Verbandsmagazin wird noch interessanter.

Doch entmutigen ließ sich die Anlegervertreterfraktion von dieser Schlappe längst nicht. Sie schimpfte zu Recht weiter dagegen an, dass die meisten Geschäftsführungsgesellschaften, die Windparks verwalten, an Transparenz nicht interessiert sind. So werden Leistungsbilanzen nach BWE-Standard in den seltensten Fällen erstellt, Anleger werden nicht ernst genommen und müssen um ihre Rechte kämpfen und so weiter. All diese Kritikpunkte sind allerdings nicht neu, sie wurden von mir und anderen kritischen Journalisten schon seit Jahren vorgetragen. Der Schluss der Presseinformation setzt dem Ganzen eine kritische Krone auf: „Das Jahr 2007 hat für viele Anleger den

Nachweis erbracht, wie leichtsinnig ihnen von Initiatoren Erträge versprochen wurden: Nach den verfügbaren Windindizes betrag das Wind-Dargebot im Bundesgebiet mindestens circa 103 Prozent eines durchschnittlichen Windjahres; wenigstens diesen Wert erreichten nur 24 von 66 Windparks.“ Im Klartext: Der BWE bestätigt, dass die Windprognosen alle vorsätzlich falsch waren, weil selbst in einem guten Windjahr nur ein Drittel der untersuchten Windparks die Prospektversprechen erreichte. Und ich würde dem sogar noch hinterher rufen: Die untersuchten Windparks gehören eher noch zu den Besseren, sonst würden bestimmt keine Zahlen vorliegen. Nach meiner Beobachtung schneidet der Gesamtmarkt sogar noch unrentabler ab.

Ein Skandal oder sind die Anleger vielleicht selber schuld? Ich behaupte, dass eine Mitschuld nicht von der Hand zu weisen ist. Schließlich gab es dazu schon seit Jahren warnende Stimmen. Der Spiegel widmete dem Thema im März 2004 sogar eine Titelgeschichte: „Der Windmühlen Wahn – Vom Traum umweltfreundlicher Energie zur hoch subventionierten Landschaftszerstörung“. Dabei ging es längst nicht nur um Kritik an der Förderpolitik, die den Abzockern das Geschäft erst ermöglicht: „Wenn der Wind nur flau oder die reparaturanfälligen Räder lange still stehen, geraten die Fonds schnell ins Trudeln. Das liegt an dem hohen Fremdkapitalanteil von zurzeit durchschnittlich 70 Prozent. ‚Die sind aggressiver finanziert als viele Immobilienfonds', urteilt der Fondsexperte Stefan Loipfinger. Je höher der Fremdkapitaleinsatz, desto größer die prozentuale Steuerersparnis auf das eingesetzte Eigenkapital. Die Banken machen das mit, weil ein Großteil des Kredits von staatlichen Förderbanken wie der Kreditanstalt für Wiederaufbau kommt. Auch hier finanziert der Staat den scheinbar guten Zweck – und schafft zweifelhafte Anreize.“ Eine klare und berechtigte Kritik an die damalige Regierungspartei Die Grünen/Bündnis 90. Das kann ich nur unterstützen, denn der Verbraucherschutz wurde dem Umweltschutz viel zu häufig untergeordnet. Und wer sollte sonst die Verbraucher schützen, wenn nicht die Grünen? CDU/CSU und die FDP sind viel zu unternehmerorientiert (ich würde mich freuen, wenn die aus Rosenheim stammende neue Verbraucherschutzministerin Ilse Aigner von der CSU mich eines besseren belehrt). Und die SPD vergisst viel zu häufig, wessen Interessen sie eigentlich vertreten soll und wie leicht sie Millionen für sich begeistern könnte. Mit einfachsten Regeln könnte so viel erreicht werden. Man müsste nur der Lobby Paroli bieten, die leider meist nur kurzfristig denkt. Verbraucherfreundliche Gesetze müssten her, das wäre zwar im ersten Moment unangenehm, aber langfristig vorteilhaft, jedenfalls für die seriösen Unternehmen. In die Ursachendiskussion gehört auch die Frage, ob wirklich nur die Firmen mit zweifelhaften Absichten, stets nach besonders hohen Gewinnmargen schielend, den Markt dominieren und verhunzen. Vielleicht sollten auch andere Gesellschaftsgruppen und Institutionen endlich einmal zubeißen und nicht nur gelegentlich die Zähne fletschen.

Back to the New-Energy-Fonds: Windkraftangebote sind selten geworden. Einige sind zwischenzeitlich bankrott, andere haben sich auf neue Varianten der Energiegewinnung gestürzt. Die Fehler sind kaum weniger geworden und damit die Aussichten für Anleger nicht erfreulicher. Auch heute gibt es keine Produktgattung, bei der die Anlegerrechte regelmäßig so deutlich beschnitten werden. Das merkt meist niemand, offensichtlich weil es zu sehr anstrengt, das Kleingedruckte zu lesen. Dabei steht in jedem Emissionsprospekt alles drin – anders als bei den meisten anderen Kapitalanlageprodukten. Ich habe es zwar schon erwähnt, aber wer fragt schon seinen Berater, ob er den ganzen Prospekt gelesen hat? Hat der das tatsächlich, kann er sofort sagen oder er weiß zumindest wo es ungefähr stand, was mit den Stimmrechten passiver Anleger passiert. Der Pferdefuß ist nämlich der: Weil die meisten Anleger nicht zu Gesellschafterversammlungen gehen und auch ihren Finanzberater nicht mit der Ausübung beauftragen – meist war der selbst noch nie da – regelt der Gesellschaftsvertrag oder der Treuhandvertrag, was mit den verdaddelten Stimmrechten passiert: Der Treuhänder übt die Stimmrechte aus. Und der ist häufig genug ein Tochterunternehmen des Initiators. Und weil alle die Wahrnehmung ihrer Rechte verpennen, kommen fast immer DDR-ähnliche Abstimmungsergebnisse zustande. Ich will nicht weiter mit diversen anderen Klauseln langweilen, aber diese zentrale Lektion müsste eigentlich rübergekommen sein. Denn bei hunderten schlecht laufender Fonds, die ich in meiner Laufbahn intensiver beobachtet habe, war gerade dieser Punkt regelmäßig der Grund, dass eine dilettantische oder Probleme vertuschende Geschäftsführung so lange weiter kungeln konnte, bis der Karren im Dreck versunken war, Rettung oder Bergung ausgeschlossen. Beispiele dafür, dass diese Klausel bei fast allen Pleiten eine konsequenzenreiche Rolle spielte, habe ich hier schon einige genannt.

Noch ein markanter Fall mit beschnittenen Anlegerrechten, zweifelhaften Absichten und einer trendigen New-Energy-Form: Green Energy Geotherm Power Fonds. Meine Einschätzung zum ersten Fonds der Green Energy AG, im September 2005 im fondstelegramm veröffentlicht, war ziemlich eindeutig: „Wer lesen und klar denken kann, der sollte sich auf dieses Angebot nicht einlassen." Die Begründung lag in den katastrophalen Rahmenbedingungen, was aber den Vertrieb nicht davon abhielt, den Fonds unverdrossen in den Markt zu drücken. Außerdem wurde auf der Homepage von Green Energy mit verschiedenen Positiv-Berichten gelobhudelt. Dazu gehörte einer im New Investor, der auch den Hinweis auf ein auffallend positives Rating von Scope mit BB+ enthielt. Ebenfalls im Cheerleader-Chor war die Hannoversche Allgemeine Zeitung: „Mit Erdwärme das Vermögen mehren". Das Magazin Cash malte „Profitable Power für das Portfolio" an die Wand und AssCompact bejubelte „Green Energy: Geothermie – ein chancenreiches Investment". Nach meinem nächsten kritischen Beitrag im Juli 2007 konterte kmi kapital markt-intern mehrfach.

So am 24. August 2007: „Wachsendes Umweltbewusstsein und steigende Strompreise bieten Anlegern enorme Chancen. Green Energy liefert mit seinen beiden Geothermie-Fonds eine interessante Möglichkeit für Anleger, von diesem Boom zu profitieren.“ Zwei Wochen später veröffentlichte kmi einen Prospekt-Check mit dem Fazit: „Durch die Kooperation mit erfahrenen Partnern und das Engagement auf einem Wachstumsmarkt stehen den unternehmerischen Risiken entsprechende Chancen gegenüber. Insbesondere durch die geringe Korrelation mit anderen Assetklassen eignet sich das Angebot zur Diversifizierung bestehender Portfolios.“

Was hatte in meinem Bericht im Juli 2007 gestanden? Während meiner Recherchen hatte sich der Anbieter in diverse Widersprüche verwickelt. Zum Beispiel beim Grundstück, das laut Prospekt bereits gesichert sein sollte. In einer Stellungnahme wurde aber erklärt: „Die Entscheidung für die genaue Grundstückswahl wird erst dann akut, wenn die Vorprüfung vollständig abgeschlossen ist.“ Damit war natürlich auch klar, dass die ursprünglichen Planungen hinsichtlich der Inbetriebnahme nicht mehr haltbar waren. Trotzdem gab es große Pläne. Nicht nur mit einem weiteren Beteiligungsmodell sollte Geld eingesammelt werden. Neben einer Platzierung von Aktien der 2007 in eine AG umgewandelten Green Energy wurden zwei Geothermieanleihen im Volumen von jeweils 20 Millionen Euro aufgelegt. Ganz schön viel Umtrieb, bedenkt man, dass bis dahin nicht mal ein einziges eigenes Kraftwerk realisiert worden war.

Die Fakten und Meinungen gefielen Green Energy-Macher Matthias Michael natürlich überhaupt nicht. Er hetzte die Kanzlei Mettenheim Gautier mit einer Unterlassungserklärung auf den Welther-Verlag und mich. Wie immer hat mich das wenig beeindruckt und nur noch neugieriger gemacht. Auch das ZDF begann sich nun für das Thema zu interessieren. Am 27. August kam ein gut recherchierter Beitrag im Magazin WISO unter der Überschrift: „Massive Kritik an Erdwärme-Fonds von Green

Energy". Ich legte im September noch eine Geschichte im fondstelegramm nach, in der zahlreiche dramatische Fakten zu der ohnehin schon langen Liste von Warnsignalen hinzu kamen. Matthias Michael sah offenbar seine Felle ganz davonschwimmen und engagierte wieder Mettenheim Gautier. Ohne eine angeblich rechtzeitig an uns verschickte Unterlassungserklärung wirklich an uns zu senden wurde eine Einstweilige Verfügung beim Landgericht Berlin beantragt. Der Richter ließ sich offensichtlich durch den umfangreichen Stapel an mitgeliefertem Papier überrumpeln und gab dem Ersuchen in allen zehn Punkten erst einmal statt. Damit hatte ich die umfangreichste Einstweilige Verfügung auf dem Tisch, die ich bis dahin bekommen hatte. Und zehn Punkte im Hauptsacheverfahren, das ich natürlich anstrengte, waren schwer vom Tisch zu fegen. Aber es gelang. Ein halbes Jahr später, nach vielen Hinhaltespielchen durch Green Energy und deren Anwälte, entschied das Landgericht Berlin, alle zehn Punkte der Einstweiligen Verfügung aufzuheben. Die von Mettenheim Gautier angeführte Argumentation wurde abgeschmettert, wonach mein Bericht angeblich „zahlreiche unwahre Tatsachenbehauptungen" enthielt, ich Schmähkritik und unzulässige Verdachtsberichterstattung über ein laufendes Ermittlungsverfahren betrieb sowie zum Boykott aufrufe. Vielmehr wird in der Urteilsbegründung das öffentliche Interesse an einer transparenten Darstellung von Kapitalanlagen und einem effektiven Anlegerschutz betont sowie die Korrektheit der Berichterstattung bestätigt. Natürlich eine Genugtuung und wieder einmal lehrreich. Nur ein Beispiel für die wortklauberischen Spielchen von Matthias Michael und seinen Anwälten. Ich schrieb in meinem Bericht: „Wie die Staatsanwaltschaft auf Nachfrage gegenüber dem fondstelegramm erklärte, haben am 11. September 2007 Hausdurchsuchungen in den Firmenräumen und den Privaträumen von Matthias Michael stattgefunden." Green Energy argumentierte aber, dass keine Durchsuchung stattfand, weil die Unterlagen an die mit Durchsuchungsbeschluss aufgelaufenen

Kripobeamten freiwillig herausgegeben wurden. Natürlich haarspalterisch, weil es einen Durchsuchungsbericht gab und die Beamten die Räume auch anlässlich eines Durchsuchungsbeschlusses betreten haben. Aber ein halbes Jahr lang durfte ich dieses nach der einstweiligen Verfügung nicht mehr behaupten.

An dieser Stelle möchte ich dieses Thema erst einmal beenden. Es sollte exemplarisch dafür stehen, dass auch die Nachfolgemodelle der Windkraft-Ära sehr häufig noch weit von attraktiven Kapitalanlagemodellen entfernt sind. Immer wenn staatliche Förderungen gewährt werden – egal, ob in Form von Steuervorteilen und/oder als gesetzlich bestimmte Einspeisevergütung – sind Auswüchse vorprogrammiert. Regelmäßig verkaufen verflochtene Unternehmen Anlagen an die Fonds – zu überhöhten Preisen. Eine tolle Rendite lässt sich anhand der staatlichen Förderung schnell hinrechnen. Dabei ist die New-Engery-Branche besonders dreist. Das zeigt sich auch an dem Trend, statt geschlossenen Fonds immer häufiger mit Inhaberschuldverschreibungen, Genussrechten oder Aktien Geld bei Privatanlegern einzusammeln. Und schon sitzt man drin in der Anlegerfalle. Bei den ersten beiden Varianten haben die Anleger nämlich überhaupt keine Mitspracherechte, was mit ihrem Geld passiert. Wie bei dem bekannten Fall EECH aus Hamburg kam es häufiger vor, dass aus der angeblich so lukrativen Verzinsungszusage am Ende heftige Verluste wurden. Und Unternehmen, die groß genug sind, können über unkritische Aktienanalysten und nichts hinterfragende Platzierungsbanken noch leichter mit Aktienplatzierungen ihr Geld verdienen. Man muss kein Prophet sein, um mit einer kritischen Einschätzung künftig noch sehr oft richtig zu liegen. Auch hier halte ich eine Wette...

Taube Ohren, Blauäugigkeit, Taschenspielertricks – und noch ein Journalistenpreis

„Fast zwei Drittel der Anbieter sind unseriös", lautete die Überschrift zu einem Interview mit mir in Finanz Business von Mai 2007. Würde also bedeuten, dass von den 395 Initiatoren, die 2007 Geld mit geschlossenen Fonds einsammelten, rund 250 in die Abzockerecke gehörten. Ganz ehrlich: Vermutlich sind es sogar noch mehr. Wie kann das sein? Die Gründe sind wohl darin zu suchen, dass der Bundesverband VGF bis heute nichts dagegen unternommen hat, den schwarzen Schafen der Branche das Leben schwerer zu machen. Stattdessen ignoriert er sie einfach, immer in der Hoffnung, dass von seinen Mitgliedern möglichst wenige zu dieser Spezies zählen. Ein konkretes Beispiel, das auch zeigt, dass in Deutschland verbraucherfreundliche EU-Vorschriften im

Es wurde erfolgreich verhindert, dass die deutsche Umsetzung der EU-Richtlinie über Märkte für Finanzinstrumente einen Quantensprung gegen Abzocker ermöglichte.

Finanzdienstleistungsbereich merkwürdigerweise nur sehr schleppend und deutlich entschärft umgesetzt werden – anders als in anderen Bereichen, wo oft schon fast vorauseilender Gehorsam im Spiel ist. Es ging hierbei um die Umsetzung der EU-Richtlinie über Märkte für Finanzinstrumente (MiFID). In Bezug auf geschlossene Fonds tauchte damals die Frage auf, ob diese zukünftig auch als Finanzprodukt anzusehen sind. Nach der EU-Vorgabe ziemlich klar ja. Aber der VGF hat erfolgreich verhindert, dass die deutsche Umsetzung einen Quantensprung gegen Abzocker ermöglichte. Natürlich hätten die Vorschriften auch für den seriösen Teil mehr Bürokratie bedeutet. Außerdem könnte die Branche selbst viel einfacher eine Ausgrenzung der schwarzen Schafe erreichen. Doch der Preis wäre angemessen, da ja die Branche selbst über ihren Bundesverband nichts wirklich Effektives unternimmt. Kleine Scheinaktivitäten, das ja. Aber eben nichts Durchschlagendes. Stattdessen wird ein Ratingkodex veröffentlicht, obwohl es bis heute keinen Initiatorenkodex gibt. Darin wird in die Pressefreiheit eingegriffen. Die BaFin hat in meinem Fall später wenigstens eingesehen, dass Journalisten nicht in ihre Zuständigkeit fallen. Aber der VGF ist nicht bereit, einen klaren Eingriff in das Presserecht zurück zu nehmen. Übrigens längst nicht nur meine Meinung. Sogar der Deutsche Journalistenverband hat den VGF für seine Vermessenheit kritisiert. Und Christoph Rottwilm schrieb einen lesenswerten Beitrag für das Manager Magazin dazu: „Streit um die Pressefreiheit (...) Mit einem skurrilen Papier bringen sich die Initiatoren in den Verdacht, unliebsame Kritik an ihren Produkten unterbinden zu wollen. (...) Stellen die Anbieter ihr Geschäftsinteresse über verfassungsmäßige Grundrechte?“ Aber auch das hat nichts geändert. Aussitzen und die normative Kraft des Faktischen wirken lassen. Das ist die Devise.

Leider wird diese Untätigkeitsregel sehr häufig angewandt. Ich habe noch einen Fall angekündigt, bei dem eine Bankentochter einfach eine Garantie nicht erfüllt. Es handelt sich um die HypoVereinsbank und ihre Tochter Blue Capital (heute WealthCap). 200 Millionen US-Dollar wurden Anfang der Jahrtausendwende bei 6.472 Investoren eingesammelt. Der in US-Immobilien investierende Fonds „Amerika 2002/2003“ hat dabei durch eine Garantie eine Ausschüttung von jährlich 6,35 Prozent versprochen. Klar definiert musste diese aus Mietzinsüberschüssen und Zinseinnahmen erwirtschaftet werden. Zum Beispiel in 2004 fehlten aber zur Bedienung der Ausschüttung 7,9 Millionen US-Dollar, die eigentlich der Garant aus dem Hause der Bank bezahlen hätte müssen. Tatsächlich hat er davon aber nur ein Achtel (!) erfüllt. Die Anleger merkten das allerdings nicht, weil die Ausschüttung einfach durch die Aufnahme von Krediten bedient wurde. In 2005 wurde das Loch auch noch durch Immobilienverkäufe kaschiert. Die Verkäufe lösten dabei gleich doppelt ein Problem, weil sich dadurch spätere Garantieleistungen auf diesen Teil der Investition gleich mit erledigten. Für mich ein Skandal, der durch Aussitzen zu Lasten der Kunden gelöst wurde. Dabei ist Blue Capital nicht immer negativ aufgefallen. Zum Beispiel im Bereich Private-Equity-Fonds konnte das Emissionshaus durch erfolgreiche Verkäufe von Unternehmensinvestitionen schöne Renditen für die Anleger erwirtschaften. Wirklich schade, dass selbst eine Bankgarantie im Falle der Notwenigkeit durch juristische Kniffe ausgehebelt werden kann.

In einem anderen Fall können die Anleger meines Erachtens aber nicht einmal ansatzweise auf das Wort Garantie vertrauen: „FundamentalGarantieTrust I zählt zu den Nonsensangeboten". Diese Überschrift drückt aus, welch dramatische Kritikpunkte die Recherchen von Stephan Bartlsperger und mir ergaben. Noch am wenigsten entscheidend war dabei, dass die Garantie nur für einen Teil der Anlegereinlage gilt. Über eine Finanzierung und Unklarheiten bei den extrem hohen Kosten wurde das Risiko von echten Kapitalverlusten weiter erhöht. Angesichts der involvierten Personen Stefan Oehlerking mit der Mega Trust Costumer Services oder der CT-Treuhand-Steuerberatungsgesellschaft von Hanswerner Jehl zusätzlich bedenklich. Beide wurden schon erwähnt. Hier störten sie sich nicht daran, dass die Initiatorengesellschaft damals neu gegründet und deren Stammkapital von 25.000 Euro nicht einmal vollständig einbezahlt wurde.

Schluss mit diesen Beispielen. Offenbar treffen selbst die dicksten Presse-Warnböller bei vielen auf taube Ohren. Und wenn selbst Warnlisten im Internet, ohne Zugangsbeschränkung und kostenfrei veröffentlicht, nicht dabei helfen, unseriösen und dilettantischen Marktteilnehmern den Zugang zu Anlegerkapital zu versperren, dann läuft wirklich etwas schief. Seit Frühjahr 2006 gibt es solche Warnlisten vom fondstelegramm. Die Stiftung Warentest macht das schon Jahre länger. Auch die Zeitschrift

Börse Online veröffentlicht immer wieder neue Kandidaten aus der Schwarzschaf-Gruppe in ihrer Warnliste. All das hindert den Vertrieb nicht, weiterhin gutgläubige Kunden mit sehr provisionsträchtigen Abzockerprodukten zu beglücken. Auch wenn ich mich hier noch einmal wiederhole: Sind die Anleger in diesen Fällen nicht auch selbst Mitschuld? Aber egal, ob Dummheit oder Gier, vor dem Kauf eines Fernsehers werden zig Testberichte auf kleinste technische Feinheiten ausgewertet. Eine Kapitalanlage mit dem Vielfachen an Investitionsvolumen wird blauäugig gezeichnet, vielfach ohne eigene Recherchen und ohne den Verkaufsprospekt wenigstens quer gelesen zu haben. Andererseits: Alle diese Fonds sind von der Bundesaufsicht BaFin gestattet. Das ist doch wie der TÜV – oder nicht? Leider wissen eben die wenigsten, dass der TÜV selbst bei routinemäßigen Autochecks mehr leistet. Die BaFin ist wie ein zahnloser Tiger, und der ist auch noch blind.

Angesichts dieser immer wieder aufs Neue ernüchternden Erlebnismühlen ist auch ein Ereignis wie das vom 24. Oktober 2006 nur halb so erfreulich. An diesem Tag wurde mir der Deutsche Preis für Immobilienjournalismus verliehen. Damals hieß es: „Die Jury hat Stefan Loipfinger ausgezeichnet, weil er seit mehr als zehn Jahren durch seine ebenso sachkundige wie kritische Berichterstattung der Immobilienbranche wichtige Anstöße zur Erhöhung von Transparenz und Professionalität gegeben hat." Schöne Worte, die einen natürlich freuen. Leider aber sind die „Anstöße zur Erhöhung von Transparenz und Professionalität" längst nicht so wirkungsvoll ausgefallen wie notwendig und beabsichtigt. Die Lobby, mit viel Kapital von betrogenen und über den Tisch gezogenen Anlegern ausgestattet, ist viel zu mächtig und einflussreich. Das wird sich wohl erst ändern, wenn die übrigen Akteure in diesem Zinsenzirkus wirksam beaufsichtigt und im Falle echter Verfehlungen auch dafür bestraft werden.

Von Flugzeugabschreibungen bis Weinfonds: Ein Rundumschlag

Bisher war noch überhaupt nichts über Schiffsbeteiligungen, Containerfonds, Private-Equity-Modelle und andere Facetten der Beteiligungsbranche zu lesen. All diese Produkte in der gleichen Tiefe zu behandeln, würde hier den Umfang sprengen, außerdem habe ich dort nicht so viele Anekdoten parat. Nicht, dass dort alles besser liefe, weit gefehlt. Vielleicht hat das lange Zeit für Schiffsbeteiligungen gegolten. Doch seit gut fünf Jahren weicht die hanseatische Kaufmannsehre auch immer mehr den knallharten Profitmaximierungsgedanken. Sammelten um die Jahrtausendwende gut 20 überwiegend seriös agierende Emissionshäuser Geld bei Anlegern ein, hat sich diese Zahl inzwischen auf über 60 verdreifacht. Warum? Weil die goldenen Nasen, die sich einige verdienten, auch andere Goldgräber anlockten. Wie das angehen kann, wo doch hanseatische Kaufmannsehre auf dem Spiel steht? Man stelle sich vor, man kauft seit langer Zeit jedes Jahr mehrere Schiffe im Wert von hunderten von Millionen Euro ein. Immer vor dem Hintergrund, diese über Schiffsbeteiligungen zu vermarkten. Plötzlich explodieren aber die Preise. Da der Schiffsmarkt relativ transparent ist, wissen andere, welche Schiffsbauaufträge man in der Schublade liegen hat. Bekommt man nun angeboten, diese zu verkaufen, entsteht ohne Risiko ein Gewinn von 100 Millionen Euro oder mehr. Der Nachteil: Man müsste für die Anleger eben Schiffe auf dem explodierten Markt zu deutlich höheren Preisen einkaufen. Bei solchen Beträgen ist es schnell vorbei mit der hanseatischen Kaufmannsehre.

Und die Anleger? Aufgrund der von 2004 bis 2007 nicht nur bei Immobilien aufgetretenen „Yield-Compression“ (Renditeabschmelzen) wurden die Risiken größer und die Renditechancen kleiner. In der Praxis bedeutete das, dass die Preise für Investitionen schneller stiegen als die nachhaltigen Einnahmen und damit die Verzinsung geringer wurde. Nachhaltig bedeutete dabei, dass es im Bereich der Schifffahrt zum Beispiel völlig unrealistisch war, die gestiegenen Charterraten auch über 15 oder 20 Jahre anzunehmen. Ein Beispiel: Containerschiffe mit einer Stellplatzkapazität von 2.500 Standardcontainern (TEU) brachten in der sehr schwierigen Marktphase Anfang 2002 eine Tagesrate von unter 10.000 US-Dollar. Das lag allerdings unter dem langjährigen Durchschnitt, der je nach Berechnungsdauer gut 50 Prozent darüber lag. In der absoluten Euphoriephase Anfang 2005 wurde für dieses Schiff ein Tagespreis von fast 40.000 US-Dollar bezahlt. Noch ein anderes Zahlenbeispiel: Dieses Schiff kostete in der günstigen Marktphase gut 20 Millionen US-Dollar. In der Boomzeit musste dafür bis zum Dreifachen bezahlt werden. Selbst ein gebrauchtes Schiff konnte für 40 bis 50 Millionen US-Dollar verkauft werden.

Genug der Zahlenspiele. Ich habe Schiffsbeteiligungen gesehen, die trotz einer optimistischen Prognose und unter Einsatz von zinsgünstigen aber risikobehafteten Yen-Darlehen gerade auf eine Renditeprognose von fünf Prozent kamen. Da es sich bei Schiffsbeteiligungen um eine Dollarinvestition handelt, lag das optimistische Renditeversprechen damit nur unwesentlich über dem Kapitalmarkt für sichere Anleihen. Höchst bedenkliches Seemannslatein. Wer so etwas kauft, muss ein unverbesserlicher Optimist sein. Oder er hat im Prospekt keine Renditeangabe gefunden, weil der Initiator diese entlarvende Zahl natürlich nicht nennen wollte. Jetzt wird vielleicht verständlich, warum ich auch bei Schiffsbeteiligungen die zum Teil guten Ergebnisse der Vergangenheit längst nicht mehr als Beleg für positive Zukunftsaussichten neuer Modelle gelten lasse.

Weiter mit Containerfonds? Nein, das spare ich mir, weil in diesem Segment fast nur „Anfänger" unterwegs sind und selbst den „renommierten" alten Schiffsfondsanbietern dieser Markt zu heiß ist. Aber zu den Private-Equity-Fonds muss ich natürlich noch was sagen. Die Blutspur der Anleger in diesem Bereich wird sehr lange werden. Obwohl das Modell bei richtiger

Ausgestaltung sehr interessant sein kann, werden die Anleger sehr oft auf die Nase fallen. Den Fall Glasauer mit GUB habe ich ja schon ausführlich beschrieben. Ähnlich zweifelhafte und verlustträchtige Geschäfte werden wir bei zahlreichen anderen Emissionshäusern sehen. Außerdem sind die Gebühren eindeutig zu hoch. Fragen Sie den nächsten Berater, der ihnen einen Fonds anbietet, doch mal nach einer Prognoserechnung. Nicht weil Sie genau wissen wollen, welche Rendite auf zwei Stellen hinter dem Komma raus kommen könnte. Nur mal um zu sehen, welche Rendite ein Initiator aus den Investitionen selbst als realistisch ansieht, und vor allem, weil Sie sehen möchten, was davon nach Abzug aller Gebühren für Sie übrig bleibt. Vermutlich wird die

Zwei Drittel der Anbieter sind unseriös. Zählt man noch die Dilettanten hinzu, bleibt noch jeder fünfte Initiator als brauchbar übrig.

Ausrede sein, für ein solch unternehmerisches Investment könnte der Initiator keine Prognose aufstellen. Wenn Sie betriebswirtschaftlich vorgebildet sind, dürfen Sie hier natürlich gerne auch laut lachen. Denn dann wissen Sie aus zahlreichen Vorlesungen über Investitionsrechnung, dass ein seriöser Unternehmer vor jeder Investitionsentscheidung eine Kalkulation über mögliche Erträge anstellt.

Wollen Sie noch etwas über Spezialitätenfonds hören? Unternehmerische Flugzeugbeteiligungen, Waldfonds, Gamefonds oder Beteiligungen an US-Hypotheken. Vor allem bei letzterem empfehle ich auch gleich noch einen Weinfonds zu zeichnen, der allerdings im Falle schlechter Verkaufsmöglichkeiten eine Auslieferung des Weines vorsieht. Dann können Sie wenigstens ihre späteren Enttäuschungen in ausreichend Alkohol ertränken. Natürlich ist das hier etwas überspitzt ausgedrückt. Aber wie soll ein Anleger denn ein gutes von den vielen schlechten Angeboten unterscheiden? Wie gesagt: Zwei Drittel der Anbieter sind unseriös. Zählt man noch die Dilettanten hinzu, bleibt vielleicht noch jeder fünfter Initiator als brauchbar übrig. Ich bin fest überzeugt, wenn der Großteil des Marktes durch bürokratische Hürden beseitigt werden würde, ginge es dem Rest deutlich besser. Allerdings wäre das dann natürlich auch kein Freibrief, jeden Fonds bedenkenlos zu zeichnen. Schließlich sind die unseriösen nicht nur unter den kleinen zu finden.

Und wenn wir schon beim Rundumschlag sind: Immer mehr Anbieter mutieren zum Alleskönner. Muss ich hier erst betonen wie wichtig es ist, wenn ein Initiator in dem Segment der Investition ein absoluter Profi sein muss. Egal, um welchen Bereich es sich handelt: Die anderen werden immer versuchen einen „Anfänger", noch dazu wenn seine Taschen prall gefüllt sind, mit Anlegergeld, über den Tisch zu ziehen. Hinterfragen Sie immer das Know-how. Wurde ein erfahrener Partner in ein Konzept eingebunden, dann darf er keine Interessenkonflikte aus seinem anderen Geschäft haben. Ein oft erlebtes Beispiel aus dem Immobilienbereich: Ein Initiator mit Know-how auf dem deutschen Immobilienmarkt fängt an in Asien, USA oder sonst irgendwo auf der Welt einzukaufen. Um die dauerhafte Vermietung zu gewährleisten, wurde ein Verwalter vor Ort eingebunden. Schließlich möchte der Fondsanbieter keine eigene Niederlassung in dem jeweiligen Land aufbauen. Um den Verwalter zu motivieren, bekommt er einen Anteil von den Mieteinnahmen. Schließlich sollen diese möglichst hoch sein. Doch wie wird sich dieser Verwalter im Zweifel entscheiden, wenn er einen neuen Mieter hat und zwei leere Gebäude. Eines gehört ihm und eines deutschen Fondsinvestoren?

Sie glauben nicht, dass es so etwas gibt? Dann fragen Sie doch mal bei den offenen Immobilienfonds, an welchen Investitionsstandorten sie selbst mit eigenen Mitarbeitern den Finger am Puls haben? Auch bei den geschlossenen Immobilienfonds können viel zu wenige Emissionshäuser eigene Leute vor Ort nachweisen. Natürlich wollen sie trotzdem rechtzeitig erkennen, wenn es Probleme mit dem Fondsobjekt gibt oder der Markt dreht. Irgendwer wird schon anrufen und rechtzeitig Bescheid sagen ...

Und wenn nicht, wird morgen eben eine neue Sau durchs Dorf getrieben – hier in Form eines völlig neuen Investitionskonzeptes, das die tollsten Chancen auf überdurchschnittliche Rendite ohne nennenswerte Risiken hat. Die meisten Anleger fragen ja nicht, was ein Anbieter in der Vergangenheit so alles angestellt hat. Außerdem ist Deutschland groß und es ist leicht immer wieder neue Anleger zu finden. Vorausgesetzt die Provision für den Vertrieb stimmt.

Nepper und Bauernfänger gibt es überall: Ein neues Schlachtfeld für den Kämpfer mit der Feder

15 Jahre sind eine lange Zeit. Während dessen habe ich viel erlebt – sehr viel sogar. Klar, dass nun langsam die Spannung nachlässt. Und bis ans Ende aller Tage will ich keinesfalls ein „Fachidiot für offene Immobilienfonds und Beteiligungsmodelle“ bleiben. Seit 2006 orientiere ich mich deshalb allmählich in eine neue Richtung. Für meine Analysewerkzeuge fand sich inzwischen eine andere Verwendung. Zwar war die Studie der offenen Immobilienfonds trotz ihrer mühsam und aufwändig aufgebauten Datenbank nicht zu verkaufen. Einen solchen Klotz will sich wegen dem zu erwartenden kritischen Ergebnis-Output und den daraus resultierenden Verkaufszahlen niemand ans Bein binden. Und nach der aktuellen Finanzkrise, die nun erwartungsgemäß auch die offenen Immobilienfonds erfasst hat, wird es in ein bis zwei Jahren dieses Produkt wie bisher nicht mehr geben.

Anders beim fondstelegramm mit seinem Abonnentenstamm. Angesichts des guten Namens hätte dafür sicher jemand anständig Geld bezahlt. Der Kaufpreis wäre rasch zu amortisieren gewesen; mit den in der Branche möglichen Refinanzierungsmöglichkeiten durch gekaufte Berichte und Analysen (oder ähnlicher Formen lukrativer Mittelakquise) nichts leichter als das. Das aber wollte ich nicht, auch nicht für viel Geld. Schließlich hätte ich am Ende irgendwelchen Wölfen einen idealen Schafspelz geliefert, mit dem sie sich unter die naive Anlegerherde hätten mischen können. Also musste eine andere Käuferklientel her. Unter dem Aspekt der dauerhaften Wahrung journalistischer Grundsätze – für mich das Kriterium Nummer eins – wären große Verlage geeignet gewesen. Doch für die hatte das fondstelegramm eine zu geringe Leserzielgruppe und ist damit schlichtweg zu unprofitabel. Auf der anderen Seite sah ich bei kleineren branchenspezifischen Analyse- und Publikationshäusern die von mir zur Bedingung gemachte Unabhängigkeit nicht gewährleistet. Also blieb am Ende kaum jemand übrig, der meinen Verkaufskriterien entsprach. Zu den ganz wenigen zählte Tilman Welther mit seiner Fondszeitung. Als ich ihn zum ersten Mal ansprach, ob er Interesse am fondstelegramm hätte, sagte er sofort: „Ja, aber..." Das Aber betraf den Kaufpreis, und das war in Ordnung. Wir sind uns einig geworden, und ab 1. Februar 2007 übernahm er das fondstelegramm. Tilman Welther sicherte die dauerhafte Unabhängigkeit zu. Falls er gegen journalistische Grundzüge verstoßen sollte – was ich nicht annehme – würde er alles verlieren. Eine bessere Garantiezusage habe ich noch in keinem einzigen Fonds erlebt.

Ausgeklammert aus dem Deal waren allerdings die etablierte Gesamtmarktstudie der Beteiligungsbranche und der seit 2005 von mir organisierte jährliche Branchentreff, eine lukrative Angelegenheit für den Veranstalter. Daran war nämlich der VGF interessiert, die Interessenvertretung der geschlossenen Fonds. Doch nach neun Monaten erklärten wir die Verhandlungen für gescheitert. Details möchte ich aussparen, auch weil ich gegenüber diesem Thema befangen bin. Und eigentlich war es sogar eine glückliche Fügung. Denn die anschließend mit der Bad Homburger Feri EuroRating Services AG geführten Gespräche verliefen deutlich angenehmer und produktiver: Seit Anfang 2008 werden die Gesamtmarktstudie und das jährliche Symposium nicht mehr von mir erstellt und durchgeführt. Das Ratinghaus Feri hat die Rechte an beidem gekauft. Wegen dieser Hintergründe möchte ich hier ausdrücklich betonen, dass ich Feri nirgendwo im Buch erwähnt habe. Bei jeder positiven Äußerung würde mir zu Recht Befangenheit unterstellt werden.

Bleibt zum Schluss noch übrig, eine zusammenfassende persönliche Einschätzung zur Zukunft der Produkte abzugeben: Bei den offenen Immobilienfonds wird es in den nächsten Wochen und Monaten stürmisch bleiben. Die Fonds für drei Monate zu schließen, wird nicht ausreichen. Nach dem Gesetz kann die Frist auf bis zu zwei Jahre verlängert werden.

Damit bleibt als letzte Konsequenz aus der gesamten Misere nur die einzige Möglichkeit, den hochmütigen Fondsmanagern ihre missbrauchten Freiheiten deutlich einzuschränken.

Aber egal wie lange es dauern wird, um ausreichend Objekte zu verkaufen – die Buchpreise sind nicht zu erzielen. Das merken die Anleger schon während der Schließungsphase, weil auch in dieser Zeit täglich ein Anteilspreis veröffentlicht wird. Darin fließen Verluste aus Verkäufen beziehungsweise längst überfällige Bewertungsanpassungen der Sachverständigen sofort ein. Das verstärkt die Rückgabewünsche und treibt die Abwärtsspirale weiter voran. Einen Stopp dieses Trends halte ich für sehr unwahrscheinlich. Tolle Reformversprechen der Branche sind unglaubwürdig, seit die Ankündigungen vor drei Jahren einfach nicht erfüllt wurden. Oder gibt es zum Beispiel Rückgabebeschränkungen für Großinvestoren, um Geldmarktschnorrer von einem Investment abzuhalten? Auch die Transparenzversprechen, nicht nur die aus der letzten Krise, wurden stets nach Beruhigung der Situation massiv aufgeweicht und damit nicht erfüllt. Genügend Beispiele dafür habe ich ja in diesem Buch genannt. Damit bleibt als letzte Konsequenz aus der gesamten Misere nur die einzige Möglichkeit, den hochmütigen Fondsmanagern, ähnlich wie zahlreichen unverantwortlichen Bankmanagern, ihre missbrauchten Freiheiten deutlich einzuschränken. Den offenen Immobilienfonds wie in der Vergangenheit wird es dann nicht mehr geben.

Ähnliches wird bei den geschlossenen Fonds geschehen. Da die Branche auch hier nichts Wesentliches von sich aus verbessert, werden für jeden kleinen Abzocker, der im Knast verschwindet oder der einfach nur Pleite geht, zwei neue frisch motiviert in die Lücke springen. Insolvenzen wird es weiter geben, auch unter den großen Anbietern. Das Produkthopping und die dabei immer auftauchende Kompetenzmutation (über Nacht kommt einem das angeblich notwendige Know-how für ein neues Geschäftsfeld zugeflogen) kann nicht grenzenlos funktionieren. Irgendwann bricht bei Einzelnen der Neuumsatz weg, und das war schon immer der Anfang vom Untergang. Es gehört eben zur Marktwirtschaft, dass die Schwachen aussortiert werden. Doch die ganz üblen Dilettanten und Betrüger wird es in einigen Jahren nicht mehr geben. Es ist nur eine Frage der Zeit, bis der Gesetzgeber entsprechende Regelungen in Kraft setzt – vielleicht mal wieder durch einen Vorgabe-Kick aus Brüssel. Das werden keine in allen Punkten überzeugenden Gesetze sein, und es wird Bürokratismus mit sich bringen. Doch wenn die Branche selber unfähig oder unwillig ist, gezielt von sich aus etwas zu unternehmen, dann ist die gesetzliche Keulen-Lösung weit besser als der gegenwärtige Stand.

Gleiches gilt für die Bundesaufsicht BaFin, die aus unerfindlichen Gründen längst nicht ihre Möglichkeiten ausschöpft. Das Siegel „vorsätzlich nicht gewollt“ verkneife ich mir. Dennoch ist die Untätigkeit der Behörde ein Riesenskandal! Bei den Emissionshäusern, die immer mehr von angestellten Geschäftsführern dominiert werden, ist es sogar noch nachvollziehbar, wenn nur kurzfristige Profitmaximierung betrieben wird. Die allzu üppigen Tantiemenregelungen animieren einfach dazu. Aber die BaFin ist eine Bundesanstalt. Sie untersteht der Rechts- und Fachaufsicht des Bundesministeriums der Finanzen, und sie soll einen vom Gesetzgeber übertragenen Anlegerschutzauftrag erfüllen. Zum Wohle des Finanzplatzes Deutschland übrigens. Wer dort arbeitet, teilweise im Beamtenstatus, und auf besser dotierte Positionen in der freien Wirtschaft verzichtet, der sollte doch wenigstens etwas bewirken wollen. Oder sehen wirklich so viele Mitarbeiter ihre Arbeit bei der BaFin nur als Sprungbrett für Jobs in der Wirtschaft? Das würde erklären, warum man in dieser „Übergangsphase“ niemandem auf die Füße treten will – immerhin könnte es ja der nächste Arbeitgeber sein. Irgendwie alles einigermaßen nachvollziehbar, aber bei leitenden und alt gedienten

Mitarbeitern greift das Argument nicht. Ein zahnloser Tiger kann nichts dafür, wenn er nicht kernig zubeißen kann. Wenn er aber dann noch die Augen verschließt und deshalb quasi blind durch die Gegend läuft, ist das ein unnötiges, selbst auferlegtes Handicap. Jedes Beutetier wird erfolgreich entwischen. Will er überleben, muss er sozusagen zum Aasfresser werden. Wie bei der BaFin, die reglos umher kreist, regelmäßig zu spät kommt und dann mit flatternden Flügeln nach Schuldigen sucht, selbstverständlich stets außerhalb der eigenen Reihen. Auf das Warum konnte ich bis heute keine Antwort finden. Genau so wenig wie auf die Frage, warum sich die staatlichen Kontrolleure feige in ihren Palästen verschanzen. Auf Branchentreffs sind sie jedenfalls regelmäßig nicht anwesend. Aber wie soll ein Markt reguliert werden, wenn man den Finger nicht direkt am Puls hat? Die jährliche Gesamtmarktstudie der Beteiligungsmodelle, bis 2007 von mir herausgegeben und verkauft, und auch die Analyse der offenen Immobilienfonds, wurden sage und schreibe kein einziges Mal von der BaFin bestellt. Es geht mir nicht um den Umsatz von einer Studie mehr. Ich hätte sogar gerne ein kostenloses Exemplar geliefert. Es geht vielmehr ein weiteres Mal um das Zauberwort Transparenz. Müssen die Damen und Herren Kontrolleure nicht wissen, was am Markt vorgeht? Oder was beim führenden Branchentreff Anfang des Jahres so alles abläuft? Nach dem Feri-Symposium 2008 beschrieb das die Süddeutsche Zeitung so: „Eine Pavian-Branche – alle hauen sich auf die Brust". Sehr süffisant und stilistisch gekonnt skizzierte Hannah Wilhelm auch die von mir dort geäußerte Kritik. Das sollte die BaFin sich mal direkt vor Ort anhören. Nicht, weil der Auslöser für die Pavian-Schelte von mir kam – nein, weil sie, auch laut Originaltönen aus der Branche, „anerkannt berechtigt" ist. Am Ende heißt es nämlich in dem Artikel der Süddeutschen: „Warum sich die Beteiligten die Kritik anhören? ‚Ganz einfach', sagt einer und lacht, ‚weil wir alle wissen, dass er recht hat.'"

Abschließend noch einmal zurück zu meinen Zukunftsplänen: Nachdem die Einarbeitungszeit in das neue Betätigungsfeld der Spendenorganisationen vorbei und das Buch gedruckt ist, werde ich auch wieder mehr über offene Immobilienfonds und Beteiligungsmodelle schreiben. Ganz und gar aufgeben will ich das langjährige Betätigungsfeld nämlich nicht. Denn das große Zocken um Renditen und Moneten, es wird weitergehen. Mit Haken und mit Ösen, mit alten Bekannten und mit neuen Tricks. Da kann ich nicht tatenlos zusehen! Allerdings will ich mich einem weiteren Sumpf zuwenden, in den viele gutgläubige Menschen hinein spenden ohne zu wissen, wo eigentlich ihr Geld konkret landet – den Spendenorganisationen. Auch hier sind Milliardenbeträge im Spiel. Und auch hier gibt es die Begehrlichkeiten unlauterer Elemente, die zahllosen gutgläubigen Menschen mit allen möglichen Tricks, Finessen und heimlichen Geschäften das Geld aus der Tasche lügen ... Der Kämpfer mit der Feder wird sich also nicht aufs gemütliche Sofa zurückziehen. Er eröffnet sich nur einen zusätzlichen Tatort lizenzierter Bauerfängerei.